नाट्य-विमर्श

नाट्य-विमर्श

मोहन राकेश

सम्पादक
जयदेव तनेजा

राधाकृष्ण प्रकाशन

ISBN : 978-93-81864-12-8

नाट्य-विमर्श

पहला संस्करण : 2003
दूसरा संस्करण : 2012
This book is printed on **Print on Demand** Technology : 2025

मूल्य : ₹795

प्रकाशक
राधाकृष्ण प्रकाशन प्राइवेट लिमिटेड
जी-17, जगतपुरी, दिल्ली-110 051

शाखाएँ : अशोक राजपथ, साइंस कॉलेज के सामने, पटना-800 006
पहली मंजिल, दरबारी बिल्डिंग, महात्मा गांधी मार्ग, प्रयागराज-211 001
1, अनमोल सोराबजी संतुक लेन, धोबी तलाव, मरीन लाइंस, मुम्बई-400 002
वेबसाइट : www.radhakrishnaprakashan.com
ई-मेल : info@radhakrishnaprakashan.com

NATYA VIMARSH
by Mohan Rakesh
Edited by Jaidev Taneja

प्रिय भावना-कार्तिक

और

उसके लिए

अनुक्रम

खंड : एक

नाटक और रंगमंच

खंड : दो

रचना-प्रक्रिया

खंड : तीन

अनुसन्धान

भूमिका के बहाने

यह एक सर्वविदित और सर्वमान्य सत्य है कि मोहन राकेश आधुनिक भारतीय रंग-परिदृश्य में हिन्दी के सबसे बड़े, समर्थ और प्रभावशाली नाट्य-दूत थे। उनके व्यक्तित्व और कृतित्व ने हिन्दी नाटक को राष्ट्रीय स्तर पर सम्मानित एवं प्रतिष्ठित कराने में निर्णायक भूमिका निभाई।

हम जानते हैं कि प्रत्येक महान् नाट्य-सृष्टि के पीछे उसके स्रष्टा की एक सुचिन्तित, सुनिश्चित और सम्पन्न रंग-दृष्टि होती है। यह दृष्टि उसकी जन्मजात प्रतिभा, संस्कार, परिवार, परिवेश, शिक्षा, स्वाध्याय और अनुभव इत्यादि से मिलकर बनती है। कोई कितना ही महान् कवि, कथाकार या लेखक क्यों न हो, वह एक रंग-समृद्ध दृष्टि के बिना कोई ऐसा बड़ा नाटक नहीं लिख सकता जो पाठ्य और प्रस्तुति के दोनों स्तरों पर सफल और महत्त्वपूर्ण सिद्ध हो सके। मोहन राकेश और उनका पहला ही लगभग कालजयी नाटक 'आषाढ़ का एक दिन' भी इसका अपवाद नहीं है।

यह विडम्बना ही है कि राकेश के नाटकों या उनके तथाकथित नाट्य-सिद्धान्तों के प्रायः सभी समीक्षकों-अनुसंधाताओं ने इस विषय में बिलकुल कोई छानबीन करना ज़रूरी नहीं समझा कि आखिर **आषाढ़ का एक दिन** की भूमिका में व्यक्त और रचना में व्याप्त रंग-चेतना को रचनाकार ने कब, कहाँ से और कैसे पाया या विकसित किया था ? इसलिए यहाँ राकेश के जीवन, अध्ययन और अनुभवों के उन प्रासंगिक तथ्यों का उल्लेख करना आवश्यक है जिन्होंने उनकी नाट्य-दृष्टि को

बनाने तथा उसे विकसित करने में आरम्भिक किन्तु बुनियादी भूमिका निभाई।

मोहन राकेश के पिता पेशे से वकील किन्तु स्वभाव से साहित्य और कलाप्रेमी थे। आए दिन घर की बैठक में साहित्यिक गोष्ठियाँ-चर्चाएँ होती रहती थीं। कवि-नाटककार उपेन्द्रनाथ अश्क पारिवारिक मित्र थे। मध्यवर्गीय परिवार के बन्धनों, निषेधों, संकीर्णताओं और समस्याओं ने तथा सतत घुटन, तनाव और अन्तर्द्वन्द्व ने बालक राकेश को अन्तर्मुखी बना दिया था। आत्मसीमित होने के बावजूद रूढ़ियों और मध्यमवर्ग के दिखावटी-बनावटी व्यवहार तथा झूठे मूल्यों ने उनमें बदलाव और विद्रोह की मूक भावना भर दी थी। ग्यारह-साढ़े ग्यारह साल की उम्र में उन्होंने भास का **प्रतिमा नाटक** पढ़ा और सत्रह वर्ष की आयु में स्वानुभव पर आधारित यथार्थवादी किस्म का एकांकी **समझ का फेर** लिख लिया। संस्कृत में शास्त्री की उपाधि पाने वाले राकेश ने अंग्रेज़ी में बी.ए. ऑनर्स और संस्कृत में प्रथम श्रेणी में एम.ए. किया था। विभाजन से पूर्व लाहौर में उन्होंने पंजाब विश्वविद्यालय की संस्कृत परिषद् की ओर से तीन संस्कृत नाटकों का निर्देशन (और **स्वप्नवासवदत्ता** में तो अभिनय भी) किया था। 1942 से 1948 के बीच उन्होंने अनेक एकांकी लिखे जो समय-समय पर विभिन्न पत्रिकाओं में प्रकाशित हुए। इनके मंचन के समय या उसके बाद राकेश ने इनमें पर्याप्त संशोधन-परिवर्तन भी किए। मोहन राकेश ने अपने जीवन की पहली नौकरी लाहौर की एक फ़िल्म-कम्पनी में लेखक की हैसियत से की, और उसके लिए **दिन ढले** नामक फिल्म-पटकथा (अधूरी) लिखी थी, जिसमें उनकी संवाद-लेखन-कला के विकास के संकेत स्पष्ट दिखाई देते हैं। 1949 में उनका पहला एकांकी-संग्रह **सत्य और कल्पना** छपा। इसकी भूमिका में राकेश ने किसी रचना के समग्र-प्रभाव को ही उसकी सफलता की कसौटी माना और इसे वह अन्त तक स्वीकार करते रहे। यही नहीं, शिमला के बिशप कॉटन स्कूल में अध्यापन के दौरान वह स्कूल की नाट्य-गतिविधियों में सक्रिय रूप से

भाग लेते रहे और जालन्धर में अध्यापन के साथ-साथ लगातार रेडियो के लिए भी नाट्य-लेखन करते रहे। मोहन राकेश की इस आरम्भिक रंग-यात्रा और तैयारी को जाने बिना **आषाढ़ का एक दिन** की रचना-भूमि और उसके रचनाकार की रंग-दृष्टि को पूरी तरह समझ पाना लगभग असम्भव ही है।

इसी बिन्दु से मोहन राकेश के नाट्य-विमर्श की वह प्रक्रिया आरम्भ होती है जिसके साक्ष्य हमें प्रकाशित रूप से हिन्दी-अंग्रेज़ी की अनेक पत्र-पत्रिकाओं में उनके लेखों, साक्षात्कारों, वक्तव्यों इत्यादि में यहाँ-वहाँ मिल जाते हैं। इस सन्दर्भ में यह तथ्य खासतौर से रेखांकित करने योग्य है कि अपनी रंग-दृष्टि के विकास और परिष्कार के लिए राकेश अन्त तक रंगमंच से अपना अप्रत्यक्ष या प्रत्यक्ष सम्पर्क और घनिष्ठ सम्बन्ध बनाए रहे। **लहरों के राजहंस** का पुनर्लेखन उन्होंने कलकत्ता में निर्देशक श्यामानन्द जालान और 'अनामिका' के कलाकारों के साथ रहकर और मिलकर किया। **आधे अधूरे** के पूरे पूर्वाभ्यास के दौरान 'दिशान्तर' (दिल्ली) से जुड़े रहे और **मैड डिलाइट** या **छतरियाँ** में विखंडित-भाषा की अपनी मौलिक अवधारणा को रंगमंच की कसौटी पर जाँचने-परखने और उसके परिणामों पर व्यापक एवं मुक्त विचार-विमर्श करने के लिए उन्होंने 'शिमला वर्कशॉप' को एक प्रयोगशाला की तरह इस्तेमाल किया। दुर्भाग्य से राकेश की आकस्मिक मृत्यु के कारण—रंगमंच के अस्तित्व और भविष्य से जुड़ी नाट्य-भाषा की उनकी वह अवधारणा किसी निष्कर्ष तक नहीं पहुँच सकी।

मोहन राकेश के व्यक्तित्व में एक अद्‌भुत ऊर्जा, बेचैनी और अपनी शर्तें रखने, उनके लिए लड़ने और उन्हें मनवाने की दुर्लभ शक्ति थी। वह हिन्दी के निरीह-से सामान्य नाटककार भर न होकर 'थिएटर एक्टीविस्ट' भी थे। इसीलिए उनके 'नाट्य-विमर्श' का दायरा केवल नाटक-लेखन और उससे जुड़े सवालों के शास्त्रीय-सैद्धान्तिक विवेचन-विश्लेषण तक ही सीमित नहीं था। उनकी प्रमुख चिन्ता तो आधुनिक भारतीय रंग-दृष्टि की तलाश/उपलब्धि और उसके विश्व-स्तरीय विकास की थी।

यही कारण है कि वह एकांकी, रेडियो नाटक, नाट्यानुवाद और हिन्दी नाटक तथा रंगमंच का ऐतिहासिक विकास-क्रम से समग्र विवेचन करने के बाद सीधे 'नाटककार और निर्देशक', 'नाटककार और रंगमंच', 'रंगमंच और शब्द', 'शब्द और ध्वनि' तथा शुद्ध और नाटकीय-शब्द की खोज में निकल पड़ते हैं। यही नहीं, समकालीन हिन्दी रंगकर्म की अनेक व्यावहारिक समस्याओं से जूझने के साथ-साथ राकेश फिल्म और टेलीविजन की लगातार बढ़ती प्रत्यक्ष चुनौतियों के समक्ष रंगमंच के मूल तर्क और भविष्य के बारे में भी गम्भीर चिन्तन-मनन करते हैं। स्पष्ट है कि राकेश का नाट्य-विमर्श उनके स्वानुभव अध्ययन और चिन्तन-मनन पर आधारित, गम्भीर, बहुआयामी और अत्यन्त महत्त्वपूर्ण है। इस पुस्तक के पहले खंड में इसी विषय से सम्बन्धित समस्त लेखों, भूमिकाओं और साक्षात्कारों को प्रस्तुत किया गया है।

दूसरे खंड में राकेश की नाट्य रचना-प्रक्रिया से सम्बद्ध वैविध्यपूर्ण विचार-सामग्री और 'पैर तले की ज़मीन' से सम्बन्धित राकेश के नोट्स एवं रेखाचित्रों को शामिल किया गया है जिससे लेखक के नाट्य-लेखन-प्रक्रिया का नेपथ्य सहज ही उद्घाटित हो जाता है। तीसरे खंड में मोहन राकेश और मोहन महर्षि की विचारोत्तेजक बातचीत में राकेश 'रंगकर्म में शब्दों की बदलती भूमिका' की चर्चा करने के साथ-साथ पश्चिम के तकनीक-समृद्ध और व्यय-साध्य रंगमंच के मुकाबले सादगी, प्रतीकात्मकता और मूलतः शब्दाश्रित—अभिनेताकेन्द्रित—रंगमंच के वैकल्पिक मार्ग का निर्देश भी करते हैं। वह फिल्म माध्यम की शक्ति, सामर्थ्य, व्यापकता और लोकप्रियता का प्रमुख कारण दृश्य के विखंडन में खोजकर रंगमंच के माध्यम के विस्तार और विकास की सम्भावनाओं को भाषा के विखंडन में तलाश करते हैं। उनकी इस नवोपलब्ध धारणा को व्यावहारिक रूप में भली-भाँति समझने के लिए उनके पार्श्व-नाटक **छतरियाँ** को भी सम्मिलित कर लिया गया है—ताकि राकेश के अन्तिम, मौलिक और अनोखे नाट्य-विमर्श को, सोदाहरण समझने के

लिए, उसे अन्यत्र न ढूँढ़ना पड़े।

परिशिष्ट-एक में, डॉ. निर्मला हेमन्त की पुस्तक 'आधुनिक हिन्दी नाट्यकारों के नाट्य-सिद्धान्त' में प्रकाशित राकेश से उनकी बातचीत में से मोहन राकेश के वक्तव्यों को 'नाटक रंगमंच और साहित्य' शीर्षक से साभार प्रस्तुत किया गया है। इसके अतिरिक्त राकेश की रंग-समीक्षा-दृष्टि को प्रकट करने के उद्‌देश्य से 'खरिया का घेरा' की उनकी प्रतिक्रिया को भी ले लिया गया है। परिशिष्ट-दो में नेहरू फ़ैलोशिप के अन्तर्गत 'नाटकीय शब्द' पर शोध करने के लिए राकेश द्वारा बनाई गई सम्पूर्ण रूपरेखा को उसके मूल अंग्रेजी रूप में ही प्रकाशित किया गया है। स्पष्ट है कि इस क्षेत्र में अनुसंधान करने के इच्छुक शोधार्थियों और गम्भीर रंग-चिन्तकों एवं समीक्षकों के लिए यह रूपरेखा महत्त्वपूर्ण ही नहीं, दिशानिर्देशक भी सिद्ध हो सकती है। परिशिष्ट-दो 'ख' में इस पुस्तक में छपी सामग्री को पहली बार प्रकाशित करने वाली पत्र-पत्रिकाओं और पुस्तकों के नामों तथा प्रकाशन-काल की सूची दे दी गई है, ताकि राकेश के नाट्य-विमर्श की विकास-यात्रा को सिलसिलेवार समझने में मदद मिल सके।

समग्रतः हम यह कह सकते हैं यह पुस्तक मोहन राकेश की 'नाट्य-विमर्श' सम्बन्धी हिन्दी-अंग्रेजी में यहाँ-वहाँ बिखरी ज्ञात, अल्पज्ञात और बहुतों के लिए अज्ञात सम्पूर्ण सामग्री को हिन्दी में एक ही स्थान पर सहज उपलब्ध कराने के उद्‌देश्य से सम्पादित की गई है। इस पुस्तक को मोहन राकेश की तीसवीं पुण्य-तिथि के यादगार अवसर पर अत्यन्त सुरुचि एवं तत्परता से प्रकाशित करने के लिए मैं राष्ट्रीय नाट्य विद्यालय और उसके निदेशक देवेन्द्र राज 'अंकुर' और विभिन्न पत्र-पत्रिकाओं के उन सम्पादकों का भी हृदय से आभार स्वीकार करता हूँ जिनसे ये सामग्री यहाँ साभार प्रकाशित की गई है। बहुत कम समय में, अत्यन्त तत्परता और प्यार से राकेश के दो अंग्रेजी आलेखों (**लुकिंग अराउंड ऐज़ अ प्लेराइट** तथा **थिएटर विदाउट वाल्स**) के हिन्दी अनुवाद करने के लिए मैं

डॉ. सुरेश धींगड़ा तथा दो, पहले से अनूदित, आलेखों को आपातस्थिति में संशोधित करने के लिए भाई जे.एन. कौशल को हृदय से धन्यवाद देता हूँ।

अनीताजी ने मुझे राकेशजी की समस्त रचनाओं को कभी, कहीं और किसी भी रूप में प्रयोग या प्रकाशित करने-कराने की अनुमति और स्वतन्त्रता कई बार मौखिक रूप से आग्रहपूर्वक दी है। यह पहला अवसर है जब मैंने अपनी इस स्वतन्त्रता का व्यावहारिक प्रयोग किया है। इस पुस्तक के बारे में उन्हें भी, आज इस लोकार्पण के समय ही, राकेश के नाटकों को मंचित करनेवाले रंगकर्मियों और उनके नाट्य-प्रेमी दर्शकों, पाठकों तथा सहृदय विद्वानों के साथ ही पता चलेगा। निःसंदेह पुस्तक के सर्वाधिकार श्रीमती अनीता राकेश जी के ही हैं। मैंने तो यह धृष्टता उनको सुखद आश्चर्य देने के लिए ही की है। इस विश्वास के साथ कि अनीताजी मेरी इस दुष्टता को कभी अन्यथा नहीं लेंगी। मुझे इस बात का कतई कोई अफ़सोस नहीं है कि आज के दिन राकेश जी को याद करने और याद रखने का कोई और उपाय मुझे क्यों नहीं सूझा ?

आशा करता हूँ कि मोहन राकेश के प्रबुद्ध पाठकों, गम्भीर अध्येताओं, साहसी प्रयोक्ताओं और जिज्ञासु प्रेक्षकों-समीक्षकों के लिए यह पुस्तक समान रूप से उपयोगी, सार्थक और महत्त्वपूर्ण सिद्ध होगी।

नई दिल्ली

—जयदेव तनेजा

खंड : एक

नाटक और रंगमंच

पट-उन्नायक

आज यहाँ नाटक-रचना के सम्बन्ध में पुरानी बातों को दोहराने का मेरा विचार नहीं। नाटक के गुण-भेद नाट्य-शास्त्र का विषय हैं, और आज के युग की आवश्यकताओं तथा प्रयोगों को देखते हुए, एक सर्वांग-पूर्ण नए नाट्य-शास्त्र का निर्माण होना अभी रहता है।

परिभाषाएँ बनती रही हैं, और बनती रहेंगी। साहित्य का शरीर शब्द हैं, और परिभाषाएँ भी शब्दों का आश्रय लेती हैं, अतः वे व्यापक न बनकर आज तक साहित्य में व्याप्त ही होती रही हैं। साहित्य के साथ अपने सम्बन्ध को लेकर मेरे हृदय में किसी तरह का संशय, अनिश्चय या वितर्क नहीं। अपने चिन्तन और उसके परिणाम को मैं आशंकित होकर नहीं देखता। मैं जानता हूँ कि आकृतियों की तरह रुचियों की विभिन्नता भी नैसर्गिक है। आकृतियों की तरह रुचियों का वर्गीकरण भी है। साहित्यिक परिभाषाओं के बनाने में इस वर्गीकरण का बहुत बड़ा हाथ है।

पर जिस किसी वर्ग में भी हो, सौन्दर्य अपने प्रभाव से जाना जाता है। और जिस किसी वर्ग में भी हो, साहित्य अपने प्रभाव से जाना जाता है।

1949 **—मोहन राकेश**

रंग-दृष्टि

हिन्दी नाटक रंगमंच की किसी विशेष परम्परा के साथ अनुस्यूत नहीं है। पाश्चात्य रंगमंच की उपलब्धियाँ ही हमारे सामने हैं। परन्तु न तो हमारा जीवन उन सब उपलब्धियों की माँग करता है, और न ही यह सम्भव प्रतीत होता है कि हम उस रंगशिल्प को व्यापक रूप से ज्यों का त्यों अपने यहाँ प्रतिष्ठित कर दें।

हिन्दी रंगमंच के विकास का निस्सन्देह यह अभिप्राय नहीं है कि अत्याधुनिक सुविधाओं से सम्पन्न रंगशालाएँ राजकीय या अर्द्धराजकीय संस्थाओं द्वारा जहाँ-तहाँ बनवा दी जाएँ जिससे वहाँ हिन्दी नाटकों का प्रदर्शन किया जा सके। प्रश्न केवल आर्थिक सुविधा का ही नहीं, एक सांस्कृतिक दृष्टि का भी है। हिन्दी रंगमंच को हिन्दीभाषी प्रदेश की सांस्कृतिक पूर्तियों और आकांक्षाओं का प्रतिनिधित्व करना होगा, रंगों और राशियों के हमारे विवेक को व्यक्त करना होगा। हमारे दैनन्दिन जीवन के राग-रंग को प्रस्तुत करने के लिए, हमारे संवेदों और स्पन्दनों को अभिव्यक्त करने के लिए, जिस रंगमंच की आवश्यकता है, वह पाश्चात्य रंगमंच से कहीं भिन्न होगा। इस रंगमंच का रूपविधान नाटकीय प्रयोगों के अभ्यन्तर से जन्म लेगा और समर्थ अभिनेताओं तथा दिग्दर्शकों के हाथों उसका विकास होगा।

एकांकी

साहित्य में एकांकी की विधा के जन्म और विकास के कई कारण हैं और उसका इतिहास कई दृष्टियों से बहुत रोचक है। एक ओर, जहाँ इसका विकास आधुनिक समाज और उद्योग-युग की विशेष परिस्थितियों के कारण हुआ है, वहीं दूसरी ओर, उसका जन्म रंगशाला की अपनी आवश्यकताओं से भी सम्बन्धित है। आज के मशीनी युग में जब मनुष्य के पास अवकाश कम रह गया है, और उसका जीवन बहुत अधिक व्यस्त और जटिल हो गया है, तो वह रात-रात-भर बैठकर नाटकों के प्रदर्शन नहीं देख सकता। यही कारण है कि बड़े नाटकों के प्रदर्शन का समय भी घटकर दो-ढाई घंटे हो गया है। यहाँ तक कि लोक-नाटक, जो कभी रात-रात-भर खेले जाते थे, अब प्रायः तीन-चार घंटे में ही समाप्त हो जाते हैं।

एकांकी का विकास रंगशाला की आवश्यकता से भी जुड़ा हुआ है। पश्चिमी देशों में इसका विकास बड़े नाटकों के प्रदर्शन के साथ आरम्भिक प्रदर्शन के रूप में हुआ और एकांकी को कर्टेन-रेजर (पट-उत्थानक) कहा गया। जब तक दर्शक आते और अपना स्थान ग्रहण करते तब तक कोई-न-कोई हल्का-फुल्का नाटक प्रस्तुत कर दिया जाता; उसके बाद मुख्य नाटक आरम्भ होता। ऐसे ही नाटकों से बाद में एकांकी नाटक का विकास हुआ। हमारे देश में भी इसका विकास बहुत-कुछ रंगमंच की आवश्यकता के कारण हुआ। छोटे-छोटे नगरों में नाट्य-दलों और शिक्षा-संस्थाओं का ध्यान जब नाट्य-प्रदर्शन की ओर आकर्षित हुआ, तो प्रदर्शन के लिए नाटकों की माँग होने लगी। लेकिन, बड़े नाटक के प्रदर्शन में बहुत अधिक साधन, धन और समय चाहिए, इसलिए छोटे नाटकों की आवश्यकता हुई, जिनका प्रदर्शन आसानी से और कम खर्चे पर किया जा सकता है। हिन्दी में एकांकी नाटक का विकास बहुत-कुछ इसी आवश्यकता की पूर्ति के लिए हुआ और

आज भी एकांकी इस आवश्यकता की पूर्ति कर रहे हैं।

एकांकी नाटक की प्रकृति का स्थूल परिचय देने के लिए यह कह दिया जाता है कि एकांकी का पूर्ण अथवा बड़े नाटक के साथ वैसा ही सम्बन्ध है, जैसा कि कहानी का उपन्यास के साथ। लेकिन वास्तव में इससे एकांकी नाटक की मूल प्रकृति के सम्बन्ध में भ्रामक धारणा ही बन सकती है। यह समझना भूल होगी कि एकांकी नाटक बड़े नाटक का अथवा कहानी, उपन्यास का संक्षिप्त संस्करण है; अथवा एकांकी और कहानी में कोई मूल समानता है। इसमें सन्देह नहीं है कि एकांकी में भी कहानी के समान और बड़े नाटकों अथवा उपन्यास के विपरीत कथा का बहुत बड़ा विस्तार नहीं होता। पात्रों की संख्या भी कहानी के समान बहुत कम होती है, और उसमें लेखक एक विशेष स्थिति, घटना, पात्र या भाव की एकता पर जोर देता है, जिससे कि नाटक का एकीकृत प्रभाव दर्शक पर पड़े। एकांकी नाटक अपने-आपमें एक स्वतन्त्र साहित्यिक विधा है, और उसके विशिष्ट लक्षण तथा रचना के नियम हैं, उसी प्रकार जिस प्रकार से किसी दूसरे कला-रूप के होते हैं।

एकांकी के तत्त्वों, रूप-प्रचारों तथा उसके विशिष्ट रचना-नियमों और रूढ़ियों की चर्चा के पहले यह जान लेना उपयोगी होगा कि एकांकी भी बड़े नाटक के समान रंगमंच पर प्रदर्शित होकर ही अपनी पूर्ण अभिव्यक्ति प्राप्त करता है, क्योंकि रंगमंच ही उसका मूल माध्यम है। अतः एकांकी रंगमंच के अपने अनुशासनों और रूढ़ियों से प्रभावित होता है। रंगमंच का स्वरूप, रंग-सज्जा के नियम और उसकी रूढ़ियाँ ही एकांकी में कार्य-व्यापार के विन्यास और वस्तु-संगठन को निर्धारित करती हैं।

एकांकी के तत्त्व

एकांकी के तीन प्रमुख तत्त्व होते हैं—कथावस्तु, पात्र और संवाद। अन्य कुछ गौण तत्त्व, जैसे—भाषा, शैली, वातावरण, उद्देश्य और प्रभाव आदि तीन प्रमुख तत्त्वों के अन्तर्गत आ जाते हैं, क्योंकि इन्हीं के द्वारा इन गौण तत्त्वों का भी निर्माण होता है।

कथावस्तु

कथावस्तु एकांकी का प्रमुख तत्त्व और मूलाधार है। लेकिन वह नाटक की

कथा-सामग्री मात्र नहीं है। कथा-सामग्री के चयन, सम्पादन और विन्यास द्वारा जब एकांकी-लेखक स्थितियों, घटनाओं के व्यापार-खंडों को एक नाटकीय योजना से सम्बद्ध कर देता है तो वह कथा-सामग्री को कथावस्तु का रूप दे देता है। कार्य-व्यापार को नाटकीय योजना में संगठित करने में एकांकी-लेखक घटनाओं के स्वाभाविक विकास, उनके पारस्परिक सम्बन्ध, तार्किक संगति, प्रभाव, गति और एकता आदि बातों का ध्यान रखता है। इस प्रकार कथावस्तु, वास्तव में, नाटक को उसका रूपविधान देती है।

कथावस्तु के कई तत्त्व अथवा उसके विकास के कई चरण होते हैं; जैसे कि कथा का उद्‌घाटन, विकास, उत्कर्ष, संघर्ष और परिणति आदि। इन तत्त्वों के अतिरिक्त कथावस्तु के संगठन में काल, स्थान और क्रिया-व्यापार-सम्बन्धी अन्वितियों का पालन भी अनिवार्य होता है।

एकांकी अपने छोटे रूप के कारण प्रायः कथा के उत्कर्ष-बिन्दु के बहुत पास से आरम्भ होता है, और कथा के उद्‌घाटन तथा पात्रों के संक्षिप्त परिचय के बाद तेज़ी से विकसित होकर उत्कर्ष पर पहुँचता है। उत्कर्ष के बाद नाटक की परिणति हो जाती है। प्रभाव की एकता के कारण एकांकी में अनेक प्रासंगिक कथाओं और घटनाओं तथा बहुत से पात्रों का समावेश सम्भव नहीं होता और न कथा का काल-विस्तार ही बड़ा होता है। सारा व्यापार भी प्रायः एक स्थान पर घटित होता है।

बड़े नाटक के समान एकांकी में भी संघर्ष का बहुत अधिक महत्त्व होता है। यह संघर्ष दो पात्रों के बीच अथवा एक पात्र और जन-समुदाय के बीच अथवा परस्पर विरोधी स्थितियों, आदर्शों और जीवन-मूल्यों के बीच हो सकता है। संघर्ष ही नाटक को शक्ति और गति प्रदान करता है। परिणति नाटक की अन्तिम स्थिति है, जब कथा उत्कर्ष पर पहुँचकर तेज़ी के साथ समाप्त हो जाती है, और नाटक दर्शकों पर गहरा और सम्पूर्ण प्रभाव छोड़ जाता है।

उत्कर्ष नाटक में वह स्थिति है जब कार्य-व्यापार अपने चरम-बिन्दु पर पहुँच जाता है, और नाटकीय कथा अपने गहनतम क्षण से गुजरती है। प्रायः उत्कर्ष और संघर्ष शब्द को एक-दूसरे के समानार्थी शब्दों के रूप में प्रयोग किया जाता है, क्योंकि नाटक में वे बहुधा एक ही स्थिति में आते हैं; लेकिन दोनों में थोड़ा सा अन्तर है। संघर्ष एक प्रकार से कथा में निर्णय का क्षण होता है, अथवा वह एक नए मोड़ का परिचायक होता है। संघर्ष में दो विभिन्न

प्रकारों की रुचियों अथवा स्वार्थों के बीच टकराहट होती है।

परिणति नाटक की अन्तिम अवस्था है, जहाँ नाटक की प्रमुख समस्या का समाधान प्रस्तुत किया जाता है और कथा की गाँठें खुल जाती हैं। परिणति नाटकीय क्रिया-व्यापार को एक प्रकार की पूर्णता और एकता प्रदान करती है। यह नाटक की सबसे महत्त्वपूर्ण अवस्था होती है। क्योंकि इसी के सफल निर्वाह पर नाटक की सफलता और उसका वांछित प्रभाव निर्भर करता है।

एकांकी अथवा बड़े नाटक में स्थान, काल और व्यापार की अन्वितियों का कई दृष्टियों से बहुत अधिक महत्त्व है। नाटक के ढाई हजार वर्षों के इतिहास में बराबर इन अन्वितियों की चर्चा होती रही है और अधिकांश नाटककारों ने इनका पालन किया। नाटक-रचना की अनेक रूढ़ियों में से अन्वितियों की रूढ़ि सबसे अधिक महत्त्वपूर्ण है।

काल-अन्विति के सम्बन्ध में अरस्तू ने यह निर्देश दिया था कि नाटक की कथा का विस्तार 24 घंटों से अधिक नहीं होना चाहिए। लेकिन बाद में वह अवधि 12 घंटे ही मानी गई, अथवा केवल इतना समय जितना कि नाटक के प्रदर्शन में लगता है। लेकिन, बराबर सभी देशों में सभी काल के नाटककारों ने इस अन्विति का उल्लंघन किया है और नाटकीय काल-विस्तार, विशेषकर ऐतिहासिक नाटकों में, बहुत बड़ा रहता है।

स्थान-अन्विति के सम्बन्ध में यथार्थवाद में रंगमंच के विकास के साथ-साथ बड़े जटिल नियम विकसित होते गए। पिछली एक शताब्दी में ऐसे नाटक लिखने की परम्परा हो गई है। जिनकी कथा एक ही स्थान पर घटित होती है, और जो रंगशाला में एक ही दृश्यबन्ध (सेट) पर खेले जा सकते हैं, या एक सेट में कुछ आंशिक परिवर्तन करके दो या तीन घटना-स्थलों का बोध कराया जा सकता है। जहाँ तक एकांकी का सम्बन्ध है, उसमें प्रायः स्थान-अन्विति का पूरी तरह से पालन किया जाता है, और नाटक की सारी घटना एक ही स्थान पर घटित होती है।

अन्वितियों में व्यापार-अन्विति एक ऐसी अन्विति है, जिसका पूरी तरह से पालन करना सभी दृष्टियों से अनिवार्य है, और जिसका पालन भी सभी नाटककार करते हैं। इस अन्विति का तात्पर्य यह है कि नाटक में जहाँ तक सम्भव हो एक ही मुख्य कथा ली जाए और यदि कोई गौण और प्रासंगिक कथा हो भी तो वह मूल-कथा से पूरी तरह सम्बद्ध हो। एकांकी में तो उसकी

रूपगत अनिवार्यता के कारण ही व्यापार-अन्विति का पूरा पालन होता है, क्योंकि उसमें प्रभाव की एकाग्रता आवश्यक है, दूसरे पात्रों की संख्या बहुत कम रहती है तथा व्यापार के विस्तार के लिए समय भी बहुत कम रहता है।

पात्र

बड़े नाटक के समान एकांकी में पात्र एक महत्त्वपूर्ण तत्त्व है, क्योंकि पात्र ही नाटकीय कार्य-व्यापार का वहन करते हैं और अपने संवादों द्वारा नाटकीय कथा उद्घाटित करते हैं। यही कारण है कि कथावस्तु को 'मात्र गतिशील कार्य-व्यापार का रूप' भी कहा गया है। एकांकी में उनके छोटे रूप और कलेवर के कारण, पात्रों की संख्या कम होती है, और उनके व्यवहारों और क्रियाओं को भी न तो बहुत अधिक विस्तार दिया जा सकता है और न उनमें बहुत अधिक जटिलता ही दिखलाई जा सकती है। प्रायः तो एकांकी में एक ही या दो मुख्य पात्र होते हैं, विशेषकर उन एकांकियों में जो चरित्र-प्रधान होते हैं, और जिनका आधार कोई एक विशेष चरित्र होता है। प्रभाव की एकता तथा व्यापार की अन्विति पर अधिक जोर देने के कारण भी एकांकी में पात्रों की विविधता और भी कम हो जाती है। मुख्य पात्र का सम्पूर्ण चित्र प्रस्तुत नहीं किया जा सकता। लेकिन पात्रों का खंडित-चित्र ऐसी तीव्र रेखाओं में अंकित किया जाता है कि उसका दर्शक पर गहरा प्रभाव पड़ता है।

एकांकी-लेखक के लिए यह बहुत ही महत्त्वपूर्ण है कि वह पात्रों का चरित्र-चित्रण स्पष्ट करे और उनके सम्बन्ध में उसकी अपनी धारणाएँ निश्चित हों। एकांकी-लेखन की पद्धतियों तथा रंगमंच की रूढ़ियों का प्रभाव पात्रों के चरित्र-चित्रण पर पड़ता है। वास्तव में, नाटक एक ऐसी साहित्यिक विधा है जिसमें पात्र का चरित्र-चित्रण एक विशिष्ट रचना-शिल्प का रूप ले लेता है, क्योंकि नाटककार को उपन्यासकार के समान सुविधा नहीं है कि वह विस्तार के साथ अपने पात्रों के रूप और वेशभूषा आदि का वर्णन करे तथा उनके विचारों और भावों पर टीका-टिप्पणी कर सके। नाटककार को तो अपने पात्रों को कुछ विशेष स्थितियों के बीच केवल प्रस्तुत कर देने की ही सुविधा रहती है और पात्र को ही स्वयं अपने संवादों और अपने व्यवहारों द्वारा अपना चरित्र उद्घाटित करना पड़ता है। लेकिन इस बन्धन और सीमा में ही नाटककार को यह एक बड़ा लाभ भी रहता है कि वह अपने पात्रों

को कुछ विशिष्ट स्थितियों में तीव्रतम रूप में प्रस्तुत कर सकता है, जिसका पाठक और दर्शक पर गहरा प्रभाव पड़ता है। नाटककारों ने लम्बे-लम्बे रंग-निर्देश देकर एकांकी में उपन्यासकार की सुविधा का लाभ उठाने का प्रयत्न किया है। इन निर्देशों में जहाँ नाटक के घटना-स्थल तथा क्रिया-व्यापार आदि का परिचय और संकेत रहता है, वहीं पात्रों के स्वभाव, उनके व्यवहार तथा उनके मानसिक विचारों और द्वन्द्वों के सम्बन्ध में भी नाटककार विस्तार के साथ लिखते हैं।

पात्रों का चरित्र-चित्रण चार प्रकार से होता है—एक तो, पात्र के रूप में और उसकी वेशभूषा द्वारा; दूसरे उसके संवादों द्वारा; तीसरे, उसके कार्यों, और चौथे, उसके सम्बन्ध में दूसरे पात्रों द्वारा कहे गए कथनों द्वारा। पात्र के चरित्र-चित्रण का तीव्र चरित्रांकन, वास्तव में, नाटक की कथावस्तु के रूप-विन्यास पर भी बहुत-कुछ निर्भर करता है। यदि वस्तु-संगठन और तर्क-संगठन दृढ़ होता है, तो पात्र भी अधिक सशक्त लगते हैं, और यदि वस्तु-संगठन ही शिथिल हो तो पात्र भी कमजोर अथवा अनाटकीय लगने लगते हैं।

संवाद

संवाद एकांकी का तीसरा मुख्य अंग है। संवादों के द्वारा ही नाटकीय कार्य-व्यापार उद्घाटित और विकसित होकर गतिशील होता है, और संवादों द्वारा ही पात्रों की चरित्रगत विशेषताएँ उद्घाटित होती हैं। संवाद कभी-कभी अपरोक्ष रूप से घटनास्थल का भी परिचय दे देते हैं, और वातावरण की सृष्टि में योग देते हैं। संवादों का रूप निर्धारित करने में भाषा, शैली, गठन आदि का बहुत अधिक महत्त्व है, क्योंकि इनसे नाटकीय संवाद रोचक, गतिशील और प्रभावशाली बनते हैं। उत्तम संवाद ही कथा-वस्तु और पात्रों को पुष्ट करते हैं और समृद्ध बनाते हैं। संवादों में निहित अर्थ और उनकी तर्क-पद्धति स्पष्ट होनी चाहिए जिससे कि रंगशाला में बैठे हुए व्यक्ति तुरन्त उसे ग्रहण कर लें, क्योंकि दर्शक को यह सुविधा नहीं होती कि वह अभिनेता द्वारा बोले गए संवाद को दोबारा सुन सके, जिस प्रकार से कि पाठक एक वाक्य को दोबारा पढ़ सकता है। संवाद सुगठित होना चाहिए और उसमें कम-से-कम शब्दों में अधिक गम्भीर और व्यंजनापूर्ण बात कहने की शक्ति होनी चाहिए।

संवादों में शब्दों के चयन और शैली का भी विशेष महत्त्व है, क्योंकि भाषा का स्वरूप और शैली पात्रों तथा नाटकीय स्थितियों के अनुरूप होनी

चाहिए। नाटकीय संवादों के सम्बन्ध में एक और महत्त्वपूर्ण बात यह है कि उसमें एक प्रकार की निहित गतिशीलता होनी चाहिए क्योंकि वे रंगमंच पर क्रिया-व्यापार का बोध कराते हैं। वास्तव में, संवाद क्रिया-व्यापार का ही एक रूप है।

नाटकीय संवाद के सम्बन्ध में बहुत सी रोचक रूढ़ियों का विकास हुआ है। इन्हीं रूढ़ियों ने स्वगत-कथन और एकालाप शैली के संवादों को विकसित किया है। इन रूढ़ियों द्वारा भी नाटकीय संवाद का क्षेत्र विस्तृत हुआ है। यह भी नाटकीय संवाद की एक रूढ़ि ही है कि नाटकीय संवादों में प्रायः पद्य का प्रयोग किया जाता है, जब कि सामान्य रूप से हम जीवन में पद्य का प्रयोग नहीं करते।

एकांकी के प्रकार

एकांकी के विषय और उसकी रचना-शैली की दृष्टि से कुछ भेद किए जा सकते हैं। विषय की दृष्टि से एकांकी को ऐतिहासिक, पौराणिक, सामाजिक अथवा राजनीतिक आदि भागों में बाँट सकते हैं। विषय के ही आधार पर एकांकी का वर्गीकरण भावात्मक, विचारात्मक और समस्यात्मक नाटकों के रूप में भी किया जा सकता है। जब एकांकी में लेखक किसी पात्र को विशेषता देना चाहता है या कोई पात्र ही रचना का आधार होता है तो उसे चरित्र-प्रधान एकांकी कह सकते हैं और जब कोई विचार या भाव या समस्या नाटक का आधार होती है, तो हम उसे भाव-प्रधान, विचार-प्रधान और समस्या-प्रधान नाटक कह सकते हैं। लेकिन, ये भेद वास्तव में एकांकी की मूल प्रकृति का संकेत मात्र करते हैं, उसका पूरा-पूरा रूप और शैलीगत परिचय नहीं देते।

शैली की दृष्टि से एकांकी के चार भेद किए जाते हैं :

स्वप्न-रूपक (फैंटेसी),
काव्य-एकांकी,
प्रहसन तथा
रेडियो-रूपक।

स्वप्न-रूपक एक प्रकार से अतिकल्पना-प्रधान एकांकी होता है, जिसमें सारी कथा कल्पनारंजित होती है। डॉ. रामकुमार वर्मा का एकांकी 'बादल की मृत्यु' इसी कोटि में आता है। प्रहसन-शैली के एकांकियों में हास्य और

व्यंग्य की प्रधानता रहती है, और कुछ विशेष प्रकार की हास्यात्मक सामाजिक स्थितियों में पात्रों को प्रस्तुत किया जाता है। भारतेन्दु हरिश्चन्द्र का 'अन्धेर नगरी' नाटक इसी कोटि में आता है। काव्य-एकांकी का माध्यम काव्य होता है। पिछले कुछ वर्षों में रेडियो के द्वारा काव्य-एकांकियों का विकास हुआ है। उदयशंकर भट्ट, नरेन्द्र शर्मा, भगवतीचरण वर्मा, सुमित्रानन्दन पन्त, गिरिजाकुमार माथुर, देवराज दिनेश तथा नरेश मेहता आदि ने काव्य-रूपक लिखे हैं।

रेडियो-एकांकियों के कई रूप होते हैं। सामान्य संवाद-प्रधान रेडियो-नाटकों के अतिरिक्त फीचर, काव्य-रूपक, ध्वनि-रूपक, संगीत-रूपक तथा झलकियाँ आदि रेडियो-नाटकों के कई प्रकार होते हैं। रेडियो-नाटक के विभिन्न तत्त्वों में संवाद, ध्वनि-प्रभाव और संगीत प्रमुख होते हैं। रेडियो-नाटकों में भी संवादों का प्रायः वही प्रयोजन होता है जो रंगमंच-नाटक में होता है, केवल एक अन्तर यह होता है कि रेडियो-नाटक में संवाद प्रायः दृश्य का वर्णन और परिचय भी करा देते हैं।

संवाद के अतिरिक्त रेडियो-नाटक में ध्वनि-प्रभावों और संगीत का महत्त्व होता है। जिस प्रकार से नाटककार व्यापार व्यक्त करने के लिए संवादों पर निर्भर करता है, उसी प्रकार से ध्वनि-प्रभावों और संगीत-खंडों पर भी। रेडियो-नाटक दृश्यमान नहीं होता; अतः ध्वनि-प्रभावों और संगीत के द्वारा उसे कुछ दृश्यता प्रदान करने का प्रयत्न किया जाता है। रचना की दृष्टि से रेडियो-नाटक में प्रायः एक महत्त्वपूर्ण तत्त्व कथा-वर्णन होता है। प्रायः रेडियो-नाटकों में एक सूत्रधार या नैरेटर होता है जो इन वर्णनात्मक खंडों को प्रस्तुत करता है। इन वर्णनों द्वारा कथा-वर्णन किया जाता है और पात्रों का परिचय दिया जाता है। दृश्य-परिवर्तन के लिए प्रायः ध्वनि-प्रभावों या संगीत का प्रयोग किया जाता है।

एकांकी का उद्भव और विकास

हिन्दी में एकांकी नाटक की ऐतिहासिक परम्परा बड़े नाटक के समान ही भारतेन्दु-काल से चली आ रही है। भारतेन्दु-युग में भारतेन्दु के अलावा कई नाटककारों ने जिस प्रकार के हास्य और व्यंग्य-प्रधान नाटकों की रचना की, वे रूप-विधान की दृष्टि से एकांकी के अन्तर्गत रखे जा सकते हैं। यद्यपि आधुनिक एकांकी का विकास और प्रणयन पिछले 30-35 वर्षों में ही हुआ

है, और उसकी मूल प्रेरणा वास्तव में अंग्रेजी नाटक से आई है। वैसे तो एकांकी परम्परा अपने एक विशिष्ट रूप में संस्कृत नाटक-साहित्य में भी मिलती है। संस्कृत नाटक-साहित्य में कई ऐसे उप-रूपक हैं, जैसे कि भाण, व्यायोग और प्रहसन आदि जो एकांकी शैली के ही नाटक माने जा सकते हैं।

अंग्रेजी साहित्य के इतिहास-लेखक भी आधुनिक एकांकी की प्रायः पुरानी परम्परा बतलाते हैं। किन्तु वहाँ भी नई शैली के आधुनिक एकांकी का जन्म वर्तमान शताब्दी के पहले दशक में ही हुआ। साहित्य के कुछ इतिहासकार 1903 में प्रदर्शित नाटक 'बन्दर का पंजा' से एकांकी का जन्म मानते हैं। यह नाटक वास्तव में एक अन्य बड़े नाटक के प्रदर्शन के साथ 'कार्टेन-रेज़र' (पट-उत्थानक) के रूप में खेला गया था। उन दिनों रंगशालाओं में यह चलन था कि मुख्य नाटक के प्रदर्शन के पहले रंगशाला के प्रबन्धक प्रायः दर्शकों के मनोरंजन के लिए छोटे-छोटे नाटकों का प्रदर्शन करने लगे थे। उनके खेलने का बहुत-कुछ उद्देश्य यह होता था कि जब तक दर्शक आएँ, अपना स्थान ग्रहण करें, तब तक उनका कुछ मनोरंजन किया जाए। कहते हैं कि 'बन्दर का पंजा' का प्रदर्शन इतना प्रभावशाली हुआ कि दर्शक मुख्य नाटक को बिना देखे ही चले गए। धीरे-धीरे इस शैली के नाटक प्रचलित हो गए। बाद में एकांकी का अपना स्वरूप निश्चित हुआ, और उसका नाटक-साहित्य के एक विशेष अंग के रूप में विकास हुआ।

हिन्दी का पहला एकांकी किसे माना जाए, इस सम्बन्ध में मतभेद है। कुछ लोग जयशंकर प्रसाद के नाटक 'एक घूँट' को पहला एकांकी मानते हैं। यद्यपि शिल्प, वस्तु-संगठन और शैली की दृष्टि से यह नाटक भी बहुत-कुछ पुरानी परम्परा से ही जुड़ा हुआ है, फिर भी उसमें शिल्प के कुछ ऐसे नए तत्त्व हैं जिनके कारण उसे आधुनिक शैली का प्रथम एकांकी माना जा सकता है।

1935 में भुवनेश्वरप्रसाद के एकांकी-नाटकों का संग्रह 'कारवाँ' प्रकाशित हुआ, जो शायद हिन्दी का पहला एकांकी-संग्रह है। उनके नाटक 'स्ट्राइक' और 'ऊसर' बहुत प्रसिद्ध हुए। इसके बाद से बराबर हिन्दी एकांकी-साहित्य की रचना हो रही है और उसमें उत्तरोत्तर विकास हो रहा है। भुवनेश्वर के पश्चात् इस क्षेत्र में डॉ. रामकुमार वर्मा आए। उन्होंने विविध प्रकार के एकांकी बहुत बड़ी संख्या में लिखे हैं।

एकांकी को जिन लोगों ने सबसे अधिक अपना योग दिया है, उनमें रामकुमार वर्मा, जगदीशचन्द्र माथुर, उदयशंकर भट्ट, उपेन्द्रनाथ 'अश्क', लक्ष्मीनारायण मिश्र, सेठ गोविन्ददास के नाम उल्लेखनीय हैं। सद्गुरुशरण अवस्थी और गणेशप्रसाद द्विवेदी ने भी कुछ अच्छे एकांकी नाटकों की रचना की है। आधुनिक एकांकीकारों में विष्णु प्रभाकर, धर्मवीर भारती, लक्ष्मीनारायण लाल, सत्येन्द्र शरत् और मोहन राकेश के नाम उल्लेखनीय हैं।

पिछले एक दशक में जो नए एकांकी लिखे गए हैं, उनमें शिल्प और शैलीगत विविधता आई है, तथा उनकी भाषा और शैली में भी पहले चरण के एकांकियों में कई दृष्टियों से अन्तर हुआ है। इस प्रकार से हिन्दी के एकांकी नाटक-साहित्य का इतिहास यद्यपि 30-35 वर्ष से अधिक का नहीं है, फिर भी परिमाण की दृष्टि से वह बहुत बड़ा है, और उसमें रूप और शैलीगत विविधता भी है। एकांकी नाटक-साहित्य आज भी एक बहुत बड़ी व्यावहारिक आवश्यकता की पूर्ति कर रहा है और छोटे-छोटे नगरों के नाट्य-दल तथा शिक्षा-संस्थाएँ अपने सीमित साधनों से एकांकी का ही प्रदर्शन कर पाती हैं।

रेडियो नाटक

रेडियो नाटक का सीधा सम्बन्ध आपसे अर्थात् सुननेवालों से है, इसलिए सबसे पहले मैं आपकी बात करूँगा। रेडियो नाटक लिखनेवाले का सबसे बड़ा मसला भी आप हैं और सबसे बड़ी कसौटी भी। सच कहा जाए तो रेडियो नाटक को पूर्णता प्रदान करने में आपका भी बहुत योग रहता है। जिस चीज़ को लेखक शब्दों में लिखता है और माइक्रोफ़ोन ध्वनियों के रूप में प्रसारित करता है, उसे आप अपनी कल्पना की सहायता से चित्रों का रूप दे लेते हैं। यदि यह कहा जाए तो गलत न होगा कि वास्तव में रेडियो नाटक भी आप देखते हैं—आपके सामने रखे हुए लकड़ी के डिब्बे में से निकलती हुई ध्वनियाँ आपके मस्तिष्क में चित्र खड़े करने लगती हैं और जहाँ ध्वनि चित्र खड़ा करने में असमर्थ हुई वहीं आपके माथे पर बल पड़ जाते हैं। उदाहरण के लिए जिक्र तो हो रहा है चायदानी से प्याली में चाय उँडेलने का और आवाज कुछ ऐसी सुनाई दे जैसे पानी का एक गिलास दूसरे गिलास में खाली किया जा रहा है तो आपकी कल्पना के चित्र में तुरन्त बाधा पड़ती है और यदि ध्वनियाँ ठीक चित्र का निर्माण करती चलती हैं तो आप तकिए के सहारे आँख मूँदकर लेटे हुए भी कुछ ऐसा अनुभव करते चलते हैं जैसे आपके सामने ही एक मेज के इर्द-गिर्द बैठे हुए कुछ लोग चाय पी रहे हैं, यहाँ तक कि आपको यह भी आभास होता है कि उनमें से कौन कहाँ बैठा है। आप ध्वनियों के सहारे ही यह भी देखते चलते हैं कि कब किसके माथे पर त्योरी आती है और कब किसकी आँखें भावना से गीली हो जाती हैं। यदि वर्षा होती है तो वह भी जैसे आपके आस-पास ही होती है और दूर से नजदीक आती हुई खच्चरों की घंटियों की ध्वनि सुनाई देती है तो आप खच्चरों की आकृतियों के अतिरिक्त उनके धीरे-धीरे हिलने और चलकर अपनी ओर जाने का भी अनुभव करते हैं। रेडियो नाटक की सफलता ध्वनियों को इस रूप में प्रसारित

करने में है कि उनके सहारे आपकी कल्पना अबाध चित्र बनाती चले और कहीं भी चित्रों में उलझाव या अस्पष्टता न आने पाए। यह ठीक है कि ध्वनियों द्वारा प्रभाव उत्पन्न करने के लिए सिलसिले में बहुत बार आपसे छल किया जाता है। आपको लगता है कि कोलतार की सड़क पर घोड़े तेज़ी से दौड़ रहे हैं, जब कि वास्तव में माइक्रोफोन के पास खड़ा एक व्यक्ति तेज़ी से सोला हैट पर अपने नाखूनों को नचा रहा होता है। एक व्यक्ति माइक्रोफोन की ओर फूँक मारता है और धातु के लचकीले टुकड़े को साथ जरा-जरा हिलाता है तो आपकी कल्पना में तूफान का दृश्य खड़ा होने लगता है। स्टूडियो में केवल एक रिकॉर्ड घिस रहा होता है और आपकी कल्पना में पहाड़ टूटते हैं, पशु जंगलों में मारे-मारे फिरते हैं, घटाएँ घिर आती हैं या एक व्यक्ति मोटर के नीचे कुचला जाता है। आपको इससे कोई मतलब नहीं कि किस छल से ध्वनि उत्पन्न होती है। यदि चित्र ठीक बन रहे हैं तो सब ठीक है। रेडियो नाटक प्रसारित करनेवालों का यही प्रयत्न होता है कि माइक्रोफोन से ऐसी समर्थ ध्वनियाँ प्रसारित हों जो ठीक चित्रों का निर्माण कर सकें।

इससे रेडियो नाटक लिखनेवाले के दायित्व को समझा जा सकता है। रेडियो-नाट्य-शिल्प का विकास पिछले थोड़े से वर्षों में ही हुआ है। यह विकास इतनी तेज़ी के साथ हुआ है कि कई प्रयोगों को देखते हुए तो यह प्रतीत होता है कि बहुत शीघ्र नाटक का यह रूप अन्य रूपों से कहीं आगे निकल जाएगा। इसका सबसे बड़ा कारण यह है कि रेडियो नाटक के क्षेत्र में किसी भी तरह का प्रयोग बहुत कम साधनों से सम्भव हो सकता है। रंगमंचीय नाटक और फिल्म-नाटक की तरह बड़ी-बड़ी साज-सज्जाओं की इसके लिए ज़रूरत नहीं रहती और दूसरी ओर सुननेवालों का क्षेत्र भी बहुत विस्तृत होता है। एक ही समय लाखों श्रोता अपनी सुविधा के अनुसार बैठे या लेटे हुए, सिगरेट सुलगाए या चाय की प्याली सामने रखे हुए, इसे सुन लेते हैं। रेडियो नाटक के लिए साधन जुटाने का प्रयत्न जितना कम हो जाता है, लिखनेवाले का दायित्व उतना ही बढ़ जाता है, क्योंकि ध्वनियों के माध्यम से सुननेवाले के सामने चित्र को पूरा प्रस्तुत होना चाहिए। यदि एक कमरे का वातावरण प्रस्तुत किया जा रहा है जिसमें एक ओर शेल्फ में पुस्तकें सजी हैं और दूसरी ओर मैंटलपीस पर गौतम बुद्ध की मूर्ति रखी है, जहाँ-तहाँ कपड़े और कागज अस्त-व्यस्त बिखरे हैं और एक युवक चुपचाप बैठा अपनी प्रेयसी के चित्र की ओर देख रहा है तो यह सब नाटक के शब्दों में से ही व्यक्त

करना होगा, और इस ढंग से कि सुननेवाले पर ऐसा प्रभाव भी न पड़े कि उसके सामने खामखाह चीज़ों की एक फेहरिस्त पेश की जा रही है। उदाहरण के लिए उपरोक्त वातावरण के दो युवकों के कुछ इस तरह के संवाद द्वारा व्यक्त किया जा सकता है :

सुरेश : अरे वाह ! मैंने तो समझा था कि तुम घर पर मिलोगे ही नहीं और तुम यहाँ मनहूस सूरत बनाए बैठे रजनी के चित्र को ताक रहे हो ? यह तुमने कमरे की सूरत क्या बना रखी है ? नेकटाइयाँ धूल में पड़ी हैं और ये कागज इधर-उधर लावारिस से बिखरे हैं। चलो उठो, जल्दी से तैयार हो जाओ। कंसर्ट में हम लोगों का इन्तजार हो रहा होगा।

कमल : तुम जाओ, सुरेश। मैं नहीं चल सकूँगा। तुम जानते हो कंसर्ट में मुझे कोई दिलचस्पी नहीं है।

सुरेश : तो यहाँ पड़े कुर्सी तोड़ोगे ? आजकल कुछ पढ़ते-लिखते भी तो नहीं हो। देखता हूँ शेल्फ में सब किताबों पर गर्द जम रही है। यह वूलर का चित्र कितने चाव से लाए थे। लाओ रूमाल दो, साफ कर दूँ।

कमल : आज तुम साफ कर दोगे और कल ?

सुरेश : तुम्हारा मर्ज वाकई लाइलाज होता जा रहा है। तुम मैंटलपीस से यह गौतम बुद्ध की मूर्ति उठा दो। तुम्हारा यह मोह देखकर बेचारे गौतम बुद्ध की आत्मा को कष्ट होता होगा।

इस तरह शब्दों के माध्यम से वातावरण प्रस्तुत करते हुए लेखक को एक और सीमा का ध्यान रखना होता है और वह है समय की सीमा। साधारणतया रेडियो नाटक आध या पौन घंटे होते हैं। इसलिए केवल वातावरण प्रस्तुत करने के लिए संवादों को अनावश्यक विस्तार भी नहीं दिया जा सकता है। नाटक में जिस मूल कथानक या समस्या को उठाया गया है उसे आगे बढ़ाने में ही वातावरण सहायक होता है, इसलिए उस मूल उद्देश्य को लेखक को सबसे पहले दृष्टि में रखना होता है। वातावरण के लिए कई बार ध्वनि-संकेतों से काम चल सकता है। जैसे काँच की प्यालियाँ टूटने की आवाज, प्यालियों के अस्तित्व और टुकड़े-टुकड़े होकर बिखरने का अपने आप परिचय दे देगी। नाटक स्वाभाविक गति से अपने क्लाइमैक्स की ओर बढ़े, इसके लिए शिल्प पर कितने अधिकार की ज़रूरत है इसकी कल्पना की

जा सकती है। रेडियो नाटक लिखनेवाला जैसे कानों से सोचता है—क्योंकि हर चेहरे, हर भाव और हर चेष्टा को उसे ध्वनि के रूप में प्रस्तुत करना होता है। इसलिए रेडियो पर अपेक्षाकृत वही नाटक अधिक सफल रहे हैं जो विशेष रूप से रेडियो के लिए ही लिखे गए हैं। कहानी, उपन्यास या रंगमंचीय नाटक के रूप में लिखी गई रचनाओं को यदि सफलतापूर्वक रेडियो नाटक के रूप में प्रस्तुत किया जा सका है तो उनके मूल रूप से रेडियो रूपान्तर में कितना अन्तर आ गया है इसे दोनों रूपों को साथ-साथ देखकर ही जाना जा सकता है। कुछ समय पहले तक हमारे यहाँ यह धारणा रही है कि रेडियो नाटक रंगमंचीय नाटक का रूपान्तर मात्र है, और कि रेडियो शिल्प में लिखे गए नाटक का उस रूप में स्थायी साहित्यिक महत्त्व नहीं है। परन्तु यह धारणा निर्मूल सिद्ध हो चुकी है। आज बहुत से रेडियो नाटक, अपने ही शिल्प द्वारा दिए गए रूप में, आए दिन पत्र-पत्रिकाओं में प्रकाशित होते हैं और पुस्तकों के रूप में सामने आ रहे हैं। यह कहा जा सकता है कि अपने पाठ्य रूप में भी उनका प्रभाव दूसरे शिल्प में लिखे गए नाटकों के प्रभाव से कम नहीं। यहाँ इतना अवश्य स्वीकार करना होगा कि, क्योंकि रेडियो नाटक में प्रयोग की बहुत सम्भावनाएँ हैं और कई तरह के नए-नए प्रयोग किए जाते हैं, इसलिए कुछ प्रयोग ऐसे भी हो सकते हैं जो किसी एक या दूसरे कारण से अधिक सफल न हो सकें। जहाँ कविता और संगीत भाव के बहुत लोकप्रिय वाहन हैं, और सुननेवालों को उनसे बहुत लगाव रहता है, वहाँ यह भी सच है कि कविता और संगीत के माध्यम से यदि किसी नाटकीय स्थिति को प्रस्तुत किया जाए तो उसके प्रभाव का क्षेत्र सीमित हो जाता है। परन्तु काव्य-रूपक रेडियो नाटक के शिल्प के अनेक प्रयोगों में से एक है, और हम आशा कर सकते हैं कि धीरे-धीरे वह भी अनेक समतल को प्राप्त कर लेगा।

हिन्दी में पिछले कुछ वर्षों में, विशेषतया स्वतन्त्रता-प्राप्ति के बाद के वर्षों में रेडियो शिल्प की प्रायः सभी पद्धतियों में महत्त्वपूर्ण प्रयोग किए गए हैं। सामाजिक, ऐतिहासिक और पौराणिक सभी तरह के कथानक लेकर सफल रेडियो नाटक लिखे गए हैं। पौराणिक और ऐतिहासिक कथानकों को लेकर जिन्होंने सफल नाटकों की रचना की है उनमें रामकुमार वर्मा, जगदीशचन्द्र माथुर, लक्ष्मीनारायण मिश्र, उदयशंकर भट्ट और हरिकृष्ण प्रेमी आदि की चर्चा की जा सकती है। दूसरी ओर सामाजिक नाटकों के क्षेत्र में रामकुमार वर्मा, उपेन्द्रनाथ अश्क, भगवतीचरण वर्मा, अमृतलाल नागर, विष्णु प्रभाकर

और सत्येन्द्र शरत् आदि की देन महत्त्वपूर्ण है। रामकुमार वर्मा के नाटक, **फेल्ट हैट** और **औरंगज़ेब की आखिरी रात,** उपेन्द्रनाथ अश्क के **बतसिया** और **छठा बेटा,** विष्णु प्रभाकर के **उपचेतना का छल** और **धरोहर,** अमृतलाल नागर का **बाँकेलाल** उन रेडियो नाटकों में से हैं जो अनेक बार भिन्न-भिन्न केन्द्रों से प्रसारित हो चुके हैं पर जिन्हें फिर बार-बार सुनने को मन चाहता है। ज्यों-ज्यों शिल्प का विकास होता जा रहा है त्यों-त्यों रेडियो नाटक की लोकप्रियता बढ़ती जा रही है। आज हम अनुभव करते हैं कि रेडियो नाटक की सीमा में कुछ भी व्यक्त करना असम्भव नहीं है। रंगमंचीय नाटक के दृश्यविधान के लिए हमें बहुत सीमित क्षेत्र में रहना पड़ता है। इसलिए अधिकांश रंगमंचीय नाटक घर के कमरों के दृश्य तक ही सीमित रहते हैं। फिल्म नाटक के अन्तर्गत दृश्यपट की सम्भावनाओं का बहुत विकास हुआ है परन्तु उसकी भी अपनी सीमाएँ हैं और हर दृश्य को वास्तविक रूप में प्रस्तुत करने के लिए कई बार इतने व्यय की अपेक्षा होती है कि निर्माता बीच का मार्ग ढूँढ़ने का प्रयत्न करता है। परन्तु रेडियो नाटक के लिए ऐसी कोई सीमा नहीं है। शब्द और ध्वनि-संकेत हर असम्भव को सम्भव बनाकर प्रस्तुत कर सकते हैं। इसके अतिरिक्त मानव मन के गहन से गहन भाव, अन्तर की गहराइयों में चलते हुए संघर्ष, वेदना और उल्लास की सूक्ष्म सीमा, हर चीज़ को इस माध्यम से व्यक्त करने का प्रयत्न किया जा सकता है।

रेडियो नाटक लिखनेवाले के लिए उसके चरित्र केवल कुछ आवाजें हैं— और उन आवाजों के अन्तर्गत भी फिर चरित्रों की प्रकृति, परिस्थिति और सम्भावनाओं के अनुकूल बदलते हुए आवाज के हल्के गहरे रूप। लेखक का चरित्र-चित्रण मुख्यतया आवाज की कल्पना पर ही निर्भर करेगा। यदि लेखक चरित्र के साथ आवाज की कल्पना नहीं करता, यदि वह हर लिखे गए शब्द को एक ध्वनि के रूप में नहीं सुनता तो वह अपने उद्देश्य में सफल नहीं होगा। उसके शब्द केवल आवाजों के प्रतीक हैं। इनमें मानवीय आवाजों के अतिरिक्त जड़ पदार्थों की आवाजें भी सम्मिलित हैं, क्योंकि एक कुर्सी के होने का पता उसके घिसटने की आवाज से चलेगा, घड़ी के होने का अनुमान उसकी टिक-टिक से होगा, एक पर्दे का पता उसकी फड़फड़ाहट से मिलेगा। इन ध्वनियों का उद्देश्य केवल पदार्थों की सत्ता का अनुमान देना ही नहीं बल्कि उनके व्यक्तित्व को प्रकट करना भी है। नाटक की बहुत सी स्थितियों को उभारने के लिए सहयोगी ध्वनि-प्रभाव बहुत उपयोगी सिद्ध होता है।

विशेषतया जहाँ दो स्थितियों की विषमता दिखानी हो, या जहाँ अन्तर्मन की गहराई को व्यक्त करना हो वहाँ ये प्रभाव नाटक की गति का अनिवार्य अंग बन जाएँगे। जब एक रोते हुए बच्चे की सिसकी के साथ एक जोर के कहकहे की आवाज मिल जाती है, या एक चोट खाए हुए व्यक्ति की वेदना को व्यक्त करने के लिए वायलिन का स्वर उभरता है या जब आत्महत्या की बात सोचते हुए एक व्यक्ति के अस्फुट शब्दों के साथ साहिल से टकराती हुई समुद्र की लहरों का हल्का-हल्का शोर सुनाई देता है तो उससे सुननेवाले पर अवचेतन रूप से बहुत गहरा प्रभाव प्रड़ता है।

रेडियो नाटक लिखनेवाले के सामने यह बात स्पष्ट रहती है कि आकाश को छोड़कर हर चीज़ की कोई-न-कोई ध्वनि अवश्य है, और हवा की सहायता से आकाश को भी ध्वनि के माध्यम से व्यक्त किया जा सकता है। ऐसा कुछ नहीं है जिसकी कोई-न-कोई ध्वनि नहीं है। और ध्वनि का आश्रय लेकर चलनेवाली यह नाट्य-कला आज जितनी व्यापकता प्राप्त करती जा रही है उससे आगे के लिए इसकी सम्भावनाओं के साथ-साथ इसके उत्तरदायित्व भी बढ़ते जा रहे हैं। रेडियो नाटक बहुत शक्तिशाली माध्यम है और इसका विकास हमारे साहित्य की सजीवता और शक्तिमत्ता का प्रमाण है।

हिन्दी रंगमंच

पहली बार सुनने पर यूँ तो हिन्दी रंगमंच, यह प्रयोग ही ठीक नहीं प्रतीत होता क्योंकि भाषा का सम्बन्ध नाटक के साथ हो सकता है, रंगमंच के साथ नहीं। परन्तु नाटक जनजीवन की सांस्कृतिक मान्यताओं के अतिरिक्त एक भाषा की साहित्यिक उपलब्धियों का भी प्रतिनिधित्व करता है, इस नाते एक भाषा के नाट्य साहित्य के अनुकूल रंगमंच की कुछ विशेषताओं की कल्पना की जा सकती है। आज हिन्दी रंगमंच का प्रश्न इसी सन्दर्भ में उठा है। कहने को यह भी कहा जाता है कि हिन्दी का, अर्थात् हिन्दी नाटक का विशेष रंगमंच अभी विकसित हुआ ही नहीं है, न ही उसके विकसित होने की विशेष सम्भावना दिखाई दे रही है, क्योंकि हिन्दी नाटक रंगमंच की किसी विशेष परम्परा के साथ अनुस्यूत नहीं है। गाहे-बगाहे, जहाँ-तहाँ नाटक खेलने के जो शौकिया प्रयत्न किए जाते हैं, उन्हीं से प्रेरणा लेकर और आंशिक रूप से पाश्चात्य रंगमंच के रूप-विधान से प्रभावित होकर कुछ ही नाटक, विशेषतया एकांकी, ऐसे लिखे गए हैं, जिनकी अभिनेयता के सम्बन्ध में लेखकों की स्पष्ट धारणा का परिचय मिलता है। इसके अतिरिक्त सिनेमा और रेडियो नाटक के विशिष्ट शिल्प का विकास हो जाने से, रंगमंच की सीमित परिधि में खेले जानेवाले नाटक के लिए वैसे भी खास सम्भावनाएँ नहीं रह गई हैं। इसलिए हिन्दी रंगमंच और उसके विकास का प्रश्न वास्तविक न होकर हवाई-सा ही है।

परन्तु वस्तुस्थिति ऐसी नहीं है। हिन्दी नाटक को रंगमंच की निश्चित परम्परा नहीं मिली है, इसका यह अर्थ नहीं है कि आगे एक परम्परा के विकास की सम्भावना भी नहीं है। सिनेमा और रेडियो के विशिष्ट और विकसित शिल्प के बावजूद उनकी अपनी सीमाएँ हैं। रेडियो नाटक मात्र ध्वनि की सीमाओं में आबद्ध है, और श्रोता को अपने लिए अपनी कल्पना

के चित्रों के निर्माण का आयास करना पड़ता है। तीसरे आयाम का अभाव **सिनेमा नाटक** की सीमा है, जिसके कारण पर्दे पर दिखाई देनेवाली रंगीन या कृष्ण-श्वेत छायाकृतियाँ अयथार्थ के भ्रम को नहीं मिटा पातीं। सिनेमा में तीसरे आयाम का विस्तार हो जाने पर भी कैमरे की आँख से देखे गए चरित्र जीते-जागते इंसानों का स्थान न ले पाएँगे, इसलिए रंगमंच की सम्भावनाएँ असन्दिग्ध हैं। रंगमंचीय नाटकों में बढ़ती हुई लोकरुचि इस बात का प्रमाण है। दूसरे, समाज के सभी क्षेत्रों और वर्गों के लोगों में अभिनय की रुचि वर्तमान रहती है। सिनेमा और रेडियो सबकी अभिनय-रुचि की परितृप्ति का साधन नहीं बन सकते, उनके लिए रंगमंच ही एकमात्र साधन है। रंगमंच सिनेमा और रेडियो के लिए अच्छे चरित्रों के चयन का केन्द्र भी बन सकता है।

बहुत बार ऐसा होता है कि रंगमंच की अपेक्षाओं के अनुसार नाटकों की रचना की जाती है, पर कई बार ऐसा भी होता है कि एक नाटक के लिए विशेष रंगमंच का संयोजन किया जाता है। परन्तु दोनों ही स्थितियों में नाटककार के सामने रंगमंच के रूपविधान का स्पष्ट होना आवश्यक है। तथाकथित साहित्यिक नाटक साहित्य-कृति होते हुए भी नाटक नहीं होता। विचार और भावपूर्ण गुम्फित भाषा नाटकीयता की कसौटी नहीं है। संवादों और घटनाओं को दृश्यों और अंकों में बाँट देना ही पर्याप्त नहीं, नाटककार के लिए यह आवश्यक है कि वह जो कुछ लिखता है उसे आँख मूँदकर अपनी कल्पना के रंगमंच पर घटित होते हुए भी देखे। लिखा हुआ नाटक अपने में पूर्ण कृति नहीं होती। रंगमंच की पृष्ठभूमि और पात्रों का अभिनय उसे पूर्णता प्रदान करते हैं। एक कृति के रूप में नाटक तभी सफलता प्राप्त कर सकता है जबकि उसमें रंगमंच पर अभिनीत होने की सम्भावनाएँ निहित हों। अन्यथा कहानी और उपन्यास उससे कहीं पूर्ण रचनाएँ हैं। उनमें पृष्ठभूमि और चरित्रों की भाव-भंगिमाओं आदि का वर्णन विस्तारपूर्वक कर दिया जाता है। कहानी और उपन्यास अपना वातावरण अपने में लिये रहते हैं जब कि नाटक का वातावरण रंगमंच पर ही प्रस्तुत होता है। लिखा गया नाटक एक हड्डियों के ढाँचे की तरह है जिसे रंगमंच का वातावरण ही मांसलता प्रदान करता है।

जहाँ हिन्दी नाटक का उदय सदियों के व्यवधान के बाद संस्कृत नाटक की परम्परा में और उसी की विरासत लेकर हुआ, वहाँ **हिन्दी रंगमंच** ने उन

पारसी कम्पनियों की हीन और गली-सड़ी विरासत लेकर जन्म लिया, जो स्वयं घटिया दर्जे के यूनानी रंगमंच से प्रेरणा लेकर पनपी थीं। लकड़ी के तख्ते, चार-छः भोंडे रँगे हुए गोल होकर उठनेवाले पर्दे, एक ड्राप सीन और रंगमंच तैयार। पर्दों के दृश्यों का भी एक निश्चित-सा फॉर्मूला था। एक पर्दा राजमहल का, जिसके एक तरफ फव्वारे का होना लाजिमी था। एक पर्दा उद्यान था, जिसके पीछे सरोवर या नदी का दृश्य होता था। एक बाजार का पर्दा होता था, जिसमें लाल रंग के लैटर-बक्स का होना ज़रूरी था। राम-लक्ष्मण ऋषि विश्वामित्र के साथ बात करते हुए उसकी लैटर-बक्सवाले बाजार में गुजरा करते थे। रामायण काल, महाभारत काल और आधुनिक काल के लोगों की वेशभूषा प्रायः एक-सी होती थी। राजा दशरथ और राक्षसराज रावण एक-सी मुगलिया फैशन की कन्धारी जूतियाँ पहनते थे। पर्दे के पीछे राम और लक्ष्मण में इस बात पर लड़ाई हो जाती थी कि दोनों में से किसका पार्ट ज्यादा लम्बा है और किसे ठर्रे की मात्रा अधिक मिलनी चाहिए। एक बार एक ऐसी ही कम्पनी के लक्ष्मण स्टेज पर जाने से पहले ठर्रा जरा ज्यादा चढ़ा गए थे, इसलिए उन्हें एक बार जो मूर्च्छा पड़ी तो हनुमान के संजीवनी लेकर लौट आने पर भी नहीं टूटी। बेचारे राम रो-रोकर और गा-गाकर परेशान हुए जा रहे हैं, मगर लक्ष्मण को वारुणी का ऐसा तीर लगा है कि होश ही नहीं आता। आखिर राम और सुग्रीव को मिलकर लक्ष्मण को स्टेज से उठाकर ले जाना पड़ा। कई बार मूर्च्छित होने या मरने के हृदयविदारक दृश्यों पर जनता की इतनी दाद मिलती थी कि मूर्च्छित होने या मरनेवाले को फिर से उस अभिनय को दोहराना पड़ता था। चक्रव्यूह में घिरा हुआ वीर बालक अभिमन्यु मरता हुआ दुर्योधनादि की भर्त्सना कर रहा है :

कायरो, पापियो, माता का दूध लजानेवाले निर्लज्जो, क्षत्रियों के वंश को कलंकित करनेवाले राक्षसो, इधर देखो—

मेरे सोने के लिए है पृथ्वी पर्यंक।
और तुम्हारे वास्ते है यह वीर कलंक ॥

हट जाओ, हट जाओ, अब भी मैं तुम सबके लिए बहुत हूँ। मरते-मरते भी अपनी मुष्टिका से दो-चार को चूर्ण कर दूँगा। कार्य सम्पूर्ण कर दूँगा। आह !

अभिमन्यु गिर जाता है, सारे हाल में तालियाँ बजती हैं और मरहबा-मरहबा की आवाजें आती हैं और अभिमन्यु एक बार फिर उसी तरह मरने के लिए

उठकर खड़ा हो जाता है :

कायरो, पापियो, माता का दूध लजानेवाले निर्लज्जो...! इत्यादि।

हिन्दी में कविरत्न पंडित राधेश्याम कथावाचक की कृतियाँ ही इस रंगमंच के अनुकूल बन सकीं। इससे अधिक की शायद आशा भी नहीं की जा सकती थी। हिन्दी नाटक के उदय काल में **भारतेन्दु बाबू** ने इस दकियानूसी परम्परा से हटकर नए रंगमंच की स्थापना का प्रथम प्रयत्न किया था। परन्तु अपने सीमित साधनों और व्यापक सहयोग के अभाव के कारण उन्हें विशेष सफलता नहीं मिली। भारतेन्दु के मौलिक नाटकों के रंगमंच के सम्बन्ध में उनकी स्पष्ट दृष्टि का परिचय अवश्य मिलता है। लोकरुचि और परम्परा दोनों को मान्यता देते हुए उन्होंने संस्कृत नाटक के रंगशिल्प को नए साँचे में ढालने का प्रयत्न किया। भारतेन्दु की पात्र-कल्पना तथा उनके दृश्य-संयोजन जन-साधारण में नाटक की स्थापना की दृष्टि को व्यक्त करते हैं। यह हिन्दी रंगमंच का प्रथम उत्थान था। भारतेन्दु की दृष्टि को आगे विकसित किया जाता तो अब तक हिन्दी रंगमंच का एक निश्चित रूप हमारे सामने आ गया होता। परन्तु उनके बाद रंगमंच का क्षेत्र **वीर अभिमन्यु** जैसे नाटकों के लिए छोड़कर हिन्दी के साहित्य-स्रष्टाओं ने एक-दूसरा ही मार्ग चुन लिया। प्रसादजी ने पारसी कम्पनियों की परम्परा से तो नाता तोड़ा पर न उन्होंने भारतेन्दु की परम्परा को आगे ले जाने का प्रयत्न किया और न ही रंगमंच की किसी नई परम्परा का संकेत दिया। यद्यपि उनका विचार था कि परिष्कृत बुद्धि के अभिनेता हों, सुरुचि-सम्पन्न सामाजिक हों और पर्याप्त द्रव्य काम में लाया जाए तो उनके नाटक अभिनीत होकर अभीष्ट प्रभाव उत्पन्न कर सकते हैं, पर उनके नाटकों के शिल्प को देखते हुए उनसे सहमत होना असम्भव प्रतीत होता है। उन्होंने अपने विचार की पुष्टि के लिए **अभिज्ञान शाकुन्तलम्** जैसे संस्कृत नाटकों का उदाहरण दिया है। परन्तु **शाकुन्तलम्** तथा अन्य संस्कृत नाटकों में जो अपनी ही एक यूनिटी है, वह प्रसादजी के नाटकों में नहीं पाई जाती। शाकुन्तलम् पूरा-का-पूरा अभिनेय है। रथ के दृश्यों के सम्बन्ध में यह कहा जा सकता है कि वे रंगमंच पर प्रस्तुत नहीं किए जा सकते, परन्तु वास्तव में वहाँ रंगमंच पर रथ की उपस्थिति का आभास-मात्र देना अभिप्रेत है—'पश्य' के बाद वर्णित किया जानेवाला सब कुछ नेपथ्य में संकेतित होता है, रंगमंच पर घटित होता नहीं दिखाया जाता। इसी तरह भास के नाटक भी असन्दिग्ध रूप से अभिनेय हैं। परन्तु प्रसादजी

के नाटकों के सम्बन्ध में यह नहीं कहा जा सकता। प्रसादजी का रंगमंच के साथ सम्पर्क नहीं रहा, शायद इसीलिए वे रंगमंच की सीमाओं से परिचित नहीं हो सके। चन्द्रगुप्त नाटक के द्वितीय अंक के आठवें दृश्य में मालविका और चन्द्रगुप्त रावी के तट पर कुछ सैनिकों के साथ खड़े हैं और नदी में दूर पर कुछ नावें दिखाई दे रही हैं। सिंहरण के संकेत करने पर नावें चली जाती हैं। फिर एक नाव तेज़ी से आती है और उस पर से अलका उतर पड़ती है। हमें आश्चर्य होता है कि ऐसे-ऐसे दृश्यों की योजना करते समय प्रसादजी ने किस तरह के रंगमंच की कल्पना की होगी ? यदि यह कहा जाए कि चित्रपट को दृष्टि में रखकर उन्होंने ऐसा किया होगा तो और भी खेद होता है क्योंकि चित्रपट के नाटक की और कई अपेक्षाएँ हैं और उसमें संवाद बहुत कम होते हैं। चन्द्रगुप्त जैसे नाटक को यदि ज्यों-का-त्यों चित्रपट पर प्रस्तुत किया जाए तो उसके लिए शायद लगभग पचास हजार फुट फिल्म की ज़रूरत पड़ेगी और दर्शक को हाल में लगभग बारह घंटे बैठना होगा।

प्रसादजी के नाटकों की प्रांजल भाषा, भाव-गम्भीरता और साहित्यिक उपलब्धि का कुछ ऐसा प्रभाव पड़ा कि रंगमंच के साथ नाटक के सम्बन्ध की चेतना ही लुप्त हो गई। इस चेतना का पुनर्विकास हिन्दी में एमेच्योर रंगमंच के उदय के साथ हुआ है। एमेच्योर रंगमंच की बढ़ती हुई माँग के कारण पिछले बीस-पच्चीस वर्षों में रंगमंच के अनुकूल सामाजिक और ऐतिहासिक नाटक, विशेष रूप से एकांकी नाटक की रचना की गई है। परन्तु हमारे एमेच्योर रंगमंच का निर्माण भी पाश्चात्य रंगमंच की नकल में ही हुआ है, इसलिए उसका अपना व्यक्तित्व अभी तक भी नहीं निखर पाया है। पाश्चात्य नाटक प्रायः ड्राइंग-रूम के सेट पर लिखा जाता रहा है, इसलिए हमारे यहाँ का सामाजिक नाटक भी अधिकांशतः मध्यम वर्ग के घर के ऐसे सेट को दृष्टि में रखकर लिखा जाता रहा है, जहाँ मेज-कुर्सियाँ, बुक-शेल्फ और टेबल-लैम्प इत्यादि चीज़ें अनिवार्य सी होती हैं। ज्यादा हिन्दुस्तानीपन लाना हुआ तो महावीर आदि की तस्वीरें पृष्ठभूमि में लटका दी गईं। इस तरह के सेट की कल्पना नाटक को अधिकांशतः शहरी वर्ग तक सीमित कर देती है और नाटककार के लिए जीवन के वस्तुविस्तार को भी सीमित कर देती है। रंगमंच के विषय में सोचते हुए हम पाश्चात्य नाटक के रंग-शिल्प को दृष्टि में रखें और हिन्दी के निजी रंगमंच के विकास की बात करें, इसमें असंगति ही प्रतीत होती है। हिन्दी रंगमंच के विकास से निःसन्देह हमारा

यह अभिप्राय नहीं है कि अत्याधुनिक सुविधाओं से सम्पन्न रंगशालाएँ राजकीय या अर्द्ध-राजकीय संस्थाओं द्वारा बनवा दी जाएँ, जहाँ हिन्दी के नाटककारों की रचनाओं का प्रदर्शन किया जा सके। यह प्रश्न केवल आर्थिक सुविधा का नहीं, एक सांस्कृतिक दृष्टि का भी है। हिन्दी का वास्तविक रंगमंच राजकीय आयोजनों से नहीं, समर्थ नाटककारों और अभिनेताओं तथा दिग्दर्शकों के हाथों विकसित होगा। यदि नाटक जीवन के द्वन्द्वों का चित्रण करेगा तो रंगमंच को भी जीवन की परिस्थितियों के अनुकूल ढलना होगा। हिन्दी रंगमंच को हिन्दी-भाषी प्रदेश की सांस्कृतिक पूर्तियों और आकांक्षाओं का प्रतीक बनना होगा। हमारा रंगों और राशियों का विवेक नए रंगमंच की सज्जा को बल देगा। हमारे दैनन्दिन जीवन के रागरंग को प्रस्तुत करने के लिए, हमारे ब्याह-त्यौहारों के स्पन्दनों को आकार देने के लिए जिस रंगमंच की आवश्यकता है, वह पाश्चात्य शैली के रंगमंच से कहीं खुला होना चाहिए। हरे या स्लेटी रंग की पृष्ठभूमि की बजाय हम हल्दी, चन्दन और गेरू के रंगों का स्पर्श देकर ऐसी पृष्ठभूमि की रचना कर सकते हैं जो सभी तरह के दृश्यों को प्रस्तुत करने के लिए उपयुक्त और आँखों पर सुखकर प्रभाव छोड़नेवाली हो। आधुनिक पाश्चात्य रंगमंच की तरह कैन्वस, गत्ते और लकड़ी की सेटिंग देने और पार्श्व संगीत तथा लाइट और साउंड के इफेक्ट इत्यादि की चर्चा बाद की चीज़ है। यदि हम स्पेशलाइज्ड रंगमंच की कल्पना से आरम्भ करें तो उसे साधारण जन-जीवन की चीज़ नहीं बना सकेंगे। जगदीशचन्द्र माथुर ने हिन्दी रंगमंच के तीन रूपों की कल्पना की है– यथार्थवादी, व्यावसायिक और देहाती। व्यावसायिक रंगमंच का विकास तो हमारे हाथों न होकर किन्हीं और लोगों के हाथों ही हो सकता है, पर समस्या-प्रधान यथार्थवादी नाटक और देहाती अभिनयों के लिए हम एक से रंगमंच की कल्पना लेकर न चल सकें, ऐसा नहीं है। यदि हम रंगों और ध्वनियों पर उचित ध्यान रख सकें तो साधारण से साधारण सेट पर खेला गया नाटक भी प्रभावशाली हो सकता है। दूर जाने से पहले हमें वर्तमान एमेच्योर रंगमंच के रूप का परिष्कार करने का प्रयत्न करना चाहिए। कई बातों में अभी तक हम पारसी कम्पनियों की विरासत लेकर चल रहे हैं। पारसी रंगमंच पर जहाँ पुरुष-कंठ से सीता-विलाप सुनना पड़ता था, वहाँ हिन्दी-भाषी प्रदेश के बहुत से भागों में आज भी शेव करके पाउडर लगाए हुए नवयुवक **चारुमित्रा** और **अंजो दीदी** का अभिनय करते दिखाई देते हैं।

मिश्रित अभिनय के सम्बन्ध में बड़े-बड़े शहरों में तो लोकरुचि का संस्कार हुआ है, पर अन्यत्र बहुत जगह यह संस्कार होना रहता है। दूसरे, एमेच्योर रंगमंच से प्रांप्टर नाम के व्यक्ति को जितनी जल्दी हटाया जा सके, उतना ही अच्छा है। स्टेज पर आल-पिकर का प्रयोग होने से कई बार ऐसी-ऐसी आवाजें सुनाई दिया करती हैं :

प्रांप्टर की आवाज : हेमलता...तुम...आप पढ़े-लिखे हैं ?
हेमलता : तुम...आप पढ़े-लिखे हैं ?
प्रांप्टर : लोचन...पढ़ा-लिखा ?
लोचन : पढ़ा-लिखा ?
प्रांप्टर : हाँ भी और नहीं भी...
लोचन : हाँ भी और नहीं भी...
प्रांप्टर : अच्छा चलता हूँ।
लोचन : अच्छा चलता हूँ।
प्रांप्टर : हाँ, यह तस्वीर आपने बनाई है ?
लोचन : हाँ, यह तस्वीर आपने बनाई है ?
प्रांप्टर : हेमलता...कोई त्रुटि है क्या ?
हेमलता : कोई त्रुटि है क्या ?

दर्शक के कान में पड़ती हुई ये दोहरी आवाजें रसभंग ही नहीं करतीं, सारे वातावरण को उसके लिए अयथार्थ बना देती हैं। उपेन्द्रनाथ अश्क ने अपने नाटक **पर्दा उठाओ, पर्दा गिराओ** में प्रांप्टिंग के परिणामों का अच्छा खाका खींचा है। हम इन छोटे-छोटे सुधारों को आरम्भ करके रंगमंच को अधिकाधिक सादा और सर्व-सुलभ बनाने का प्रयत्न करें तो निःसन्देह बहुत जल्दी निश्चित परिणामों की ओर बढ़ रहे होंगे।

नाटककार और रंगमंच

और लोगों की बात मैं नहीं जानता, केवल अपने लिए कह सकता हूँ कि आज की रंगमंचीय गतिविधि में गहरी दिलचस्पी रखते हुए भी मैं अब तक अपने को उसका एक हिस्सा महसूस नहीं करता। कारण अपने मन की कोई बाधा नहीं, अपने से बाहर की परिस्थितियाँ हैं। एक तो अपने यहाँ, विशेष रूप से हिन्दी में, उस तरह का संगठित रंगमंच है ही नहीं जिसमें नाटककार के एक निश्चित अवयव होने की कल्पना की जा सके, दूसरे उस तरह की कल्पना के लिए मानसिक पृष्ठभूमि भी अब तक बहुत कम तैयार हो पाई है। रंगमंच का जो स्वरूप हमारे सामने है, उसकी पूरी कल्पना परिचालक और उसकी अपेक्षाओं पर निर्भर करती है। नाटककार का प्रतिनिधित्व होता है एक मुद्रित या अमुद्रित पांडुलिपि द्वारा जिसकी अपनी रचना-प्रक्रिया मंचीकरण की प्रक्रिया से अलग नाटककार के अकेले कक्ष और अकेले व्यक्तित्व तक सीमित रहती है। इसीलिए मंचीकरण के प्रक्रिया में परिचालक को कई तरह की असुविधा का सामना करना पड़ता है—नाटककार से उसे कई तरह की शिकायत भी रहती है। ऐसे में यदि नाटककार समझौता करने के लिए तैयार हो, तो उसकी पांडुलिपि की मनमानी शल्य-चिकित्सा की जाने लगती है—संवाद बदल दिए जाते हैं, स्थितियों में कुछ हेर-फेर कर दिया जाता है और चरित्रों तक में हस्तक्षेप किया जाने लगता है। पर यदि नाटककार का अहं इसमें आड़े आता हो, तो उस पर रंगमंच के 'सीमित ज्ञान' का अभियोग लगाते हुए जैसे मजबूरी में नाटक को 'ज्यों-का-त्यों' भी प्रस्तुत कर दिया जाता है। नाटककार की स्थिति एक ऐसे अजनबी की रहती है जो केवल इसलिए कि पांडुलिपि उसकी है, एक नाटक के सफल अभिनय के रास्ते में खामखाह अड़ंगा लगा रहा हो। वैसे यह असुविधा भी तभी होती है जब नाटककार दुर्भाग्यवश उसी शहर में रहता हो जहाँ पर कि नाटक खेला

जा रहा हो। अन्यथा नाटक को चाहे जिस रूप में खेलकर केवल उसे सूचना-भर दे देने या न देने से काम चल जाता है। कुछ वर्ष पहले मेरा नाटक **आषाढ़ का एक दिन** इलाहाबाद में खेला गया था, तो उसमें से अम्बिका की भूमिका हटाकर उसकी जगह बाबा की भूमिका रख दी गई थी। मुझे इसकी सूचना मिली थी नाटक के अभिनय के दो महीने बाद। कुछ परिचालकों की दृष्टि में इस नाटककार को अपने नाटक के साथ इतना ही सम्बन्ध रखना चाहिए कि वह अभिनय की जो थोड़ी-बहुत रायल्टी दी जाए, उसे लेकर सन्तुष्ट हो रहे। कुछ-एक तो नाटककार के इतने अधिकतर को भी स्वीकार नहीं करना चाहते। इस सिलसिले में मुझे डेढ़-दो साल पहले बम्बई में सत्यदेव दुबे से हुई बातचीत का ध्यान आता है। दुबे की रंग-निष्ठा का मैं प्रशंसक हूँ, परन्तु आद्य रंगचार्य का **सुनो जनमेजय** खेलने के बाद इस प्रश्न को लेकर उन्होंने नाटककार के साथ जो रुख अपनाया, वह निःसन्देह प्रशंसनीय नहीं था। मेरी बात उनसे **सुनो जनमेजय** के सन्दर्भ में ही हुई थी—उससे पहले जब उन्होंने मेरा नाटक खेला था, तो मैं यह प्रश्न उनके साथ नहीं उठाया था। तब कारण था दुबे के लगन और उनके कार्य के प्रति मेरा व्यक्तिगत स्नेह। **सुनो जनमेजय** के सन्दर्भ में भी बात रायल्टी को लेकर उतनी नहीं थी, जितनी आज की रंग-सम्भावनाओं में नाटककार के स्थान और उसके अधिकारों को लेकर। वह बातचीत मेरे लिए दुखदायी इसलिए थी कि नाटककार और परिचालक के बीच जिस सम्बन्ध-सूत्र के उत्तरोत्तर दृढ़ होने पर ही हमारी निजी रंगमंच की खोज निर्भर करती है, उसमें उसी को झटक देने की दृष्टि लक्षित होती थी। रंगमंच की पूरी प्रयोग-प्रक्रिया में नाटककार केवल एक अभ्यागत, सम्मानित दर्शक या बाहर की इकाई बना रहे, यह स्थिति मुझे स्वीकार्य नहीं लगती। न ही यह कि नाटककार की प्रयोगशीलता उसकी अपनी अलग चारदीवारी तक सीमित रहे और क्रियात्मक रंगमंच की प्रयोगशीलता उससे दूर अपनी अलग चारदीवारी तक। इन दोनों को एक धरातल पर लाने के लिए अपेक्षित है कि नाटककार पूरी रंग-प्रक्रिया का एक अनिवार्य अंग बन सके। साथ यह भी कि वह उस प्रक्रिया को अपनी प्रयोगशीलता के ही अगले चरण के रूप में देख सके।

यहाँ इतना और स्पष्ट कर देना आवश्यक है कि मैं इस बात की वकालत नहीं करना चाह रहा कि बिना नाटककार की उपस्थिति के उसके किसी नाटक की परिचालना की ही न जाए—ऐसी स्थिति की कल्पना अपने

में असम्भव ही नहीं, हास्यास्पद भी होगी। न ही मैं यहाँ उस स्थिति पर टिप्पणी करना चाहता हूँ जहाँ नाटककार स्वयं परिचालना का भी दायित्व अपने ऊपर ले लेता है। नाटककार-परिचालन या परिचाला-नाटककार की स्थिति अपने में एक स्वतन्त्र विषय है जिसकी पूर्तियों और अपूर्तियों की चर्चा अलग से की जा सकती है। यद्यपि हमारे यहाँ गम्भीर स्तर पर इस तरह के प्रयोगों के अधिक उदाहरण नहीं हैं, फिर भी मराठी में पु.ल. देशपांडे और बँगला में उत्पलदत्त के नाट्य-प्रयोग इन दोनों श्रेणियों के अन्तर्गत विचार करने की पर्याप्त सामग्री प्रस्तुत कर सकते हैं। यहाँ मेरा अभिप्राय नाटक की रचना-प्रक्रिया के रंगमंच की प्रयोगशीलता के साथ जुड़ सकने की सम्भावनाओं से है। एक नाटक की रचना यदि रंग-प्रक्रिया के अन्तर्गत होती है, तो बाद में उसे कहाँ-कहाँ और किस-किस रूप में खेला जाता है, इसमें नाटककार की भागिता का प्रश्न नहीं रह जाता, रह जाता है केवल उसके अधिकारों का प्रश्न।

रंगमंच के प्रश्न को लेकर पिछले कुछ वर्षों से बहुत गम्भीर स्तर पर विचार किया जाने लगा—उसकी सम्भावनाओं की दृष्टि से भी और उन खतरों की दृष्टि से भी जो उसके अस्तित्व के लिए चुनौती बनते जा रहे हैं। बड़े-बड़े परिसंवादों में हम बड़े-बड़े प्रश्नों पर विचार करने के लिए जमा होते हैं। रंगमंच को दर्शक तक ले जाने या दर्शक को रंगमंच तक लाने के हमें क्या उपाय करने चाहिए ? प्रयोगशील रंगमंच को आर्थिक आधार पर किस तरह जीवित रखा जा सकता है ? किन तकनीकी या दूसरे चमत्कारों से रंगमंच को सामान्य दर्शक के लिए अधिक आकर्षक बनाया जा सकता है ? सर्वांग (टोटल) रंगमंच की सम्भावनाएँ क्या हैं ? विसंगत रंगमंच के बाद की दिशा क्या होगी ? घटना-विस्फोट के प्रयोग हमें किस रूप में करने चाहिए ? इन सब परिसंवादों में जाकर लगता है कि ये सब बड़ी-बड़ी बातें केवल बात करने के लिए ही की जाती हैं—अपने यहाँ की वास्तविकता के साथ इनका बहुत कम सम्बन्ध रहता है। यूँ उन देशों में भी जहाँ के लिए ये प्रश्न अधिक संगत हैं, अब तक आकर वास्तविकता का साक्षात्कार कुछ दूसरे ही रूप में होने लगा है। बहुत गम्भीर स्तर पर विचार-विमर्श होने के बावजूद रंगमंच (अर्थात् नाटक से सम्बद्ध रंगमंच) का अस्तित्व वहाँ भी उत्तरोत्तर अधिक असुरक्षित होता जान पड़ता है। परन्तु हमें उधार के प्रश्नों पर विचार करने का मोह इतना है कि हम शायद तब तक अपनी वास्तविकता के साक्षात्कार

से बचे रहना चाहेंगे जब तक कि विश्व-मंच पर 'अर्द्ध-विकसित देशों में रंगमंच की स्थिति' जैसा कोई विषय नहीं उठा दिया जाता और तब भी बात शायद कुछ आँकड़ों के आदान-प्रदान तक ही सीमित रह जाएगी।

हमारे यहाँ या हमारी स्थिति के हर देश में रंगमंच का विकास-क्रम वही होगा जो अन्य विकसित देशों में रहा है, यह भी एक तरह की भ्रान्त धारणा है। शीघ्र-से-शीघ्र उस विकास-क्रम में से गुजर सकने के प्रयत्न में हम प्रयोगशीलता के नाम पर अनुकरणात्मक प्रयोग करते हुए किन्हीं वास्तविक उपलब्धियों तक नहीं पहुँच सकते, केवल उपलब्धियों के आभास से अपने को अपनी अग्रगामिता का झूठा विश्वास दिला सकते हैं। यह दृष्टि बाहर से रंगमंच को एक नया और आधुनिक रूप देने की है, अपने निजी जीवन और परिवेश के अन्दर से रंगमंच की खोज की नहीं। उस खोज के लिए आवश्यक है अपने जीवन और परिवेश की गहरी पहचान—आज के अपने घात-प्रतिघातों की रंगमंचीय सम्भावनाओं पर दृष्टिपात। यह खोज ही हमें वास्तविक नए प्रयोगों की दिशा में ले जा सकती है और उस रंगशिल्प को आकार दे सकती है जिससे हम स्वयं अब तक परिचित नहीं हैं।

अपने रंग-शिल्प पर बाहरी दृष्टि से विचार करने के कारण ही हम अपने को न्यूनतम उपकरणों की अपेक्षा से बँधा हुआ महसूस करते हैं और यह अपेक्षा तकनीकी विकास के साथ-साथ उत्तरोत्तर बढ़ती जा रही है। साथ ही हमारी निर्भरता भी बढ़ती जा रही है और हम अपने को एक ऐसी बन्द गली में रुके हुए पा रहे हैं जिसकी सामने की दीवार को इस या उस ओर बड़े पैमाने पर आर्थिक सहायता पाकर ही तोड़ा जा सकता है। परन्तु मुझे लगता है कि हम इस गली में इसलिए पहुँच गए हैं कि हमने दूसरी किसी गली में मुड़ने की बात सोची ही नहीं—किसी ऐसी गली में जो उतनी हमवार न होते हुए भी कम-से-कम आगे बढ़ते रहने का मार्ग तो दिए रहती। तकनीकी रूप से समृद्ध और संश्लिष्ट रंगमंच भी अपने में विकास की एक दिशा है, परन्तु उससे हटकर दूसरी दिशा भी है और मुझे लगता है कि हमारे प्रयोगशील रंगमंच की वही दिशा हो सकती है। वह दिशा रंगमंच के शब्द और मानव-पक्ष को समृद्ध बनाने की है—अर्थात् न्यूनतम उपकरणों के साथ संश्लिष्ट से संश्लिष्ट प्रयोग कर सकने की। यहीं रंगमंच में शब्दाकार का

स्थान महत्त्वपूर्ण हो उठता है—उससे कहीं अधिक महत्त्वपूर्ण जितना कि हम अब तक समझते आए हैं।

पिछले दिनों एक-दो परिचर्चाओं में मैंने नाटककार के रंगमंच की बात इसी सन्दर्भ में उठाई थी। मैंने पहले ही कहा है कि इसका अर्थ नाटककार को परिचालक की भूमिका देना नहीं है—बल्कि परिचालना-पक्ष पर दिया जानेवाला अतिरिक्त बल हमें अनिवार्यतः जिस गतिरोध की ओर लिये जा रहा है, रंगमंच को उससे मुक्त करना है। शब्दों का रंगमंच केवल शब्दकार का रंगमंच नहीं हो सकता—**शब्दकार, परिचालक और अभिनेता—** इनके सहयोगी प्रयास से ही उसके स्वरूप का अन्वेषण और परिसंस्कार किया जा सकता है। इसका स्वीकृति-पक्ष है शब्दकार को अपनी रंग-परिकल्पना का आधार-बिन्दु मानकर चलना और अस्वीकृति-पक्ष उन सब आग्रहों से मुक्ति जिनके कारण रंग-परिचालना का मानवेतर पक्ष उत्तरोत्तर अधिक बल पकड़ता दिखाई देता है। इसके लिए अपेक्षित है शब्दकार का पूरी रंग-प्रक्रिया के बीच उसका एक अनिवार्य अंग बनकर जीना—अपने विचार को उस प्रक्रिया के अन्तर्गत ही शब्द देना—उसी तरह अपने आज के लिखे हर शब्द को कल तक के लिए अनिश्चित और अस्थायी मानकर चलना अर्थात् परिचालक और अभिनेता की तरह ही शब्दों के स्तर पर बार-बार रिहर्सल करते हुए आगे बढ़ना। परन्तु यह सम्भव हो सके, इसके लिए परिचालक की दृष्टि में भी एक आमूल परिवर्तन अपेक्षित है—उसे इस मानसिक ग्रन्थि से मुक्त होना होगा कि पूरी रंग-प्रक्रिया का नियामक वह अकेला है। उस स्थिति में वह अकेला नियामक होगा जब इस तरह की रंग-प्रक्रिया के अन्तर्गत एक नाटक का निर्माण हो चुकने के बाद वह उसे प्रस्तुत करने जा रहा हो—अर्थात् जब अन्ततः नाटक एक निश्चित पांडुलिपि या मुद्रित पुस्तक का रूप ले चुका हो। परन्तु जिस रंग-प्रक्रिया के अन्तर्गत वह पांडुलिपि निर्मित हो रही हो, उसमें मूल नियामक नाटककार ही हो सकता है और परिचालक वह मुख्य सहयोगी जो उसके हर अमूर्त विचार को एक मूर्त आकार देकर—या न दे सकने की विवशता सामने लाकर स्वयं भी लेखन-प्रक्रिया में उसी तरह हिस्सेदार हो सकता है जैसे प्रस्तुतीकरण की प्रक्रिया में नाटककार। इसका कुछ अनुभव मुझे उन दिनों का है जिन दिनों कलकत्ते से रहकर मैंने **लहरों के राजहंस** का तीसरा अंक

फिर से लिखा था। मुझे यह स्वीकार करने में संकोच नहीं है कि बिना रात-दिन श्यामानन्द के साथ नाटक के वातावरण में जिये, आधी-आधी रात तक उससे बहस-मुबाहिसे किए, और नाटक की पूरी अन्विति में एक-एक शब्द को परखे वह अंश अपने वर्तमान रूप में कदापि नहीं लिखा जा सकता था। परन्तु साथ यह भी कहना चाहूँगा कि श्यामानन्द के प्रस्तुतीकरण में नाटक का उतना अंश जो शेष अंश से बहुत अलग पड़ गया था, उसके पीछे भी यह सहयोगी प्रयास ही मुख्य कारण था। कम-से-कम हिन्दी नाटक के सन्दर्भ में शायद पहली बार लेखन और प्रस्तुतीकरण की प्रक्रिया को उस रूप में साथ जोड़ा जा सका था। इसे सम्भव बनाने के लिए जो अनुकूल वातावरण मुझे वहाँ मिला था, मैं समझता हूँ कि उसी तरह के वातावरण में रंगमंच की वास्तविक खोज की जा सकती है—लेखन के स्तर पर भी और परिचालना के स्तर पर भी।

मैं और मेरा रंग-परिदृश्य

['जर्नल ऑफ साउथ एशियन लिटरेचर', ईस्ट लैसिंग, मिशिगन के सम्पादक **डॉ. कार्लो कपोला** और **मोहन राकेश** के बीच 'एक महत्वपूर्ण भेंट' 30 जुलाई, 1968 को हुई थी। जिसका हिन्दी अनुवाद राकेश की उनके मरणोपरान्त छपी पुस्तक 'साहित्यिक और सांस्कृतिक दृष्टि' में प्रकाशित हुआ था। यहाँ हम उसका सम्पादित प्रासंगिक अंश ही प्रस्तुत कर रहे हैं। शीर्षक सम्पादक द्वारा दिया गया है—सं.]

कपोला : किस प्रकार के प्रभावों के अन्तर्गत आजकल का हिन्दी लेखक लिख रहा है ? (यह भी बताएँ कि हिन्दी भाषा के रचनात्मक विकास-क्रम को आप किस रूप में देखते हैं ? —सं.)

राकेश : मैं समझता हूँ कि इस पीढ़ी के अधिकतर लेखकों ने पाश्चात्य साहित्य काफ़ी कुछ पढ़ा है। इनमें से कुछ लेखक देशी तथा विदेशी दोनों के प्राचीन साहित्य के बारे में भी काफ़ी अन्तरंग ज्ञान रखते हैं। आप चाहें तो इसे समृद्ध या फिर प्रतिबद्ध मनःस्थिति कह सकते हैं। (लेकिन अब) उन्हें इन सबसे उबरना चाहिए। यदि वह वही सब कुछ लिखे, जो आस-पास लिखा जा रहा है तो वह द्वितीय श्रेणी का लेखन लगेगा और द्वितीय श्रेणी के होने का अहसास कराएगा। इसलिए यहाँ सबसे बड़ा प्रश्न भाषा का है।

जो भाषा हमें विरासत में मिली वह खानों में विभक्त भाषा थी, या फिर बगैर किसी अतिरिक्त ध्वनि के एक प्रेमचन्द की प्रगतिशील भाषा थी, फिर जयशंकर (प्रसाद) और अज्ञेय की सुघड़ तथा आभिजात्य भाषा आई। लेकिन भाषा को इतना विकसित करने की आवश्यकता थी कि वह

हमारी भावनाओं को सूक्ष्मता से व्यक्त कर सके। लेकिन किसी प्रकार की अमूर्तता को लाए बिना, जिससे वह अपना मांसल स्वरूप कायम रख सके, जिससे कि वह उस मानव साक्षात्कार को बनाए रख सके अर्थात् उस मौलिकता को जिसकी कि हमारे साहित्य में बहुत अधिक आवश्यकता थी। मेरे विचार में 'नई कहानी आन्दोलन' और उसके बाद के समय की बड़ी उपलब्धि यह थी कि इसमें एक संवेदनशील और सहज भाषा का जन्म हुआ। इसमें अवश्य मेरे समकालीन लेखकों ने तथा उन्होंने जो कि बाद में आए, इस भाषा के विकास में सहयोग दिया।

आधुनिक हिन्दी भाषा, उर्दू की तरह अलंकृत नहीं है। इस भाषा में हमने संस्कृत, फारसी और अंग्रेजी की मूल भाषा से बहुत कुछ अपनी भाषा में ग्रहण किया है। परिणामस्वरूप इस भाषा पर अब उन्हें (लेखकों को) इतना अधिकार और भरोसा हो गया है कि वह अब अपने तरीके से उसे लिख सकते हैं, अपनी शैली चुन सकते हैं और लेखन का एक निजी ढंग अपना सकते हैं।

मेरे कहने का मतलब है कि जैसे-जैसे (प्रभाव ग्रहण और विकास की) यह प्रक्रिया चलती रहे, हमें तर्क-वितर्क की प्रक्रिया भी चलाते रहनी चाहिए। पाँच वर्ष पहले मुझे **वेटिंग फॉर गोडो** जैसा नाटक पसन्द आया था। वह मुझे कहीं अलग, बढ़िया और गतिशील लगा था। लेकिन आज उसे पढ़ने पर लगता है जैसे कोई फार्मूला-नाटक पढ़ रहा हूँ, अर्थात् मैंने बैकट का गुर जान लिया था कि वह कैसे नाटक सोचता है और फिर कैसे नाटक को विकसित करता है। पाँच वर्ष पहले लगता था कि इसमें कुछ ग्रहण करने के लिए है, लेकिन अब उस नाटक के प्रति परित्याग की भावना उत्पन्न होती है और फिर जिससे कुछ ग्रहण नहीं किया जा सकता।

यहाँ मैं कुछ ऐसी बातों पर चर्चा कर रहा था जो कि सम्भवतः हमारे इस विषय से सम्बन्ध नहीं रखतीं, लेकिन

इसका उस बात से सम्बन्ध अवश्य है जो मैंने 'गोडो' के बारे में उठाई थी। यथार्थता मेरे विचार में बेढंगापन है। यह इतना बेढंगा होता है कि इसे अपने लेखन में उत्पन्न करने के लिए हमें कोई प्रयास नहीं करना पड़ता। यदि हम यथार्थता को सही ढंग से पकड़ पाएँ, जैसे अगर हम लोगों का सही चित्रण कर पाएँ, ठीक वैसा जैसे कि वह हैं तो वह ही वस्तुतः काफ़ी बेढंगापन प्रस्तुत कर सकेगा।

एक तरह से हम फिर अपने उसी मूल प्रश्न पर लौट आते हैं और मैं यह कहना चाहूँगा कि मैं अपने आपको ऐसे प्रभावों से दूर नहीं रखता हूँ, उन्हें ग्रहण करता हूँ और फिर उन्हें विकसित होने देता हूँ और उसके बाद उन्हें अस्वीकार भी कर देता हूँ।

कपोला : आप हिन्दी और उर्दू (और अपनी भाषा–सं.) के सम्बन्ध में क्या विचार रखते हैं ?

राकेश : भाषा हमारी जानकारी के बिना भी स्वतः विकसित हुई है। यह भाषा सिर्फ अनपढ़ों की जबान पर ही नहीं चढ़ी, हालाँकि उसे कुछ लोग असली बोलचाल की भाषा कहते हैं। फिर भी मैं कहता हूँ कि मेरी भाषा ही असली बोलचाल की भाषा है। यह भाषा वह हिन्दी नहीं है जिसके बारे में लोग चर्चा कर रहे थे, न ही यह उर्दू है और न ही यह वह हिन्दुस्तानी भाषा है जिसके बारे में महात्मा गांधी बात करते थे, जैसे 'हिन्दू-मुस्लिम भाई-भाई' या फिर 'चलो, एक साथ चलें' वाली प्रवृत्ति। जब मैं हिन्दी के विषय में बात करता हूँ तो मेरा आशय उस भाषा से है जो विकसित है, जो एक संवेदनशील और साहित्यिक अभिव्यक्ति की भाषा है और जो साथ ही इतनी अन्तरंग भी है कि प्रत्येक वर्ग में बोली जा सकती है और साथ ही समझदार आदान-प्रदान के लायक भी है।

मैं मानता हूँ कि हमारे देश में एक सम्पर्क भाषा की आवश्यकता है और वह भाषा अंग्रेजी नहीं हो सकती। सभी भारतीय भाषाओं का 'संस्कार' एक जैसा है। वे एक ही

प्रकार के विचारक्रम और प्रतिबिम्बों से उभरी हैं। क्योंकि इसको प्रचलित करनेवाले विचारक्रम और आदर्श एक ही हैं इसलिए हम अपनी पूरी अभिव्यक्ति उसी एक भाषा में पा सकते हैं जो कि हमारे संस्कारों, आदर्शों और विचारक्रम के अनुसार विकसित हुई हो।

अंग्रेजी इन आदर्शों और विचारक्रम की भाषा नहीं है। अंग्रेजी एक बहुत सुविधाजनक भाषा हो सकती है—एक आरामदेह कोट जिसमें हम चुस्त नजर आ सकते हैं लेकिन जो हमारे शरीर की रूपरेखा को अभिव्यक्त नहीं कर सकती। इसलिए एक भारतीय भाषा को ही यह कार्य करना होगा। मुझे लगता है कि यह भाषा केवल हिन्दी ही हो सकती है क्योंकि यह अन्य भारतीय भाषाओं की तुलना में अधिक विस्तृत रूप से बोली जाती है। फिर, पहले से ही इसका बहुत ज्यादा प्रयोग किया जा रहा है और भारत के विभिन्न भागों में किसी-न-किसी प्रकार की हिन्दी समझी जाती है।

कोई सम्पर्क भाषा होनी चाहिए। मुझे बिल्कुल बुरा नहीं लगेगा यदि हिन्दी प्रादेशिक भाषा बनी रहे, क्योंकि तब यह और भी पनपेगी और परिपक्व होगी। हिन्दी के स्थान को राजनीतिक स्तर पर इतना उलझा दिया गया है और इसमें इतने अन्य तत्त्व आ घुसे हैं कि इसे न प्रादेशिक भाषा का और न ही सम्पर्क भाषा का कोई लाभ मिल पा रहा है और इसके लिए कुछ करना पड़ेगा।

मैं इससे सहमत नहीं हूँ कि हिन्दी और उर्दू को दो भाषाएँ माना जाए। अगर दो भाषाएँ हैं तो फिर मैं नहीं जानता कि मैं किस भाषा का प्रयोग करता हूँ। जब मैं उस कथा-साहित्य को लेता हूँ जो मैं आज लिख रहा हूँ या जो नाटक मैं आज लिख रहा हूँ, तो मुझे कहना पड़ेगा कि उसमें अधिकतर उर्दू का प्रयोग है। फिर उसमें मेरी लोक-भाषा, कुछ स्थानीय मुहावरे और कुछ अंग्रेजी भाषा के शब्द और अभिव्यक्तियाँ भी इसमें शामिल हैं, इसी से मैं सोचता हूँ कि उर्दू को अलग करने की प्रक्रिया केवल साम्प्रदायिक समस्याओं

को और बढ़ाने में ही सहायक होगी क्योंकि इससे लोग यह मानेंगे कि ये भाषाएँ सांस्कृतिक रूप से एक नहीं हैं। जहाँ पर यह अहसास कराना ज़रूरी है कि हम एक ही संस्कृति से जुड़े हुए हैं, वहाँ राष्ट्रीय एकीकरण भी उतना ही आवश्यक है। इसी सन्दर्भ में हिन्दी और उर्दू को एक ही भाषा मानना आवश्यक है।

कपोला : हिन्दी के अधिकांश नाटककार नाटक लिखने के लिए ऐतिहासिक या अर्द्ध-ऐतिहासिक विषयों का सहारा क्यों लेते हैं ? क्या यह एक प्रकार का प्रतिक्रियावाद है ? क्या आप यह महसूस करते हैं कि हिन्दी लेखन अभी भी जयशंकर प्रसाद के पुनरुत्थान से जुड़ा हुआ है ?

राकेश : यह कमोबेश सैद्धान्तिक प्रश्न है। मुझे ऐसा भी लगता है कि इसके बारे में कुछ भ्रान्ति है। यह बिल्कुल संयोग ही है कि हिन्दी के कुछ सफल नाटक किसी-न-किसी ऐतिहासिक काल से सम्बद्ध हैं। लेकिन ऐसा नहीं है कि ऐसे नाटक लिखे ही नहीं गए जो इतिहास से जुड़े हुए नहीं हैं। उदाहरण के लिए, अश्क के नाटक—एक जय-पराजय को छोड़कर—वर्तमान काल को लेकर ही लिखे गए हैं। लेकिन हुआ यह कि इनमें से कोई भी नाटक इतना सफल नहीं हो पाया कि उसे उनके प्रसिद्ध नाटकों में गिना जा सकता। मेरे कहने का तात्पर्य यह है यह बिल्कुल संयोग ही है कि जो नाटक अधिक सफल रहे और जिनकी चर्चा हुई वे ऐतिहासिक या अर्द्ध-ऐतिहासिक श्रेणी में आते हैं।

किन्तु मैं यह नहीं समझता कि धर्मवीर भारती, जगदीश चन्द्र माथुर और मैंने ऐतिहासिक नाटक इसलिए नहीं लिखे हैं, क्योंकि हम इतिहास की व्याख्या करना चाहते हैं। या इसलिए कि हमें किसी काल-विशेष से लगाव था। न ही यह जयशंकर प्रसाद की तरह का किसी प्रकार का पुनरुत्थानवाद है। न ही यह किसी प्रकार का प्रतिक्रियावाद है। बात इतनी-भर है कि यह केवल संयोग-मात्र है कि हिन्दी के सफल नाटक इस ऐतिहासिक श्रेणी के अन्तर्गत आते हैं।

मैं अपने बारे में तो निश्चित रूप से कह सकता हूँ कि मैंने एक शब्द भी ऐसा नहीं लिखा है जो वर्तमान से सम्बन्धित नहीं है। आपने पहले कहा था कि आपके विचार में मेरे उपन्यासों तथा कहानियों में तो आधुनिक सचेतता है जबकि मेरे नाटकों में सम्भवतया इसका थोड़ा सा अभाव। मैं इस प्रकार के अन्तर को स्वीकार नहीं करता क्योंकि जैसा मैं कह चुका हूँ, कि मेरे नाटकों के लेखन के पीछे भी वही सचेतता है जो मेरे उपन्यासों या कहानियों के पीछे। मेरे विचार में **आषाढ़ का एक दिन** कालिदास के बारे में नहीं है। इसमें अधिकांश कल्पना है हालाँकि मैंने सांस्कृतिक तथ्यों को नज़रअन्दाज़ नहीं किया है और मैंने एक उस शोध का उपयोग किया है जिसे मेरे ख़याल से शायद अस्वीकृत कर दिया गया है। लेकिन यह विशिष्ट शोध मेरे उस विचार के अनुकूल था जिसके द्वारा मैंने कालिदास को काश्मीर का प्रशासक दर्शाया है। मैं इस नाटक में आज के लेखक की दुविधा को चित्रित करना चाहता था—लेखक जो राज्य या इसी प्रकार की अन्य संस्थाओं द्वारा प्रस्तावित लोभ के प्रति आकर्षित होता है और दूसरी ओर कहीं अपने प्रति प्रतिबद्ध भी होता है। और, इसके लिए बेचारे कालिदास को बेकार ही नाटक में खींचकर ले आया गया और मैंने अधिकार-क्षेत्र के लिए उनके ऊँचे स्थान से उन्हें थोड़ा गिरा भी दिया। लेकिन नाटक समकालीन मानस के बारे में ही है।

मेरा दूसरा नाटक **लहरों के राजहंस** भी इसी दुविधा को प्रदर्शित करता है। मनुष्य उस सब कुछ की ओर आकर्षित होता है जिसे आनन्द कहते हैं, और साथ ही ऐसी किसी चीज़ की ओर भी समान रूप से आकर्षित होता है जिसे स्पष्ट प्रतीकों से प्रकट नहीं किया जा सकता, फिर भी वह उसे तनाव की स्थिति में ले जाने के लिए उतनी ही प्रभावी शक्ति है। हम इसे उसकी 'तलाश' कहें। आज की दुनिया में हम अपने भीतर अधिकाधिक विभाजित होते जा रहे हैं

क्योंकि प्रत्येक आदमी कहीं-न-कहीं बुद्ध होता जा रहा है, अर्थात्, उसकी यह अन्दरूनी तलाश किसी चुने हुए व्यक्ति या मन की किसी तरंग तक सीमित नहीं है कि वह किसी दिन संसार को त्याग कर प्रकाश की खोज में निकल पड़ता है। हममें से हरेक के भीतर यह कीड़ा, यानी इस तलाश की इच्छा मौजूद है।

दूसरी ओर, वह शक्ति है जो हमें अपनी ज़िन्दगी में सर्वाधिक भौतिक सुखों को प्राप्त करने के लिए बाध्य करती है। यह ऐसी दुविधा की स्थिति है जिसमें हममें से हरेक बँटा हुआ है। यह तलाश मनुष्य में उतनी ही यथार्थ है जितनी कि किसी बुद्ध में, और मनुष्य में भौतिक सुख की तलाश भी उतनी ही यथार्थ और सच्ची है जैसे कहें कोणार्क की किसी मूर्ति में। अतः मैं अपने इस दूसरे नाटक में आज के मनुष्य की इस दुविधात्मक स्थिति को चित्रित करना चाहता था।

अब प्रश्न यह उठता है—मैंने अपने प्रतीकों के लिए ऐतिहासिक चरित्रों का उपयोग क्यों किया ? मैं इतिहास की ओर गया ही क्यों ? केवल इसी बात को स्पष्ट-भर करने के लिए। कभी-कभी मुझे किसी गहरी भावना या किसी ऐसी चीज़ का, जिसे लोग स्वीकार कर चुके हैं, उपयोग करना बहुत सुविधाजनक लगता है, कालिदास के नाम से लोग भली-भाँति परिचित हैं, अतः उसके नाम को प्रयोग करने की वजह से मुझे किसी अन्य प्रतीक को गढ़ने की आवश्यकता नहीं पड़ी। हो सकता था कि यदि मैं आज के किसी ऐसे दुविधाग्रस्त लेखक के नाम को गढ़ता तो मेरी रचना से दूसरे दर्जे के किसी लेखक का आभास होता अर्थात् ऐसे व्यक्ति का जो दरअसल कोई फैसला नहीं ले सकता हो और इस प्रकार वह वास्तविक लेखक दिखता ही नहीं। कालिदास की जिन कृतियों का मैंने नाटक में उल्लेख किया है, यदि मुझे उनकी जगह छद्म नामों का प्रयोग करना पड़ता तो मैं लोगों के दिमाग में इस प्रतीक को बैठाने

में समर्थ नहीं हो पाता। और अब मैं उस प्रतीक में इस विभाजित मन को दरशा कर लोगों को लेखक की दुविधा के प्रति सचेत कर सका, हालाँकि बेचारे कालिदास के नाम को बट्टा लगाकर। बहुत से लोगों को इससे चिढ़ भी हुई। मेरी इस बात के लिए आलोचना की गई कि मैं कालिदास जैसे महान लेखक को इतने नीचे स्तर पर उतार लाया। लेकिन मैंने इस नाटक को लिखते समय यह सोचा कि मैं जितनी शक्ति किसी ऐसे चरित्र को गढ़ने में लगाऊँ जिसकी दुविधा और मानसिक संघर्ष को लोग अपने गले के नीचे उतार सकें, तो क्यों न मैं इतिहास से कोई प्रतीक लेकर उस शक्ति और कल्पना को आज (वर्तमान) के और आज के लिए नाटक की रचना में लगाऊँ ?

यही बात मेरे दूसरे नाटक के साथ भी हुई। नाटक का नन्द इतिहास के नन्द की भाँति आचरण नहीं करता। इस नाटक में मैं नन्द के नाम का उपयोग नहीं करना चाहता था। मैं बुद्ध के नाम का उपयोग करना चाहता था हालाँकि नाटक में बुद्ध नाम का कोई पात्र नहीं है। अतः मैंने इन नाटक के लिए बुद्ध के नाम और मनुष्य की उस विशिष्ट तलाश का उपयोग किया। मैंने इस इतिहास-कथा का उपयोग इसलिए किया क्योंकि इस कथा के माध्यम से विशेष प्रकार की व्याख्या प्रस्तुत की जा सकती थी। बुद्ध और नन्द की पत्नी, सुन्दरी के बीच होनेवाले संघर्ष का भी मैं उपयोग करना चाहता था। और यही दो बातें उस स्थिति का, जिसमें मैं अपने आपको आज पाता हूँ अर्थात् दो शक्तियों के बीच विभाजित होने की स्थिति का—प्रतीक बन गईं। वस्तुतः अपने भीतर के इसी संघर्ष को मैं चित्रित करना चाहता था। आप सार्त्र के **लुसिफ़र एंड द लार्ड** में भी इसी बात को पाएँगे। यदि आप यह कहें कि यह केवल एक ऐतिहासिक नाटक है तो मैं समझता हूँ कि आप मनुष्य के प्रति न्याय नहीं करेंगे।

कपोला : हिन्दी नाटककार रेवतीशरण शर्मा इस विचार से सहमत

नहीं हैं कि हमें अतीत से विषय लेने चाहिए। उनका कहना है कि लेखक ऐसा तभी करता है जबकि उसमें कल्पना-शक्ति की कमी होती है और ऐसे में उसे तैयार चरित्र मिल जाता है। और ऐसे चरित्र का चित्रण करने में बिना अपनी किसी प्रकार की लेखन प्रक्रिया की प्रतिभा स्थापित किए उस चरित्र की श्रेष्ठता का सहारा लेता है।

राकेश : लेखकों का एक प्रकार का वर्ग है कि जिसने हमारे इस पक्ष पर भी आलोचना की है। हममें से कई—सम्पूर्ण भारत के सन्दर्भ में मैं, भारती और कारनाड—भारतीय इतिहास में इसीलिए नहीं गए हैं कि इतिहास को स्पष्ट किया जा सके या कि उसके अन्तराल को भरा जा सके। इतिहास का प्रयोग केवल समकालीन परिस्थितियों के सन्दर्भ में ही किया गया है। लोगों के इस विषय पर विभिन्न मत हो सकते हैं। मैं इसमें कोई हानि नहीं समझता यदि किसी विशेष चरित्र या ऐतिहासिक परिस्थिति का प्रयोग इसलिए किया जाए कि उसके द्वारा कुछ आधुनिक कहा जा सके, विशेष तौर से यदि उस चरित्र या परिस्थिति के प्रयोग द्वारा लेखक को किसी प्रकार की सहायता मिलती हो।

कपोला : आपकी रचनाओं की महिलाएँ मानसिक अन्तर्द्वन्द्वों की या एक विशेष प्रकार की हताशा का शिकार हुई लगती हैं। लगता है कि वे निर्णय लेने से घबराती हैं, और अगर लेती भी हैं तो फिर उससे पीछे हट जाती हैं। ऐसा क्यों ?

राकेश : एक तो यह लेखक के स्वयं के अनिश्चित चरित्र का प्रतिबिम्ब भी हो सकता है। मैं स्वयं बहुत असम्भव व्यक्ति हूँ। लेकिन दूसरी तरफ मैंने बहुत से और लोगों को इसी स्थिति में पाया।

मैं जानता हूँ कि कहीं भीतर से मैं सच ही एक उदास हूँ। यद्यपि हमेशा मैं एक ही ऐसा व्यक्ति रहा हूँ कि जिसे रेस्तराँओं में ऊँचा ठहाका लगाने के लिए टोका जाता है और मैं ही हमेशा कॉफी हाउस में मुँह-तोड़ जवाब देने का शौक रखता था। लेकिन मुझे मानना पड़ेगा कि पिछले बीस

वर्षों में मैंने जो-जो अपने आस-पास होते देखा उसने मुझे अन्दर से काफ़ी उदास कर दिया है। जैसा कि मैंने आपको पहले भी कहा था कि केवल मेरा अपना चरित्र ही मेरे पात्रों की अनिश्चितता या उदासी के रूप में झलका है।

कपोला : आइए, अब थोड़ा सा हिन्दी में साहित्यिक आलोचना की तरफ मुड़ें। क्या पंजाबी और उर्दू में साहित्यिक आलोचना के नाम पर केवल गाली ही दी जाती है या पीठ ही ठोकी जाती है ? आपके आलोचक आपके बारे में क्या कहते हैं ? क्या वह आपके लेखन को विकसित करने के लिए रचनात्मक सिद्ध हुए हैं ? आपकी दृष्टि में एक आलोचक का क्या काम है और लेखकों को उन पर कितना ध्यान देना चाहिए ?

राकेश : हिन्दी कविता में आलोचना की एक बहुत लम्बी परम्परा है, लेकिन कथा-साहित्य में इसकी परम्परा बहुत ही छोटी है और नाटक के क्षेत्र में तो बिल्कुल ही नहीं है। नाटक की लोग चर्चा करते हैं तो उन्हें भरत से शुरू करना पड़ता है। जयशंकर प्रसाद के नाटकों पर अधिकतर आलोचना इसी प्रकार की होती है जैसे 'प्रसाद के नाटकों का शास्त्रीय अध्ययन' आदि-आदि।

जहाँ तक इस विशिष्ट लेखन-काल का सम्बन्ध है अर्थात् उस समय का जब 'नई कहानी' का उदय हुआ और जब मैंने यह नाटक लिखे तो उस समय मुश्किल से कोई समान्तर आलोचना विकसित हुई। जहाँ तक कहानी और नाटक की आलोचना का सम्बन्ध था, उसे तो अभी अपनी शब्दावली और अपने स्वरूप का विकास और निर्धारण करना था। पर कोई बना-बनाया मानदंड, कोई आलोचनात्मक स्तर कायम नहीं हुआ था जिसके द्वारा लेखन का मूल्यांकन किया जा सके। एक मात्र नामवर सिंह ही थे, जिन्होंने इस सम्बन्ध में कोई अर्थपूर्ण प्रयास किया था हालाँकि उन्होंने ही हमें सबसे अधिक बुरा-भला कहा। उनके साथ सबसे बड़ी कठिनाई यह थी कि यद्यपि उन्होंने एक ताजगी के साथ आलोचना करनी शुरू की थी जिससे उनसे बड़ी

आशाएँ उत्पन्न हो चुकी थीं, लेकिन धीरे-धीरे उनमें एक प्रकार का सीमातीत पक्षपात आ गया—यह मेरी अपनी धारणा है और मानता हूँ कि यह व्यक्तिपरक है—जिसके कारण वे कुछ विशेष लेखकों का पक्ष लेते रहे और शेष की निन्दा करते रहे। मैं महसूस करता हूँ कि जहाँ तक हिन्दी कहानी की महत्त्वपूर्ण आलोचना का सम्बन्ध था वह इसी के साथ समाप्त हो गई। उनके बाद देवीशंकर अवस्थी ही अकेले व्यक्ति थे जिन्होंने सच ही कुछ महत्त्वपूर्ण लिखा। लेकिन उनका युवावस्था में ही देहान्त हो गया, ठीक उस समय जब वह एक महत्त्वपूर्ण आलोचक के रूप में उभरने शुरू हुए थे।

जहाँ तक नाटक का सम्बन्ध है मेरे विचार में उसकी स्थिति इतनी खराब नहीं है। मैं समझता हूँ कि सुरेश अवस्थी तथा नेमिचन्द्र जैन जैसे आलोचकों ने समकालीन हिन्दी-नाटक की काफ़ी महत्त्वपूर्ण आलोचना की है। लेकिन यदि हम पूरे हिन्दी साहित्य के सन्दर्भ में देखें तो ऐसा लगता है कि हिन्दी आलोचना दो भागों में विभक्त है। जैसा कि अभी आपने पंजाबी और उर्दू में गाली देने या फिर पीठ ठोंकनेवाली आलोचना का उल्लेख किया है, हिन्दी आलोचना को भी इसी प्रकार के दो समान रूपों में विभाजित किया जा सकता है। एक 'आचार्य' प्रकार की आलोचना है, जहाँ विभिन्न लोगों द्वारा लेखक तथा लेखन के बारे में फैसले दिए जाते हैं। और दूसरा है त्रुटि ढूँढ़ना जो कि यह बताता है कि लेखन में कौन से अंश गलत हैं या क्या कमी रह गई है। दोनों ही किसी-न-किसी तरह से संरक्षणशील हैं। ऐसा आलोचक जो अपने-आपको लेखक के समान्तर समझता है और जो समान्तर रहने के लिए समय की गति के साथ चल सकता है—इस प्रकार का आलोचक हम लोगों के पास नहीं है।

जहाँ तक आलोचना का मेरे लेखन में सहायक होने का प्रश्न है तो उसके बारे में मेरा विचार यह है कि उससे कहीं

अधिक लाभ तो मुझे अपने मित्रों के बीच मेरे लेखन पर खुले और गर्म वाद-विवाद से प्राप्त हुआ है। मैं इस विषय पर हमेशा से अतिरिक्त भावुक रहा हूँ। मैंने ऐसा हमेशा महसूस किया कि जो कुछ काम भी मैंने अब तक किया है वह वैसा काम नहीं है जैसा कि मैं करना चाहता हूँ और मुझे अपने प्रत्येक पूर्ण किए काम से हमेशा ऐसा ही लगता रहा, मानो इसमें अभी और कुछ करने को शेष रह गया है यहाँ तक कि 'पूर्ण हुए' लेखन के बारे में भी। इसलिए, यद्यपि मैं आलोचना के कोलाहल में अपने आपकी आलोचना नहीं कर सका फिर भी मैं आत्मालोचक हूँ। मैं हमेशा से अपना पुनर्गठन करना और अपने बाहर से, अपने भीतर से विकसित होना चाहता रहा हूँ।

कपोला : हिन्दी साहित्य में आजकल क्या-क्या हो रहा है ? आजकल ऐसा क्या हो रहा है जिसका प्रभाव हिन्दी साहित्य पर आज के बीस साल बाद पड़ेगा ?

राकेश : हाँ, जब हम अनिश्चितता की बात कर रहे थे। एक और चीज़ जो अनिश्चितता के साथ जुड़ी हुई है, वह है द्वन्द्व। हो सकता है कि यह मेरा व्यक्तिगत अनुभव ही हो या फिर मेरे अपने ही मन की अभिव्यक्ति ही हो, लेकिन मैं यह ज़रूर महसूस करता हूँ कि हममें से बहुत से अनिश्चितता और द्वन्द्व की स्थिति में जी रहे हैं जो कि अपनी सृजनात्मक अभिव्यक्ति में नाटक नाट्य-लेखन का रूप लेगा। मेरे विचार में अब अधिक नाटक लिखे जाएँगे और जैसा कि अभी से हो भी रहा है। बहुत से युवा लेखक जो पहले कहानियाँ लिखते थे अब नाटक लिखने की तरफ बढ़ रहे हैं। इस प्रवृत्ति का एक और सहायक तत्त्व यह है कि पहले की अपेक्षा मंच के प्रति सचेतता बढ़ती जा रही है और नए युवा निर्देशक भी इधर आगे आ रहे हैं। कहीं अधिक लोग गम्भीर नाटक खेलना चाह रहे हैं। हालाँकि हमारे यहाँ हिन्दी में अभी व्यावसायिक थिएटर की हलचल ज्यादा नहीं है लेकिन लगता है कि हम आज की अपेक्षा बेहतर नाटकों की

चौखट पर खड़े हुए हैं। साथ ही, बहुत से अच्छे निदेशक भारतीय भाषाओं में नाटक का मंचन कर रहे हैं। हो सकता है कि यह मेरे अपने व्यक्तिगत मन का संकेत हो लेकिन आनेवाले दस वर्षों में मैं सोचता हूँ कि हिन्दी भाषा में अधिक नाटक लिखे जाएँगे।

कपोला : आजकल आप किस पर काम कर रहे हैं ? आप भविष्य में क्या लिखेंगे ? क्या आप समझते हैं कि आप कोई विशेष साहित्यिक ढंग ही अपनाएँगे या फिर कहानी, उपन्यास और नाटक लिखना जारी रखेंगे ?

राकेश : बहरहाल मैं संकल्पवश तो किसी एक ढंग को नहीं अपनाऊँगा, लेकिन ऐसा हो सकता है। मेरे दिमाग में ऐसे विषय हैं जो केवल कहानी या उपन्यास का रूप लिये हुए हैं, मेरे बिना किसी प्रयास से वह अक्सर नाटक बन जाते हैं। लेकिन यदि कोई विषय मेरे पास नाटक के लिए उपयुक्त होता है तो फिर मैं उस पर कहानी नहीं लिखता। सब कुछ निर्भर करता है। मेरा विश्वास है कि मैं दोनों ढंगों को अपनाए रखूँगा–उपन्यास-कहानी और नाटक।

लेकिन जैसाकि मैं पहले ही संकेत दे चुका हूँ कि मुझे आजकल कहानी और उपन्यास की तुलना में नाटक के विषय अधिक सूझते हैं। मैं आजकल ही में एक नाटक पूरा करनेवाला हूँ, जिसका नाम **आधे अधूरे** है। अधूरे का मतलब 'इनकम्पलीट' और आधे का मतलब 'हाफ़' है। यह आज के सामान्य वर्ग से सम्बन्धित है जो अपने में 'आधा' भी है और 'अधूरा' भी। यह इस शहर के एक मध्यवर्गीय परिवार की कहानी है जिसे परिस्थितियाँ निचले वर्ग की ओर धकेलती जा रही हैं। उनके जोश, पराजय, इच्छाएँ, संघर्ष और इसके साथ-साथ स्थिति का हाथ से फिसलते जाना–मैंने सब कुछ इसमें दिखाने की कोशिश की है। इसका मुख्य पात्र एक कार्यशील महिला है। इसके इर्द-गिर्द चार पुरुष हैं–उसका पति, उसका बॉस, पति के व्यवसाय में पहलेवाला हिस्सेदार (पार्टनर) जिसे वह अपने पति की तबाही का

कारण मानती है—पति प्रासंगिक रूप से घर पर रहता है और एक धेले की भी कमाई नहीं करता। वह अपने पार्टनर के साथ किसी व्यापार में अपना सब कुछ गवाँ चुका है। चौथा व्यक्ति औरत का पहला प्रेमी है जिसके साथ उसने एक बार अपने पति को पीछे अकेला छोड़कर भागने की सोची थी लेकिन वह ऐसा कर नहीं सकी, क्योंकि वह समय पर निर्णय ही नहीं ले पाई। अब वह चालीस के लगभग है जिसके है इक्कीस साल का लड़का, उन्नीस साल की एक लड़की जो पहले किसी के साथ भाग गई है और एक और लड़की जो लगभग चौदह की है। यह औरत ही मुख्य पात्र है और मैं चाहता हूँ कि चारों पुरुष-पात्र एक ही अभिनेता द्वारा खेले जाएँ। मैं जो बात बताना चाहता हूँ वो यह है कि अपनी परिस्थिति के लिए व्यक्ति अकेला जिम्मेवार नहीं होता, क्योंकि स्थितियाँ कुछ भी होतीं, उसे बार-बार उसी का चुनाव करना पड़ता। ज़िन्दगी में व्यक्ति कुछ भी चुने उसमें एक विशेष 'आइरनी' होती है, क्योंकि परिस्थितियाँ फिर-फिर वही बन जाती हैं।

रंगमंच और शब्द

राइटर्ज़ यूनियन में केवियार, बोर्श और शाशलिक का लंच खाने के बाद मीरा के कमरे में नाटककार एलैक्सी आर्बुज़ोफ़ से लम्बी बातचीत हुई।

आर्बुज़ोफ़ के एक ही नाटक से परिचय था जो अंग्रेजी में **प्रामिस इन लेनिन-ग्राड** के शीर्षक से प्रकाशित हुआ है। कुछ वर्ष पहले दिल्ली में सोम बेनेगल ने 'यात्रिक' की ओर से उसे मंच पर प्रस्तुत किया था।

इंटरप्रेट करने का काम एलबर्ट से नहीं सँभला, तो मीरा ने स्वयं यह दायित्व अपने ऊपर ले लिया। मीरा जिस तरह दोनों ओर की बातों का अनुवाद करती रही, उससे यह अनुमान लगाना कठिन नहीं था कि सोवियत संघ से आनेवाला कोई भी सांस्कृतिक प्रतिनिधि-मंडल क्यों इस काम के लिए मीरा को अपने साथ रखना चाहता है।

बातचीत रंगमंच के शब्द और नाटककार की भूमिका को लेकर हुई।

आज पश्चिम के कुछ देशों में सिनेमा की तरह रंगमंच को भी 'निर्देशक का माध्यम' कहा जाने लगा है। क्या सचमुच आनेवाले कल को रंगमंच में नाटककार की वह भूमिका नहीं रह जाएगी जो आज तक रही है ? और यदि भूमिका आज से भिन्न होगी, तो किस रूप में ?

आर्बुज़ोफ़ का विचार था कि यह केवल एक काल्पनिक संकट है, वास्तविक नहीं।

—वास्तविक प्रश्न नाटककार और निर्देशक के सम्बन्ध का है। जहाँ दोनों के बीच तालमेल नहीं होता, वहाँ स्वाभाविकतया एक संकट उठ खड़ा होता है। पर सही तालमेल रहने पर दोनों एक-दूसरे के पूरक के रूप में काम कर सकते हैं।

निजी तौर पर उन्हें अपने यहाँ के निर्देशक से कोई शिकायत नहीं थी, क्योंकि दोनों में अच्छा तालमेल था और उनका आपसी सम्बन्ध एक बहुत

अच्छे धरातल पर निभ रहा था।

—पहले एक युवा नाटककार के रूप में अपने निर्देशकों से मेरी यह माँग रहा करती थी कि वे अक्षरशः मेरे दिए रंग-संकेतों के अनुसार चलें। परन्तु समय बीतने के साथ मेरा दृष्टिकोण अब बिल्कुल बदल गया है। अब मैं अपने निर्देशक से अपने लिखे एक-एक शब्द और एक-एक संकेत के अनुसार चलने की माँग नहीं करता। अब मैं इसे एक सहयोगी प्रयास के रूप में लेता हूँ और नाटककार के रूप में मेरी भूमिका उस सहयोग का एक अंग होने में ही है। मेरी दृष्टि में रंगमंचीय निष्पत्ति में निर्देशक तथा अभिनेताओं की भी उतनी ही महत्त्वपूर्ण भूमिका रहती है जितनी नाटककार की।

परन्तु वह रंगमंचीय निष्पत्ति मूलतः किसकी कल्पना पर आधारित होती है ? निर्देशक की या नाटककार की ?

आर्बुजोफ़ का विचार था कि इस निष्पत्ति में दोनों की कल्पना का समान योग रहता है।

—एक निर्देशक भी उतना ही सर्जनात्मक व्यक्ति होता है जितना कि एक नाटककार। रंगमंच पर जो निष्पत्ति सामने आती है, उसका पूरा श्रेय मैं अपने को नहीं दे सकता। एक निर्देशक की सर्जनात्मक प्रतिभा को उसका श्रेय मुझे देना ही चाहिए।

यह मान लेने पर भी कि समूचा रंग-अनुभव बहुतों के, विशेष रूप से नाटककार, निर्देशक और अभिनेताओं के, सहयोगी प्रयास पर निर्भर करता है, क्या यह प्रश्न फिर भी बना नहीं रहता कि उस अनुभव का वास्तविक बीज क्या है ? बाद में सहयोग की अपेक्षा रखते हुए भी, क्या उस बीज को प्रस्तुत करने में नाटककार की एक अकेली और अनिवार्य भूमिका नहीं है ? वह रंगमंच जो आज नाटककार की इस भूमिका को अस्वीकार करना चाहता है, क्या वह अपने प्रयत्नों में नाटकीय रंगमंच के बीज को ही अस्वीकार नहीं कर रहा है ? नाटककार और निर्देशक के सहयोग की बात जिस स्तर पर सही है, उससे पहले के एक और स्तर को झुठलाकर क्या हम केवल एक आंशिक समाधान तक ही नहीं पहुँचते ? क्योंकि एक नाटक के प्रस्तुत किए जाने में नाटककार का क्रियात्मक सहयोग समय और स्थान दोनों दृष्टियों से सीमित होता है। सम्भावना है कि एक नाटक नाटककार के समय के बाद भी खेला जाए और जिस स्थान पर नाटककार रहता है, उससे बाहर तो कई जगह वह खेला ही जाता है। व्यक्ति के रूप में नाटककार के सहयोग की

बात भूलकर, उसकी वास्तविक भूमिका को पांडुलिपि की भूमिका के रूप में ही ग्रहण करना चाहिए। जो अस्वीकार है, वह भी एक निश्चित पांडुलिपि का ही अस्वीकार है। क्या यह अस्वीकार आनेवाले कल को नाटक की सम्भावनाओं को अधिक विस्तृत कर देगा या उन्हें केवल बिखरा-भर देगा ?

आर्बुज़ोफ़ ने समय और स्थान की सीमा समर्थन किया।

—मैंने सोवियत यूनियन से बाहर अपने एक नाटक का एक बार ऐसा प्रदर्शन देखा था जो मेरे विचार में मेरे वास्तविक अर्थ के बहुत निकट था, हालाँकि व्यक्तिगत रूप से उस निर्देशक के साथ मेरा कुछ भी सम्पर्क नहीं था। इसके विपरीत यहाँ मास्को में ही एक निर्देशक ने, जिसका मैं नाम नहीं लूँगा, एक बार मेरा एक नाटक इस रूप से प्रस्तुत किया था कि देखने पर मुझे उसमें और सब कुछ मिला—सिवाय अपने नाटक के।

ये दोनों उदाहरण पांडुलिपि की भूमिका को ही रेखांकित करते थे। क्या इस भूमिका को अस्वीकार करके नाटक की सीमाओं का विस्तार करना सम्भव था ?

आर्बुज़ोफ़ ने बहुत सतर्क ढंग से अपनी बात रखी।

—बिना नाटककार की पांडुलिपि के भी एक अच्छा नाटकीय प्रस्तुतीकरण सम्भव है। यहाँ तक कि बिना शब्दों के भी।

उन्होंने एक उदाहरण दिया जहाँ नाटक का चरम था, पूरे चार मिनट की निःशब्दता।

परन्तु एक नाटक के अन्तर्गत लम्बी निःशब्दता और आग्रह के साथ किया गया एक शब्दहीन प्रयोग, ये दोनों बिल्कुल अलग-अलग चीज़ें नहीं हैं ? शब्दों के बीच की निःशब्दता अपने में नाटकीय तनाव को वहन करने के कारण बहुत सार्थक हो सकती है—उसका अनुपात पहले आए और बाद में आनेवाले शब्दों पर निर्भर करता है। वह अपने में शब्दों की यात्रा का ही एक पड़ाव है—दोनों ओर के शब्दों को जोड़ता एक अन्तराल। परन्तु एक वास्तविक रंग-अनुभव को जन्म देने में शब्दों और ध्वनियों की क्या एक अनिवार्य भूमिका नहीं है ? यह भूमिका उनकी आज तक की भूमिका से अलग और भिन्न हो सकती है, परन्तु उसकी अनिवार्यता का कारण है एक माध्यम के रूप में नाटकीय रंगमंच का शब्दों और ध्वनियों की निरन्तरता पर निर्भर करना। इस अर्थ में शब्द और ध्वनियाँ इस माध्यम का आधार हैं जब कि...।

आर्बुज़ोफ़ ने विरोध किया।

—शब्दों और ध्वनियों को इस माध्यम का आधार आप किस रूप में कह सकते हैं ? मैं तो समझता हूँ कि मुख्य रूप से यह एक बिम्ब-प्रधान माध्यम है—या कह सकते हैं शब्दों और बिम्बों का एक सन्तुलित माध्यम। शब्द और ध्वनि-प्रधान माध्यम केवल रेडियो नाटक है।

शब्दों और ध्वनियों को नाटकीय रंगमंच का आधार मानने का अर्थ बिम्ब का अस्वीकार नहीं है। अर्थ केवल इतना है कि इस माध्यम की आन्तरिक निरन्तरता शब्दों और ध्वनियों पर निर्भर करती है। यह उसी तरह है जैसे सिनेमा में यह आन्तरिक निरन्तरता बिम्बों पर निर्भर करती है। भ्रान्ति इसलिए पैदा होती है कि कुछ स्तरों पर एक सी भूमिका का निर्वाह करने के कारण हम सिनेमा और रंगमंच को, एक नाटकीय अनुभव को जन्म देने की दृष्टि से, परस्पर-परिवर्ती माध्यम स्वीकार करके चलते हैं। परन्तु इस दृष्टि से, आज के दो समानान्तर माध्यम होते हुए भी, ये मूलतः एक-दूसरे से भिन्न हैं और परस्पर-परिवर्ती कदापि नहीं हैं। बिम्बों के साथ-साथ शब्दों और ध्वनियों की योजना दोनों में होती है, परन्तु सिनेमा की आधारभूत निरन्तरता लगातार खंडित होते चलते बिम्बों की निरन्तरता है, जबकि रंगमंच में स्थिति सर्वथा इसके विपरीत है। यहाँ बिम्ब अपेक्षया स्थिर रहता है—यन्त्र और विद्युत की सहायता से उसे खंडित करने के सारे प्रयत्न भी इस स्थिरता को एक सीमित अर्थ में ही तोड़ पाते हैं। और सम्भावना के उस स्तर तक तो इसे ले जाया ही नहीं जा सकता जहाँ यह सिनेमा के बिम्ब-परिवर्तन या विखंडन से होड़ ले सके। सिनेमा मूलतः एक दृश्य माध्यम है जहाँ शब्दों और ध्वनियों की एक सहायक अतः गौण भूमिका है। वहाँ दृश्य की अपेक्षा के अनुसार शब्दों और ध्वनियों का संयोजन होता है, और उस माध्यम की प्रगति को देखते हुए लगता है कि आगे चलकर उसकी आधारभूत विशेषता और रेखांकित होगी। इसके विपरीत रंगमंच मूलतः एक श्रव्य माध्यम है।

आर्बुज़ोफ़ ने फिर विरोध किया।

—रंगमंच श्रव्य माध्यम नहीं है। वह भी मूलतः एक दृश्य माध्यम है।

रंगमंच मूलतः दृश्य माध्यम है, यह केवल एक संस्कारगत धारणा नहीं है। इस धारणा का कारण यह अतीत संसर्ग है कि नाटक 'देखा' जाता है। जब तक सिनेमा-जैसे माध्यम का आविष्कार नहीं हुआ था, तब तक इस धारणा को लेकर शंका भी नहीं उठती थी। हमारे साहित्य-शास्त्र में तो नाटक

को संज्ञा ही दृश्य-काव्य की दी गई है। परन्तु आज क्योंकि नाटक के दो अलग-अलग माध्यमों की तुलना की जा सकती है, इसलिए मूल-तत्त्वों का प्रश्न भी वास्तव में आज ही उठाया जा सकता है। दोनों माध्यमों का मूल अन्तर यही है कि एक में दृश्य की अपेक्षा शब्द को जन्म देती है और दूसरे में शब्द की अपेक्षा दृश्य को। दृश्य और शब्द रहते दोनों में ही हैं, परस्परापेक्षा भी दोनों में दोनों की होती है, परन्तु अलग-अलग अर्थ में, क्योंकि दोनों जगह दोनों की भूमिकाएँ अलग-अलग हैं। रंगमंच में दृश्य की आपेक्षिक स्थिरता के बावजूद जो एक आन्तरिक गति रहती है, वह शब्दों और ध्वनियों की निरन्तरता से ही उपजती है, क्योंकि यहाँ जो 'देखा' जाता है, वह 'सुने जा रहे' का ही रूपान्तर होता है। आज तक ऐसे प्रश्न को उठाने की आवश्यकता अनुभव नहीं की गई, क्योंकि इस शताब्दी के आरम्भ तक रंगमंच ही एक-मात्र नाटकीय माध्यम था। दृश्य के साक्षात्कार का पूरा सुख-सन्तोष हमें उसी से प्राप्त होता था। परन्तु रंगमंच में दृश्य के अधूरेपन ने ही एक नए दृश्य माध्यम को इतनी शीघ्रता से विकसित हो जाने दिया, यहाँ तक कि कुछ ही दशकों में रंगमंच के बचे रहने पर ही सन्देह किया जाने लगा। आज का रंगमंच का संकट भी हमारे फंडामेंटल्ज में न जाकर ऊपर-ऊपर से स्थिति का सुधार करने के प्रयत्नों के कारण है। यदि हम रंगमंच की शब्द-निर्भरता को आधार मानकर चलें...।

आर्बुज़ोफ़ ने दूसरी आपत्ति की।

—रंगमंचीय नाटक की अतिरिक्त शब्द-निर्भरता ही क्या आज के असन्तोष का वास्तविक कारण नहीं है ? इससे मुझे तो लगता है कि वास्तविक स्थिति जो आप कह रहे हैं उससे सर्वथा विपरीत है। और जहाँ तक संकट का प्रश्न है, उसकी बात करना भी मुझे अवास्तविक लगता है क्योंकि पूरे पश्चिम में रंगमंच के दर्शकों की संख्या आज भी बहुत बड़ी है।

रंगमंच की शब्द-निर्भरता का अर्थ रंगमंच में शब्द की आधारभूत भूमिका है। इस भूमिका का निर्वाह माध्यम की सीमाओं में शब्दों के संयम से हो सकता है, उनके अतिरिक्त तथा अनपेक्षित प्रयोग से नहीं। शब्दों की बाढ़ से, या बिना नाटकीय प्रयोजन के प्रयुक्त शब्दों से, रंग-सिद्धि सम्भव नहीं, क्योंकि बिम्ब को जन्म देने के साथ-साथ उस बिम्ब से संयोजित रहने की सम्भावना भी शब्दों में होनी आवश्यक है। यह प्रश्न शब्दों के प्रयोग में एक विशेष नाटककार की सफलता और असफलता का है। एक विशेष

नाटककार का अतिरिक्त शब्द-मोह, या साहित्यिक अथवा अन्य कारणों से अनपेक्षित शब्दों के प्रयोग का उसका आग्रह, उद्भूत बिम्ब से शब्दों के संयोजित न हो सकने के कारण रंग-अनुभव के मार्ग में बाधा भी बन सकता है। क्योंकि स्थापना इतनी ही है कि रंगमंच में बिम्ब का उद्भव शब्दों के बीज से होता है।

यहाँ आकर आर्बुज़ोफ़ ने भी वही प्रश्न किया जो कुछ दिन पहले दिल्ली में हुई बातचीत में जर्मन निर्देशक मेहरिंग (बिल्ली चली पहनकर जूता) ने किया था।

—ऐसे में मूक अभिनय के लिए आप क्या कहेंगे ? क्या वह अपने में एक सम्पूर्ण रंग-अनुभव नहीं है ?

स्वतन्त्र मूक अभिनय रंगमंच का एक अलग प्रकार है जिसका अलग से विवेचन किया जा सकता है। नाटकीय रंगमंच के अन्तर्गत मूक अभिनय भी लम्बी निःशब्दता की तरह शब्दों के बीच की एक कड़ी है। शब्दों से उद्भूत बिम्ब में से एक बिम्ब यह भी हो सकता है, होता है। हमारा भाषा-संस्कार इस बात का प्रमाण है कि शब्दों की यात्रा में बहुत बार बहुत-कुछ अनकहे शब्दों द्वारा कहा जाता है। ये अनकहे शब्द बिम्ब के साथ-साथ यात्रा करते हुए बिना ध्वनियों के भी अपना अर्थ ध्वनित कर देते हैं। परन्तु स्वतन्त्र मूक अभिनय को नाटकीय रंगमंच के प्रश्न से अलग करके देखना होगा। जैसे रेडियो नाटक केवल श्रव्य माध्यम है, उसी तरह इसे केवल दृश्य माध्यम के रूप में स्वीकार करने में कोई आपत्ति नहीं है। इतना फिर भी कहा जा सकता है कि स्वतन्त्र मूक अभिनय को जितनी सार्थकता के साथ सिनेमाई स्क्रीन पर प्रस्तुत किया जा सकता है, उतनी सार्थकता के साथ रंगमंच पर नहीं। इसके बावजूद संसार के सुप्रसिद्ध मूक अभिनेताओं के रंगमंच को अपनाए रहने का कारण रंगमंच का तीसरा आयाम भी है और अभिनय को व्यक्तिगत प्रदर्शनों तक सीमित रखने का व्यावसायिक आग्रह भी। सम्भवतः यही कारण है कि रंगमंच में बिम्ब की एक-तारता से सीमित होने के कारण अधिकांशतः मूक-अभिनय छोटे-छोटे कथा-खंडों या अनुभव-खंडों में विभाजित रहता है। उसे सम्पूर्ण नाटकीय भूमिका देने के छिटपुट प्रयत्न अजायबघरी कला-प्रयोगों के रूप में थोड़ी-बहुत सफलता भले ही प्राप्त कर लें, रंग-नाटक का सामान्य स्वर वे कभी नहीं बन सकते, जब तक कि स्लाइड्ज़ या दूसरे ऐसे ही माध्यमों से उन्हें शब्दों की सहायता न दी जाए।

आर्बुज़ोफ़ का विचार फिर भी यही था कि रंग-अनुभव की सार्थकता दृश्य और श्रव्य के सामंजस्य में है और इस सामंजस्य को छोड़कर और कुछ महत्त्व नहीं रखता।

सामंजस्य की बात बिल्कुल सही है, इसे अस्वीकार करने का तो प्रश्न ही नहीं उठता। प्रश्न केवल सामंजस्य के स्वरूप का है। अलग-अलग नाटकीय माध्यमों में इस सामंजस्य का स्वरूप अलग-अलग है। एक जगह, अर्थात् सिनेमा में, इस सामंजस्य में, मुख्य भूमिका बिम्ब की है और दूसरी जगह, अर्थात् रंगमंच में, शब्द की। पिछले कुछ वर्षों में, एक बिम्बाश्रयी माध्यम होने के नाते, सिनेमा ने जिस रूप में प्रगति की है और अपने लिए नए आयामों को खोजने का प्रयत्न किया है, उसी के प्रभाव से वे लोग जो किसी-न-किसी रूप में इन दोनों को प्रतिस्पर्धात्मक माध्यम मानकर चलते हैं, रंगमंच में भी शब्द की भूमिका का तिरस्कार करने लगे हैं। इसी दृष्टि के कारण एक ओर रंगमंच में दृश्य का जादू खड़ा करने की प्रवृत्ति को बढ़ावा मिला है, तो दूसरी ओर सिनेमा की तरह ही खुले सैक्स-सम्बन्धों तथा नग्नता के चित्रण पर अधिकाधिक बल दिया जाने लगा है। इनमें से दूसरी प्रवृत्ति सम्भवतः यहाँ के रंगमंच में नहीं है हालाँकि अब तक मैंने यहाँ का रंगमंच अधिक नहीं देखा...।

आर्बुज़ोफ़ सन्तुष्ट नहीं हुए।

—आप यह मानकर चल रहे हैं कि रंगमंच में आज एक संकट का अनुभव किया जा रहा है, जब कि मैं इस मान्यता से ही सहमत नहीं हूँ। जैसा कि मैंने पहले कहा है, पश्चिम में रंगमंच आज भी बहुत लोकप्रिय है। इसलिए यहाँ के सन्दर्भ में प्रतिस्पर्धा का प्रश्न केवल काल्पनिक है। हमारे यहाँ सभी तरह का रंगमंच है—लिखित नाटकों पर आधारित रंगमंच भी और ऐसा रंगमंच भी जो केवल दृश्य-प्रधान है और किसी साहित्य-कृति के आधार की अपेक्षा नहीं रखता। दोनों का अपना-अपना स्थान है और दर्शक-वर्ग दोनों में एक सी रुचि रखता है। अगर आप मुझसे पूछें, तो मैं कहूँगा कि हमारे नाट्य-लेखन में आज तक इतनी अधिक साहित्यिकता है कि जितनी जल्दी उसके अतिरेक को झाड़ा जा सके, उतना ही अच्छा है।

इसमें मतभेद नहीं है कि इस अतिरिक्त साहित्यिकता से नाट्य-लेखन को जितनी जल्दी और जिस मात्रा में मुक्त किया जा सके, करना चाहिए। नाट्य-लेखन के आधार के रूप में जिस स्वीकृति की बात की जा रही है,

वह इस साहित्यिकता की नहीं, शब्द के दायित्व की हैं। नाट्य-लेखन में साहित्यिकता के आग्रह के लिए हम लोग स्वयं भी अपनी-अपनी आलोचना कर सकते हैं। परन्तु कल के रंगमंच के सम्बन्ध में सोचते हुए हमें इस आत्मालोचना से भ्रान्त नहीं होना चाहिए। यहाँ जिस चीज़ को रेखांकित किया जा रहा है, वह रंगमंच में साहित्यिक शब्द के प्रयोग का आग्रह नहीं, अनुकूल नाटकीय शब्द की अनिवार्यता का आग्रह है। नाटकीय रंगमंच में शब्द का तिरस्कार अन्ततः इस रंगमंच के अस्तित्व के लिए ही चुनौती बन जाएगा, क्योंकि तकनीकी इन्द्रजाल से रंगमंच की दृश्य सम्भावनाओं को अधिकाधिक विस्तृत करने के सारे प्रयत्न अन्ततः सिनेमा की तुलना में उसकी सीमाओं और विवशताओं को ही सामने लाते हैं। जहाँ तक पश्चिम में रंगमंच की लोकप्रियता का प्रश्न है, वह या तो एक वर्ग के आज तक के साहित्यिक एवं नाट्य-संस्कार पर आधारित है, या दूसरे वर्ग की त्रि-आयामी नग्नता की भूख पर। यह विश्लेषण गम्भीर रंगमंच को लेकर है, हीन स्तर के उस रंगमंच को लेकर नहीं जो किसी भी तरह के व्यावसायिक लटके अपनाकर लोगों को अपने त्रि-आयामी आकर्षण में बाँध रखना चाहता है। सवाल एक चली आ रही परम्परा और रोजमर्रा की एक आदत का भी है। फिर भी पिछले बीस वर्षों में स्थिति शायद बहुत बदल गई होती, अगर प्रायः सभी देशों में रंगमंच को बड़े पैमाने पर राजकीय सहायता न दी जाती। एक देश से दूसरे देश की स्थिति में मौलिक अन्तर हो सकता है—सम्भव है समाजवादी देशों में फिलहाल परिस्थिति का दबाव उस रूप में महसूस न किया जा रहा हो जिस रूप में अन्य देशों में। इसलिए जिस संकट की बात की जा रही है, वह इस विशेष सन्दर्भ में केवल काल्पनिक लग सकता है, पर विश्व रंगमंच की कल की दिशा को लेकर सोचने पर आज के निर्देशक और नाटककार के लिए यह एक वास्तविक संकट है, जिसका सबसे बड़ा प्रमाण यह है कि एबसर्ड नाटक से आगे जीवन के वर्तमान सन्दर्भ का कोई बड़ा नाटक पिछले दशक में सामने नहीं आया। इसलिए स्वीकार किया जा सकता है कि आज के रंगमंच के लिए उपयुक्त शब्द प्रस्तुत करने में समकालीन नाटककार बहुत हद तक असफल रहा है। सिनेमा की दृश्यात्मकता के इन वर्षों में क्योंकि बहुत प्रगति हुई है, इसलिए रंगमंच के पिछड़ेपन का अहसास भी शायद बहुत से लोगों के लिए एक कुंठा बन गया है...।

आर्बुज़ोफ़ पल-भर सोचते रहे।

—यदि इस तर्क से चला जाए, तो आनेवाले कल के लिए किस तरह के रंगमंच की कल्पना करनी चाहिए ?

रंगमंच का मूल तर्क ही रहा है उसकी प्रतीकात्मकता और सादगी। प्रतीकात्मकता को यदि कल के लिए उस रूप में स्वीकार न भी किया जाए, तो उसकी सादगी को बनाए रखना बहुत आवश्यक है। रंगमंच को किसी भी तरह की चकाचौंध का पर्याय बना देना उसके अन्तर्हित तर्क को ही पराजित करना है। शब्द, अभिनेता और इन दोनों का संयोजन करनेवाले निर्देशक के अतिरिक्त और कुछ ऐसा नहीं है जो नाटकीय रंगमंच की अनिवार्य शर्त हो। पर इससे शब्द का दायित्व बहुत बढ़ जाता है। शब्द के दायित्व का अर्थ है नाटककार का दायित्व जिसे वह आज पूरा नहीं कर पा रहा। मैं सिनेमाई अभिनय की तुलना में रंगमंचीय अभिनय में अभिनेता की उन्मुक्तता को भी बहुत महत्त्वपूर्ण मानता हूँ, परन्तु यह उन्मुक्तता तभी सार्थक हो सकती है जब वह उस संयम के अन्तर्गत हो जो शब्दों का है...।

आर्बुज़ोफ़ ने एक और आपत्ति की।

—शब्दों के संयम में एक अभिनेता के लिए आशुता (इम्प्रोवाइजेशन) की कितनी सम्भावना रह जाती है ? आप सहमत होंगे कि एक महान अभिनेता बिना शब्दों के भी अपनी आन्तरिक उद्भावनाओं के महान नाट्य-अनुभव की सृष्टि कर सकता है।

शब्दों के संयम का अर्थ शब्दों का कठघरा नहीं है। एक महान नाट्य-अनुभव में अभिनेता की उद्भावनाओं का बहुत बड़ा योग रहता है, परन्तु उन उद्भावनाओं की भूमि बोले या अनबोले शब्दों द्वारा ही प्रस्तुत की जाती है। क्योंकि वास्तविक अभिनय शब्दों 'का' नहीं, शब्दों 'के बीच में' होता है। परन्तु यदि शब्दों के संयम को बीच से बिल्कुल निकाल दिया जाए, तो केवल अभिनेता की उद्भावनाओं से वहाँ तो महान नाट्य-अनुभव सम्भव है जहाँ अभिनेता स्वयं अपने लिए शब्द-रचना की भी बहुत बड़ी क्षमता रखता है। अन्यथा, एकाध फ्रीक उदाहरण को छोड़कर, प्रायः सम्भावना यही है कि अधिकांश 'हैपनिंग्ज़' की तरह सारी चीज़ आवेश से बिखराव तक की यात्रा बनकर रह जाए।

आर्बुज़ोफ़ मुस्कुराए।

—मैं अब तक एक तरह से अपने से ही तर्क कर रहा था। वैसे मैं आपकी आधार-दृष्टि से असहमत नहीं हूँ कि नाटकीय रंगमंच के एक

निष्पत्ति तक पहुँचने में पहली भूमिका नाटककार की है। मूल भाव और ढाँचा उसी के द्वारा प्रस्तुत किया जाता है। यह भी सच है कि बहुत बार अभिनेता तथा निर्देशक उसमें से ऐसे सूक्ष्म अर्थ ढूँढ़ निकालते हैं जिन्हें सचेत रूप से नाटककार स्वयं पहले से नहीं जानता। परन्तु नाटककार द्वारा अनजाने होकर भी ये सूक्ष्म अर्थ उस रचना में ही अन्तर्हित होते हैं। मेरा आरम्भिक विरोध इसलिए भी था कि मुझे लगा था कि आप शब्द और ध्वनि को रंगमंच का एकमात्र तत्त्व मानते हैं...।

बात एकमात्र तत्त्व की नहीं, रंगमंच के आधारभूत तत्त्व या उसकी पहली आन्तरिक अपेक्षा की है। कथ्य इतना ही है कि दृश्य अपने में रंगमंच का अनिवार्य तत्त्व होते हुए भी अपने में स्वतन्त्र नहीं। वह एक परिणति है—शब्द की। और व्यापक अर्थ में शब्द का अर्थ शब्द और ध्वनि दोनों हैं।

एक बात उन्होंने फिर भी दोहरायी।

—यह सब ठीक है, पर अपने यहाँ इस दृष्टि से मुझे कोई संकट नजर नहीं आता। हो सकता है आपके देश की परिस्थिति बहुत भिन्न हो...।

एक देश में क्या परिस्थिति है, बात इसकी ही नहीं। बात रंगमंच के रूप में रंगमंच के प्रश्नों पर सोचने की है, यद्यपि एक विशेष व्यक्ति के सोचने का कारण उसके अपने परिवेश में उन प्रश्नों की प्रासंगिकता ही हो सकती है। हमारा रंगमंच जो कुछ ही समय पहले एक पश्चिमी रंगमंच के सोच-विचार तथा आन्दोलनों से जुड़कर अपना विकास करने की दिशा में उन्मुख था, इधर आकर बहुत हद तक इस मोह से मुक्त हुआ है। हमारे आज के प्रश्न निःसन्देह हमारे अपने सन्दर्भ के हैं, परन्तु व्यापक रूप से वे समूचे रंगमंच के आधारभूत प्रश्न भी हैं।

कुछ देर ग्रौटोव्स्की के प्रयोगों तथा प्रामिस इन लेनिनग्राड के दिल्ली-प्रदर्शन की चर्चा के बाद बातचीत समाप्त हुई।

शब्द और ध्वनि

शब्द मूलतः ध्वनि है, इस बात को स्वीकार करने में बहुतों को आपत्ति है। उनका विचार है कि शब्द अपने संगठित रूप में एक अर्थवान इकाई है, और एक विशेष क्रम में एक से अधिक शब्दों की योजना उसी क्रम में अर्थ-योजना कर देती है; अर्थात् हर शब्द किसी-न-किसी अर्थ या किन्हीं अर्थों का प्रतीक है और जिस क्रम में शब्दों को रखा जाता है, उसी से उनके एक या दूसरे विशेष अर्थ का उद्‌घाटन हो जाता है। एक शब्द का अर्थ दूसरे शब्द या शब्दों के अर्थ से मिलकर विशेष क्रम-संगति के अनुसार इकाई-इकाई के अर्थ से अलग एक नए अर्थ का भी उद्‌घाटन कर सकता है। उस क्रम-संगति में शब्दों के उच्चारण से अर्थ को ध्वनित किया जाता है, हाँ, एक या दूसरे शब्द या स्वर पर बल देने से उसी अर्थ के एक या दूसरे पक्ष को अधिक रेखांकित किया जा सकता है।

परन्तु शब्द और अर्थ के इस सम्बन्ध को स्वीकार करते हुए भी हम समझते हैं कि स्थिति से इससे सूक्ष्मतर पहलुओं पर विचार करने की अपेक्षा है। शब्द क्या है ? वह एक विशेष अर्थ या एक से अधिक अर्थों का प्रतीक कैसे बन जाता है ? एक से अधिक शब्दों की क्रम-संगति उनके विशिष्ट अर्थों से अलग एक नए अर्थ का उद्‌घाटन किस रूप में करती है ? क्या वह शब्द से शब्द के मिलने की रासायनिक प्रक्रिया से ही हो जाता है, या इसके मूल में प्रत्येक शब्द-समूह के विकास की ऐतिहासिक प्रक्रिया है जो शब्दों के नए-से-नए संयोजन को भी किसी-न-किसी रूप में अपनी सीमा में बाँधे रहती है ?

शब्द के इतिहास को उठाने से पहले इस बात की ओर संकेत कर देना आवश्यक जान पड़ता है कि शब्द की उत्पत्ति नाद से हुई है, अपने मूल रूप में शब्द नाद की ही परिणति है, और यही कारण है कि वह वस्तुतः एक मूर्त

माध्यम न होकर एक अमूर्त माध्यम है। भाषा का लिखित रूप बहुत बाद में विकसित हुआ है और इस लिखित रूप ने ही आकलन की सुविधा के लिए शब्द और शब्द की अलग सत्ता को प्रतिष्ठित किया है। यूँ भाषा का विकास शब्द से शब्द जोड़ने की प्रक्रिया के अनुसार न होकर मानव-मन के भाव-संकेतों को ध्वनि में परिणत करने की प्रक्रिया के अनुसार हुआ है। इसलिए आरम्भ एक-एक शब्द से न होकर एक साथ प्रयोग किए गए कई-कई शब्द समूहों से ही हुआ है। इसलिए आज का शिक्षा-विज्ञान भी वाक्यों से शब्दों की ओर यात्रा पर बल देता है। शब्द अपने में एक आरम्भिक इकाई है जिसका महत्त्व भाषा के ढाँचे को समझने की दृष्टि से है। इसलिए उसका किसी विशेष अर्थ या किन्हीं विशेष अर्थों का प्रतीक होना केवल उसकी ऐतिहासिक संगतियों में से कुछ एक को छाँट लेने का उपक्रम है। जिस शब्द की कोई ऐतिहासिक संगति नहीं, वह केवल निरर्थक ध्वनियों का समूह मात्र हो सकता है, भाषा का एक सार्थक अवयव नहीं। यहाँ उन शब्दों का प्रश्न उठाया जा सकता है जो एक विशेष अर्थ की निष्पत्ति के लिए विशेष रूप से तराशे जाते हैं। आज भाषा की लम्बी ऐतिहासिक संगति प्राप्त रहने पर इस तरह के प्रयत्न सम्भव हैं। कोई नए से नया तराशा गया शब्द भी ऐतिहासिक संगतियों से सर्वथा मुक्त नहीं होता। धातु, उपसर्ग, प्रत्यय—ये सब अपने में वे संगतियाँ हैं जो हमें इतिहास या परम्परा से प्राप्त हैं। कोई भी नया शब्द इन्हीं संगतियों का पुनराख्यान होता है। जिस मात्रा में ये संगतियाँ उसे अर्थ प्रदान करती हैं, उसी मात्रा में वह शब्द अपना अर्थ देने की क्षमता रखता है। फिर भी एक शब्द के रूप में उसके प्रयोग की ऐतिहासिक संगति न रहने से, ग्राफ्ट की गई त्वचा की तरह, आरम्भ में वह एक पेंच की तरह ही लगता है जिसे भाषा अपने कलेवर में तुरन्त आत्मसात् नहीं कर पाती। परन्तु धीरे-धीरे अपने लिए एक नई ऐतिहासिक संगति तैयार करके वह शब्द भाषा के कलेवर में समा भी जाता है, यद्यपि बहुत बार, ऐसी संगति तैयार कर सकने की असमर्थता के कारण, वह भाषा द्वारा अस्वीकार भी कर दिया जाता है। स्वतन्त्रता के बाद हिन्दी भाषा को समृद्ध करने के लिए विशेष रूप से तराशे गए अनेकानेक शब्दों में से कुछ एक का भाषा में समाहित हो जाना और बहुतों का समाहित न हो पाना इसका प्रमाण है।

मानव-मन के भाव-संकेतों को ध्वनित करने की प्रक्रिया अपने में ही

शब्द के ध्वनि-रूप को उद्घोषित करती है। भाव-संकेतों की लय के अनुसार ही ध्वनि-संकेत अपनी लय ग्रहण करते हैं। शब्दों की अर्थवत्ता का सम्बन्ध इस लय से जुड़ा रहने से एक-एक शब्द के इकाई अर्थ को सिवाय शिक्षण की सुविधा के और कोई महत्त्व नहीं दिया जा सकता। क्योंकि किसी भी भाव के सम्प्रेषण के लिए सृष्टि शब्दों की नहीं, एक विशेष लय में कुछ ध्वनियों की होती है। ये ध्वनियाँ अपने लम्बे ऐतिहासिक सन्दर्भ में अलग-अलग शब्दों के रूप में पहचानी जा सकती हैं। शब्दों का सर्जनात्मक प्रयोग उन सन्दर्भों की लय में और नई-नई लय खोज सकना है। इसलिए कोई भी शब्द-योजना बिना अपनी एक आन्तरिक लय के प्राणवान नहीं होती, और यह लय या ध्वनि का ग्राफ ही उसकी वास्तविक अर्थवत्ता है। अकेले शब्द केवल वे कैटलौग हैं जहाँ से उनके ऐतिहासिक सन्दर्भों के रैफरेंस ढूँढ़े जा सकते हैं। वे अपने में अर्थवान इकाइयाँ न होकर उन ऐतिहासिक सन्दर्भों के संकेत-मात्र हैं। नाद से उत्पत्ति से लेकर आज तक, शब्द मूलतः नाद-धर्मा ही हैं। इसलिए नाद के आरोह-अवरोह में ही शब्द का आन्तरिक नाटक निहित है। नाद शब्द की मूल प्रकृति है, शायद इतना कहना ही पर्याप्त नहीं। कहना चाहिए कि नाद ही शब्द है और उसके आरोह-अवरोह की लय उसकी अर्थ संगति। लय की संगति ही अर्थ-संगति की रूढ़ि है। इस रूढ़ि का परिचय वहाँ विशेष रूप से पाया जा सकता है जहाँ एक ही स्पेलिंग रहने पर भी अलग-अलग उच्चारण से एक शब्द के क्रिया या संज्ञा होने का आभास पाया जाता है, या बलाघात मात्र बदल देने से एक निश्चित अर्थ के स्थान पर दूसरे निश्चित अर्थ के स्थान पर दूसरे निश्चित अर्थ का बोध हो जाता है।

शब्दों की लय किस प्रकार ऐतिहासिक सन्दर्भों के उद्बोध द्वारा एक या दूसरे प्रकार का विद्युत प्रभाव मन में उत्पन्न कर सकती है, इसका प्रमाण भारतीय काव्यशास्त्र में काकु, वक्रोक्ति तथा ध्वनि के नियोजन से प्राप्त किया जा सकता है। परन्तु यह काव्यशास्त्रीय विश्लेषण अपने में बहुत स्थूल इसलिए है कि इसमें लय का सम्बन्ध कुछ गिनी-चुनी विशेष प्रकार की काव्यात्मक उपलब्धियों के लिए ही स्वीकार किया गया है। परन्तु वास्तविकता यह है कि शब्द मूलतः ध्वनि तथा लय ध्वनि का धर्म, होने से किसी भी तरह के शब्द प्रयोग की सार्थकता उसके लय-नियोजन पर निर्भर करती है। यह लय-नियोजन अपने से ही कई-कई बिम्बों तथा मिथकों के संसर्ग मन में

जाकर शब्दों के व्याकरण-विश्लेषित अर्थ से परे बहुत से अनिर्वचनीय तथा विश्लेषणातीत अर्थों की अनुगूँज मन में पैदा कर सकता है।

इस लय-नियोजन के नाटकीय प्रयोग की सम्भावनाएँ असीमित हैं। एक नाटक के अन्तर्गत साधारण-से-साधारण ढंग से बोले गए शब्दों के तो अपने अर्थ-संसर्ग रहते ही हैं, उन अर्थ-संसर्गों में किसी विशेष लय के संयोग से बहुत चमत्कारिक प्रभाव पैदा करनेवाले दूसरे-दूसरे अर्थ-संसर्ग भी लाए जा सकते हैं। इसका एक उदाहरण दिया जा सकता है—श्यामानन्द के **शुतुरमुर्ग** में नए मन्त्री के शपथ-ग्रहण के समय शब्दों का अनुष्ठानात्मक उच्चारण। इसका एक और उदाहरण था शिमला में **मैड डिलाइट** के मंचीकरण में राजिन्दरनाथ द्वारा किया गया परोक्ष शब्दों में विभिन्न लयों का प्रयोग, जो कि अपने ऐतिहासिक संसर्गों से कई तरह से अमूर्त बिम्बों को दर्शक (श्रोता ?) के मन में मूर्त कर सकने में समर्थ हो सका। इसके विपरीत स्थिति का उदाहरण लेना हो, तो **आषाढ़ का एक दिन** के साथ किए गए मणि कौल के प्रयोग को लिया जा सकता है। उसमें न तो शब्दों की अपनी स्वाभाविक लय को ही उद्घाटित किया गया है, और न ही किसी और लय के संसर्ग में लाकर उनमें कोई दूसरी अर्थवत्ता लाने का प्रयत्न किया गया है। उसमें कोई प्रयास है, तो शब्द को किसी भी लय के संसर्ग से मुक्त करके एक संसर्गहीन सपाट लय में उनको प्रस्तुत करने का, जिसके परिणामस्वरूप अधिकांश स्थलों में शब्दों में किसी तरह की अर्थवत्ता रह ही नहीं गई है। यदि कहीं अर्थवत्ता बची है, तो वह अभिनेताओं की सर्वथा संसर्गहीन उच्चारण की अक्षमता के कारण। मणि जो प्रभाव (यदि कोई प्रभाव) लाना चाहता था, तो उसे ला सकने की उसकी असमर्थता के कारण ही रजतपट पर प्रस्तुत नाटक के इस संस्करण में एक निश्चित सीमा तक अर्थवत्ता बची रह गई है। नाटक का एक प्रकरण—अनुस्वार-आनुनासिक संवाद—जिसमें शब्दों की आन्तरिक लय पर एक और लय आरोपित की गई है, अर्थवत्ता की दृष्टि से सबसे अधिक प्रभावशाली है।

बिना दीवारों का रंगमंच

'संगीत नाटक' 4 में प्रकाशित अपने लेख में डॉ. चार्ल्स फ्राब्री ने एक महत्त्वपूर्ण सलाह दी है कि जालन्धर और होशियारपुर जैसे छोटे शहरों की न सही चंडीगढ़ और बंगलौर जैसी राजधानियों की नगर पालिकाओं को जनता के मनोरंजन हेतु ऐसे जन-प्रेक्षागृहों का निर्माण अवश्य करना चाहिए, जो केवल नाट्य-प्रस्तुतियों के लिए आरक्षित हों। वह इस बात पर भी बल देते हैं कि प्रत्येक नगर-प्रशासन को अपनी आर्थिक क्षमता के अनुरूप कुछ राशि भी इस दिशा में होनेवाले कार्यों के लिए आबंटित करनी चाहिए, जिसमें से हर मास निश्चित सीमा तक व्यय भी किया जा सके और छः-आठ महीनों के लिए कतिपय नाट्य-मंडलियों को अनुदान भी दिया जा सके, ताकि वे प्रारम्भिक कठिनाइयों से उबर सकें। इस सलाह से, शायद स्वयं नगर पालिकाओं के अतिरिक्त, कोई भी असहमत न होगा। परन्तु यदि यह विचार कार्यान्वित हो भी जाए, तो भी एक सीमित उद्देश्य की ही पूर्ति कर सकेगा और वह भी उस स्थिति में जब सारी योजना टैगोर थिएटरों की भाँति नौकरशाही के जाल में उलझकर न रह जाए, जिसका परिणाम यह हुआ है कि ये थिएटर कुछ केन्द्रों में तो गतिविधि के अभाव में और कुछ अन्य केन्द्रों में 'सामाजिक- सांस्कृतिक' गतिविधि के निम्न स्तर के कारण दम तोड़ रहे हैं। इस विचार को व्यावहारिक रूप देने में वर्षों का समय लग सकता है और हो सकता है कि उसके बाद सारा ढाँचा ऐसे स्वार्थी तत्त्वों के हाथों में पहुँच जाए, जो रंगमंच के नाम पर जनता से भद्दा मज़ाक करते रहें। इस बात का भरोसा कैसे हो सकता है कि योजना और संयोजन के अभाव में 'सर्वश्रेष्ठ तकनीकी सामग्री' तथा चमगादड़ों के समान लटके 'अत्याधुनिक यन्त्रों' (लाइट्स) से सुसज्जित रिज पर अवस्थित किसी भी प्रकार की रंगमंचीय गतिविधि से विहीन टैगोर थिएटर जैसे विशालकाय निर्माणों की भाँति ये भी किसी महत् उद्देश्य के निरुद्देश्य

स्मारकों का रूप धारण नहीं कर लेंगे ?

उपयोगिता की दृष्टि से इस विचार का समर्थन करने के बावजूद मुझे लगता है कि समय आ गया है कि हम 'सुविधा-सम्पन्न' प्रेक्षागृह की अनिवार्यता से रंगमंच को मुक्त करें। तीव्र इच्छा होने पर भी इस कार्य में वर्षों का समय लग सकता है। मैं इस विचार से सहमत नहीं हूँ कि देश में रंगमंच के विकास के लिए ऐसे प्रेक्षागृह अनिवार्य-स्थिति है। इस बात की सम्भावना अधिक है कि यहाँ की स्थितियों में तकनीकी यन्त्रों की वृद्धि और उन पर अतिशय निर्भरता रंगमंच के विकास में बाधा उपस्थित करे और उसे एक साँचे में ढाल दे। इसका परिणाम यह होगा कि रंगमंच अपनी आन्तरिक गतिकता से नए और मौलिक स्वरूप को प्राप्त करने से वंचित रह जाएगा। अपने रंगमंच के विकास के लिए हम उपलब्ध तकनीकी उपकरणों का उपयोग तो करें, परन्तु हम ऐसे उपकरणों पर निर्भर बने रहें, ऐसा नहीं होना चाहिए। यह बात ऐसी होगी जैसे हम अपने लेखन को इलैक्ट्रिक टाइपराइटर से बाँध दें। इलैक्ट्रिक टाइपराइटर उपयोगी उपकरण तो है, लेकिन यह लेखन के लिए अनिवार्य नहीं है।

जब मैं यहाँ रंगमंच की बात कर रहा हूँ तो मुझे इस बात की चेतना है कि मेरे विचार केवल नाटक से परिचालित हो रहे हैं, रंगमंच के किसी अन्य रूप से नहीं। ईस्ट-वेस्ट थिएटर सेमिनार (पूर्व-पश्चिम रंगमंच संगोष्ठी : अक्तूबर, 1966) में भाग लेते समय मैं इस कारण परेशान था कि कुछ प्रतिनिधि तकनीकी विस्तार पर बल दे रहे थे, क्योंकि उनके विचार से रंगमंच उसी से बचाया जा सकता था। वे रंगमंच को मनोरंजन के प्रतिस्पर्द्धी रूप में देख रहे थे, जबकि हममें से अधिकांश का यह विचार है कि यदि इसे अपने ही तर्क के साथ विकसित होने दिया जाए, तो इसे अन्य अनेक रूपों से प्रतियोगिता करने की आवश्यकता ही नहीं रहेगी। इस विधा का तर्क इस बात में नहीं है कि इसे वह सब उपलब्ध करना है, जो सिनेमा और टेलीविज़न अपने तकनीकी जादू के कारण अधिक सुगमता से उपलब्ध कर लेंगे; और न यह उनसे केवल इसलिए अलग है कि यह जीवन्त (लाइव) होता है। यह उसी प्रकार उनसे अलग है, जिस प्रकार चित्रकला कैमरा छवि से। इसलिए इसे अपने विशिष्ट रूप के तत्त्वों पर बल देना होगा, न कि इतर रूपों से समानता के तत्त्वों पर। इसका अर्थ यह है कि इसे अपने विकास के लिए 'स्पेक्टेकल' के रूप में प्रतिस्पर्द्धा नहीं करनी है, बल्कि 'मानवीय सूक्ष्मताओं'

के कला-रूप के नाते प्रयास करना है, जिसमें विकसनशील रहते हुए 'विचार' का विशिष्ट तत्त्व भी जुड़ा हुआ है। रंगमंच निःसन्देह एक ऐसा कला-रूप है, जो विकास करने के साथ-साथ 'विचारशील' भी हो सकता है, और इस 'विचार' के बीच से भी विकास कर सकता है। यह प्रक्रिया प्रस्तुति के प्रारम्भ से अन्त तक, एक प्रस्तुति से दूसरी प्रस्तुति तक निरन्तर चलती रहती है। इसलिए यहाँ बल 'तकनीकी उपकरणों' से किसी विशेष अर्थ को रेखांकित करने पर उतना नहीं है, जितना विचारशीलता के तत्त्वों पर है, जो प्रदत्त शब्दों और गतियों में अपने व्यक्तित्वों के आयामों को जोड़कर उन अर्थों को खोजकर अभिव्यक्त कर देते हैं, जो कभी-कभी स्वयं उनकी समझ से भी परे होते हैं। यह एक ओर तो रंगमंच में अधिक सरलता उत्पन्न करता है, तथा दूसरी ओर अधिक जटिलता। इस कारण पहुँच और प्रभाव की दृष्टि से किसी और रूप से इससे तुलना करना असम्भव हो जाता है।

मेरे विचार से तकनीकी उपस्करों पर बढ़ती हुई निर्भरता हमारे देश में रंगमंच के विकास में बाधक है। जितनी जल्दी हो सके इससे मुक्ति पा लेना श्रेयस्कर होगा। मैं अपने राष्ट्रीय रंगमंच के विकास की सम्भावना विशाल भवनों और 'पूर्ण स्वचालित अभियन्त्रों' के परिप्रेक्ष्य में कम और भलीभाँति प्रशिक्षित कल्पनाशील मंडलियों के प्ररिप्रेक्ष्य में अधिक देखता हूँ क्योंकि ये मंडलियाँ न्यूनतम तकनीकी उपकरणों के साथ रंगमंच को देश के किसी भी भाग में ले जाने में सक्षम होती हैं—भले ही वह स्थान होशियारपुर जैसा कोई छोटा शहर हो या खटकलाँ के खट जैसा कोई छोटा-सा गाँव। मैं इब्राहिम अल्काज़ी की इसी बात के लिए प्रशंसा करता हूँ कि उन्होंने यह प्रदर्शित कर दिया है कि अच्छा रंगमंच कैसे फ़िरोज़शाह कोटला और तालकटोरा जैसे खंडहरों में भी प्रस्तुत ही नहीं किया जा सकता वरन् उसे अधिक जीवन्त और प्रभावशाली भी बनाया जा सकता है। यद्यपि मैंने उत्पल दत्त का कोई नुक्कड़ नाटक नहीं देखा लेकिन मैंने इस विषय में काफ़ी सुना है कि वे कैसे उसे प्रभावशाली बना देते हैं। कितना अच्छा होता यदि उन्होंने अपने **अंगार** जैसे नाटक की संकल्पना भी वैसे ही रूप में की होती कि उसे भी बिना ऊँची क्रेन और पानी से भरी खदानों के, देश के किसी भी भाग में ले जाकर, उसी जादुई प्रभाव के साथ प्रस्तुत किया जा सकता। कलकत्ता में मैंने युवा कलाकारों की एक मंडली की **एवं इन्द्रजित** की प्रस्तुति देखी, जिसमें कोई तकनीकी परिष्कार नहीं था; उसे उन्होंने किसी पुराने भवन के जीर्ण-शीर्ण

आँगन को अस्थायी हॉल में रूपान्तरित करके प्रस्तुत किया था। परन्तु वह प्रस्तुति बहुत आकर्षक थी। यदि उन्हें वह आँगन उपलब्ध न हुआ होता, तो वे उस नाटक को खुले आकाश के नीचे भी प्रस्तुत कर सकते थे। उस नाटक में ऐसी कोई सीमा नहीं है कि उसे किसी अन्य स्थान पर समान प्रभाव के साथ प्रस्तुत न किया जा सके—यहाँ तक कि उसे किसी भीड़-भाड़वाले इलाके में किसी नुक्कड़ पर भी खेला जा सकता है।

इसका यह अर्थ कदापि नहीं लगाया जाना चाहिए कि मैं रंगमंच में तकनीकी व्यवस्था का विरोधी हूँ। इसका अपना स्थान है, परन्तु वह स्थान गौण है। मैं इस बात पर बल देना चाहता हूँ कि इस पर बहुत अधिक निर्भरता से उस तर्क के क्षीण होने की सम्भावना है जिसके आधार पर रंगमंच का अस्तित्व बना रह सकता है। हम अक्सर यह शिकायत करते हैं कि राजधानी सहित देश के अधिकांश भागों में रंगमंच को दर्शकों का ठोस समर्थन प्राप्त नहीं है। कुछ रंगमंच-अभिजात्यों को छोड़कर नियमित रूप से रंगमंच देखनेवाले दर्शक हैं ही नहीं। हाल के वर्षों में तकनीकी सुविधाओं के अधिक उपयोग से भी स्थिति में विशेष परिवर्तन नहीं आया है। राज्य या नगर प्रशासकों की सहायता से भी कोई परिवर्तन आने की सम्भावना नहीं है। परिवर्तन तभी आ सकता है जब बिना इस बात की चिन्ता किए कि राज्य कुछ करता है या नहीं, हम दर्शकों का आधार निर्मित करने में सफल हों। यह कार्य तकनीकी रूप से समृद्ध रंगमंच की ओर दर्शकों के आकृष्ट होने की प्रतीक्षा करते रहकर नहीं हो सकता। इसके विपरीत यह कार्य रंगमंच को सुविधाहीन स्थानों पर दर्शकों के बीच ले जाकर, अति साधारण सुविधाओं के भीतर उच्च सौन्दर्य-शास्त्रीय स्तर स्थापित करके ही किया जा सकता है। यदि कोई यात्रा-मंडली आकर कालीबाड़ी के आँगन में प्रदर्शन कर सकती है, तो राजधानी की कोई युवा नाट्य-मंडली इस तरह का काम क्यों नहीं कर सकती ? इस प्रस्ताव का एक और पक्ष भी है। वह यह कि 'भली-भाँति सुसज्जित' प्रेक्षागृहों के बाहर असामान्य स्थानों पर भी रंगमंच-विशेष के लिए निजी सम्भावनाएँ निहित होंगी ही। फिर जब कोई नया नाटक प्रस्तुत करना हो, तो क्यों न किसी नए स्थान पर जाकर उनकी तलाश की जाए ?

नाट्यानुवाद

संस्कृत का जो पहला नाटक मैंने पढ़ा, वह था भास का **प्रतिमा नाटक**। तब मैं मुश्किल से ग्यारह-साढ़े ग्यारह साल का था। मुझे याद है जब मुझे नाटक के पहले श्लोक का अर्थ बताया गया, तो मैं आश्चर्य से अपने सामने के एक-एक शब्द को देखता रहा। श्लोक था :

सीताभवः पातु सुमंत्रतुष्टः सुग्रीव रामः सहलक्ष्मणश्च।
यो रावणार्यप्रतिमश्च देव्या विभीषणात्मा भरतोऽनुसर्गम् ॥

मंगलाचरण में ही नाटक तथा नाटक के सभी पात्रों के नाम दे दिए गए थे, हालाँकि शब्दों का अर्थ कुछ और ही था। इससे आगे पढ़ने पर उन दिनों मुझे बहुत निराशा होती रही क्योंकि नाटक के शेष श्लोकों में इस तरह का कोई चमत्कार नहीं था। सीधी-सीधी बातें थीं : 'मम मातुश्च मातुश्च मध्यस्था त्वं न शोभसे। गंगायमुनयोर्मध्ये कुनदीव प्रवेशिता ॥' मुझे लगता जैसे मंगलाचरण लिखने के बाद ही भास की कवित्व-शक्ति चुक गई हो, क्योंकि उससे आगे वैसा एक भी तो श्लोक उनसे नहीं लिखा जा सका। एक नाटक के रूप में उस नाटक को मैंने बहुत बाद में पढ़ा। तब तक अध्ययन की दृष्टि से ही नहीं, रंगमंच की दृष्टि से भी भास से मेरा परिचय हो चुका था—**स्वप्नवासवदत्ता** के माध्यम से। विभाजन से पहले लाहौर में हमने पंजाब विश्वविद्यालय संस्कृत परिषद् की ओर से संस्कृत के तीन नाटक रंगमंच पर प्रस्तुत किए थे। 'स्वप्नवासवदत्त' में अभिनय करने तथा शेष दो नाटकों का निर्देशन करने में जो अनुभव प्राप्त हुए, उनका यहाँ उल्लेख करना अप्रासंगिक होगा। हाँ, संस्कृत के तीन-चार नाटकों का हिन्दी में अनुवाद करने की बात सबसे पहले उन्हीं दिनों मन में आई थी। उनमें से पहले मैंने **प्रतिमा नाटक** को ही उठाया था, पर उसके मंगलाचरण से ही हारकर वह प्रयत्न वहीं छोड़ दिया। बचपन में जिन पंक्तियों के लिए भास को सबसे अधिक श्रेय दिया करता था, वही

अब ऐसी उलझानेवाली लगीं कि अनुवाद करने का सारा उत्साह ठंडा पड़ गया।

यह समस्या भास के साथ ही नहीं, और नाटककारों के साथ भी थी– बल्कि औरों के साथ भास से कहीं अधिक थी। संस्कृत का समास-प्रधान रूप उस भाषा की अभिव्यंजना को बढ़ाने में जितना सहायक है, शायद उतना ही उसके सहज सम्प्रेषण में बाधक भी है। उस भाषा की आन्तरिक प्रकृति आज की भाषा से इतनी अलग है कि आज की किसी भी भाषा में उसका अनुवाद–विशेष रूप से एक नाटक का नाटकीय भाषा में अनुवाद– कई-कई स्तरों पर एक चुनौती बन जाता है। ऐसे में अनुवादक या तो मूल से काफ़ी स्वतन्त्रता लेने लगता है, या फिर मूल की संश्लिष्ट अभिव्यक्तियों को बिल्कुल ही बचा जाता है। पर इन दोनों तरह के प्रयत्नों को एक सीमित अर्थ में ही अनुवाद कहा जा सकता है।

बात लगभग मन से उतर गई थी, और शायद किसी भी नाटक के अनुवाद का उत्साह फिर मन में न आता, यदि कुछ वर्ष पहले दिल्ली के रंगमंच पर **मिट्टी की गाड़ी** नाम से 'मृच्छकटिक' का अभिनय न देखा होता। हबीब तनवीर द्वारा प्रस्तुत उस नाटक में जहाँ प्रयोग और शिल्प की दृष्टि से कई विशेषताएँ थीं, वहाँ उसकी सबसे बड़ी सीमा थी–अनुवाद की पांडुलिपि, जो शायद एक अंग्रेजी अनुवाद के आधार पर तैयार की गई थी। उन दिनों दो दृष्टियों से नाटक को फिर से पढ़ा–एक तो अनुवाद के लिए, और दूसरे आज की अपेक्षाओं के अनुसार उसका रंगमंचीय रूपान्तर तैयार करने के लिए। एक विचार लगभग चार साल पहले पूरा हो गया था, पर दूसरा अभी पूरा होना है।

तभी दो और नाटकों का भी इसी तरह का अनुवाद तथा रंगमंचीय रूपान्तर तैयार करने की बात मन में आई थी। उनमें से **शाकुन्तल** का अनुवाद आज पूरा कर लेने के बाद **स्वप्नवासवदत्त** का अनुवाद तथा इन तीनों नाटकों के रंगमंचीय रूपान्तर तैयार करने की बात कल के दायित्व के रूप में मन में बनी है। कह नहीं सकता कि यह सब कब तक करना सम्भव होगा, और होगा भी या नहीं।

मृच्छकटिक और **शाकुन्तल** के इन अनुवादों में शूद्रक और कालिदास के साथ कहाँ तक न्याय हुआ है, यह मैं नहीं कह सकता। परन्तु मेरा प्रयत्न अवश्य रहा है कि जहाँ तक बन पड़े, मूल के भाव और अर्थ दोनों की

अनुवाद में रक्षा की जाए। साथ ही यह भी कि अनुवादक की ओर से अतिरिक्त शब्दों का प्रयोग कम-से-कम हो, और किसी भी तरह का अतिरिक्त आशय उसमें न आने पाए। फिर भी कुछ स्थल ऐसे हैं जहाँ नाटकीय अन्विति के निर्वाह के लिए, या श्लोकों के अनुवाद की मुक्तक लय बनाए रखने के लिए, थोड़ी-बहुत स्वतन्त्रता मुझे लेनी पड़ी है। इसके लिए बहुत अधिक अधिकार मैंने अपने को नहीं दिया, पर मूल का अनुसरण करने के लिए लय और अन्विति की उपेक्षा कर जाने से अनुवाद का उद्देश्य ही शायद पूरा न हो पाता। अनुवाद में बहुत सी सीमाएँ अनुवादक की हो सकती हैं, पर कुछ सीमाएँ ऐसी भी हैं जो इस तरह के प्रयत्न में स्वतः अन्तर्हित रहती हैं। फिर मूल-रचना से आज का सदियों का—अन्तर—भाषा, शिल्प, भावयोजना तथा परिकल्पना का—अपने में ही एक सीमा है।

किसी ने यह प्रश्न उठाया था कि राजा लक्ष्मणसिंह के अनुवाद के रहते **शाकुन्तल** का एक और अनुवाद क्यों ? इस सम्बन्ध में इतना ही कहा जा सकता है कि हर दूसरी-तीसरी पीढ़ी के बाद, और नहीं तो भाषा की दृष्टि से ही, इन रचनाओं के नए-नए अनुवादों की आवश्यकता पड़ती रहेगी। इस तरह यह अनुवाद भी आज के लिए है—आनेवाले कल को इसका स्थान किसी और अनुवाद को लेना होगा।

खंड : दो

रचना-प्रक्रिया

मोहन राकेश की रचना-प्रक्रिया

मोहन राकेश एकान्तप्रिय थे, लेकिन कभी अकेले नहीं रह सकते थे। औरत के बिना उनका गुजारा नहीं था, लेकिन औरत के साथ भी वह बहुत समय तक नहीं रह पाते थे। उन्हें कार, एयरकंडीशनर, फोन और तमाम सुविधाओं से भरी समृद्ध ज़िन्दगी पसन्द थी, लेकिन लेखन के मूल्य पर उन्होंने कभी कोई सुविधा स्वीकार नहीं की—कभी कोई समझौता नहीं किया। कॉफी हाउस, बार रेस्तराँ और गोष्ठियों में वह छतफाड़ ठहाका लगाने और जी खोलकर हो-हल्ला करने में यकीन रखते थे, लेकिन लिखते वक्त उन्हें किसी व्यक्ति तो क्या डोर-बेल, टेलीफोन की घंटी, कुकर की सीटी या नल से टपकती पानी की बूँद तक की आवाज बर्दाश्त नहीं थी। अक्सर जुकाम से पीड़ित रहते थे, लेकिन सर्दी पसन्द थी और मौसम के गरमाते ही पहाड़ों की तरफ भागते थे। ज़िन्दगी-भर घर की तलाश में भटकते रहे और जीवन-भर उसे बना-बनाकर तोड़ने के लिए बदनाम रहे। यानी कुल मिलाकर मोहन राकेश का एक विचित्र व्यक्तित्व था, जिसके अन्तर्विरोधों का कोई ओर-छोर नहीं था। ऐसे व्यक्ति की रचना-प्रक्रिया को जानने-समझने की कोशिश करना किसी रहस्यमय संसार में भय और कौतूहल के साथ प्रवेश करने से कम दिलचस्प और रोमांचक नहीं है। मैं यह कोशिश उनकी अब तक छपी रचनाओं के अलावा अप्रकाशित दस डायरियों और पाँच फाइलों की सामग्री के आधार पर कर रहा हूँ।

राकेश की इन डायरियों को छूते, खोलते और पढ़ते हुए

अजीब सी अनुभूति होती है। झुरझुरी, संकोच, डर—जैसे बिना इजाजत लिये आप किसी के अन्तःपुर में झाँकने-घुसने की नाजायज कोशिश कर रहे हों। पुराने-पीने-भूरे-भुरभुरे से पन्नों में वर्षों/दशकों से दुबके-छिपे शब्द जल्दी में घसीटी गई या अवचेतन से जूझते हुए लिखी गई टूटी-फूटी, बेतरतीब इबारतें...अतीत की स्मृतियाँ, मन की उलझनें, आतुर कानों से सुनी ध्वनियाँ, बेचैन आँखों से देखी छवियाँ, प्राणों को झकझोर गई अनुभूतियाँ...कूट-शब्द...अबूझ पहेलियाँ—जैसे जुगनूँ की झिलमिलाती रोशनी को शब्दों में बाँध लेने की बेचैन कोशिश या जैसे हाथों से तुरन्त फिसल जाने को आतुर किसी रेशमी, बारीक और फिसलती हुई अनजानी सी चीज़ को पहचानने और पकड़ लेने की आतुरता।

लेकिन कई वर्षों तक इन डायरियों को बार-बार पढ़ते रहने के बावजूद 1943-44 की पहली डायरी में लिखित फिल्म-पटकथा **दिन ढले** को छोड़कर पूरी तरह से कुछ भी पढ़ा नहीं जा सका। दरअसल, इन डायरियों में राकेश ने अपनी कई कहानियों, और अनेक बीज-नाटकों, उपन्यासों, नाटकों, शब्द-प्रयोगों, लेखों, प्रतिक्रियाओं इत्यादि के प्वाइंट्स, नोट्स या रचनाओं के आरम्भिक आधे-अधूरे रफ ड्राफ्ट्स लिखे हैं। कहीं-कहीं अस्पष्ट और कूट-संकेतों जैसी भाषा भी दिखाई पड़ती है, जिसे केवल लेखक ही समझ सकता है। इन डायरियों को पढ़ते हुए मोहन-जोदड़ो-हड़प्पा की लिपि को पढ़ने में लगे उन तमाम विद्वानों से हार्दिक सहानुभूति हुई जो न जाने कब से उसे पढ़ने की असफल कोशिशों के बावजूद अभी तक हताश नहीं हुए हैं। यह भी समझ में आने लगा कि कालान्तर में राकेश सीधे टाइपराइटर पर ही क्यों लिखने लगे थे !

राकेश की रचना-प्रक्रिया या सर्वाधिक महत्त्वपूर्ण और बुनियादी सत्य यह है कि वह इसे किसी रहस्यमय अलौकिक शक्ति या प्रतिभा के स्फुरण के बजाय एक सचेत प्रक्रिया मानते थे। उनकी दृष्टि में रचना अन्ततः एक कला है जिस पर निरन्तर अभ्यास से निपुणता और दक्षता पाई जा सकती है।

राकेश की सम्पूर्ण रचना-प्रक्रिया शायद इसीलिए प्रमुखतः संशोधन, सम्पादन और परिवर्तन पर आधारित है। उनकी रचनाओं के कई-कई प्रारूपों के मिलने का भी यही कारण है। वह रचना को एक जीवित इकाई मानते थे जो रचनाकार के साथ-साथ आजीवन 'ग्रो' करती रहती है।

राकेश की फाइलों में ऐसी अनेक रचनाएँ (विशेषतः एकांकी) मिली हैं, जिनके टंकित अथवा प्रकाशित रूप पर उन्होंने अपने हाथ से बेशुमार संशोधन किए हैं। आमतौर से यह धारणा बनी हुई है कि राकेश अपने नाटकों के कई प्रारूप तैयार करते और प्रायः उन्हीं में ज्यादा परिवर्तन-संशोधन करते थे परन्तु वास्तविकता यह है कि यह उनकी प्रायः सभी रचनाओं के साथ हुआ है। उनके एक उपन्यास का उदाहरण द्रष्टव्य है :

बहुत पहले राकेश ने एक उपन्यास लिखा था—**स्याह और सफेद**। किन्हीं कारणों से वह पूरा नहीं किया गया। उसी के उत्तरार्द्ध को बाद में **नीली रोशनी की बाँहें** शीर्षक से पुनः लिखा गया जो 1962 में 'धर्मयुग' में धारावाहिक रूप में छपा। राकेश ने अपनी एक डायरी में इसकी पूरी कटिंगें चिपका रखी हैं। कटिंग के दोनों ओर बचे रिक्त स्थानों पर उन्होंने अपने हाथ से पर्याप्त संशोधन भी कर रखे हैं। 'नीली रोशनी की बाँहें' का संशोधित रूप ही 1972 में 'अन्तराल' के नाम से पुस्तकाकार प्रकाशित हुआ था। दिलचस्प बात यह है कि 'अन्तराल' के अनेक अंश 'नीली रोशनी की बाँहें' के संशोधित रूप से भी भिन्न हैं। अतः स्पष्ट है कि 'अन्तराल' का प्रकाशन—आलेख टाइप करते समय राकेश ने स्वयं द्वारा दिए गए इस उपन्यास के संशोधित रूप में पुनः संशोधन किए थे। देखिए :

1. कुमार ने घड़ी की तरफ देखा और सामने का रजिस्टर बन्द कर दिया। (नीली रोशनी की बाँहें)

2. कुमार ने घड़ी की तरफ देखा और रजिस्टर बन्द कर दिया। (वही, संशोधित रूप)

3. कुमार ने घड़ी में वक्त देखा और सामने के कागजों का पुलिन्दा उठाकर ट्रे में डाल दिया। (अन्तराल)

''आप ! देर हो गई आए हुए ?''

श्यामा मुस्कुरा देती, जैसे उसे पता हो कि वह आश्चर्य झूठा है और किसी और भाव को छिपाने के लिए ही यह सवाल पूछा गया है।

उस दिन श्यामा देर से आई। कुमार चार बजे से ही बाहर के कमरे में आ गया था और एक पुस्तक के वही कुछेक पन्ने बार-बार पलट रहा था। श्यामा जब आई, तब तक उसके आने की आशा वह छोड़ चुका था और पुस्तक रखकर बाहर निकलने के लिए उठ रहा था। तब तक आकाश काफ़ी घिर आया था। ''मैं आज गलत वक्त से आई हूँ न ?''

''क्यों ?''

''लगता है, कहीं बाहर जा रहे थे। कहीं काम से जाना हो तो जाइए मैं तो वक्त बर्बाद करने के लिए कभी भी आ सकती हूँ !''

''नहीं, काम से कहीं नहीं जाना है। आप नहीं आईं, तो सोचा था कि थोड़ी दूर तक घूम आऊँ।''

पल-भर दोनों खामोश रहे फिर उसने अन्दर की तरफ मुड़ते हुए कहा, ''आइए, अन्दर चलें।''

पर श्यामा वहीं रुकी रही, ''आपका घूमने का मन है, तो वह गलत होगा कि कमरे में बैठकर दर्शन शास्त्र पर मगजपच्ची करें। यूँ चाह तो मैं भी रही थी कि आज छुट्टी की जाए, मगर यह सोचकर चली आई कि पहले आपसे कहा नहीं है, आप इन्तजार कर रहे हों। अब आ गई हूँ तो ऐसे लौटकर जाऊँगी भी नहीं। आप सचमुच अकेले घूमने जा रहे हैं, तो थोड़ी-बहुत मगजपच्ची मैं साथ चलते-चलते करा दूँगी। मैं साथ चलूँ तो घूमने में बाधा तो नहीं लगेगी ?''

''बाधा किस चीज़ की आइए चलें,'' और वह गेट की तरफ बढ़ गया। मगर गेट पार करने से पहले उसने सरहद पूछ लिया, ''लेकिन रास्ते में अगर पानी पड़ने लगा...?''

''ज्यादा-से-ज्यादा भीग जाएँगे !'' श्यामा हँसी।

"आप चाहें तो छाता साथ ले लें !"

श्यामा और भी खुलकर हँस दी। "मेरे हँसने का बुरा मत मानिएगा," वह बोली, "मुझे यह सोचना ही अजीब लगता है कि बारिश में भीग रहे हैं, मगर छाता हाथ में लिये हुए। छाते से बचाव कितना होता है ? चलिए, मेरी फिक्र मत कीजिए।"

ज्ञानपीठ पुरस्कार विजेता साहित्यकार एम.टी. वासुदेवन नायर ने एक बार कहा था कि "केवल स्वानुभवों के बल पर कोई भी साहित्यकार ज़िन्दगी-भर रचना नहीं कर सकेगा। एक उपन्यास की रचना से ही स्वानुभवों का स्टॉक खत्म हो जाएगा। तब उसे आँखों देखी, कानों सुनी पर भी ध्यान देना पड़ेगा !" मोहन राकेश ने यद्यपि जीवन-भर प्रमुखतः आत्मकथात्मक साहित्य की रचना करके उक्त कथन के पूर्वार्द्ध को असत्य सिद्ध कर दिया, फिर भी यह सत्य है कि 'आँखों देखी, कानों सुनी' के महत्त्व को भी उन्होंने कभी अस्वीकार नहीं किया। उनकी 1964 की एक डायरी के 'स्पॉट नोट्स' इसका सबसे बड़ा प्रमाण है। राकेश की आपबीती हो या जगबीती—वह हर नए एवं रोचक व्यक्ति, चेहरे, दृश्य, स्थान और प्रसंग-प्रकरण को नोट्स या प्वाइंट्स के रूप में अपनी डायरी में दर्ज कर लेते थे। ये टिप्पणियाँ हिन्दी और अंग्रेजी दोनों ही भाषाओं में लिखी गई हैं। पूरी-अधूरी रचनाओं को छोड़ दें तो अनुपात की दृष्टि से राकेश नोट्स, प्वाइंट्स और नाटकों की तैयारी के रेखांकनों इत्यादि के लिए लिखी गई टिप्पणियों में अंग्रेजी का प्रयोग अपेक्षाकृत ज्यादा ही करते थे। दो डायरियाँ तो लगभग पूरी तरह अंग्रेजी में ही हैं। 1967-68 की एक डायरी में राकेश ने पन्द्रह कहानियों और उन्नीस बीज-नाटकों के नाम दिए हैं। इनके साथ कुछ प्वाइंट्स और कहीं-कहीं रूपरेखाएँ भी दी गई हैं। एक बीज नाटक 'वह जो नहीं था' के प्वाइंट्स का नमूना देखिए :

वह जो नहीं था

"सड़क पर का झगड़ा—तमाचा—वो लड़की और अन्दरूनी ज़िन्दगी—*Artist* बूढ़ा *Critic*... ।

पति खामोश...पत्नी बोलती हुई... ।"

इसी तरह पता नहीं कितने नाटक, कितने चरित्र, कितने चेहरे, कितने अनुभव, कितने दृश्य, कितनी कहानियाँ, कितनी घटनाएँ, कितनी भावनाएँ राकेश की डायरियों में बन्द हैं और दिमाग/अवचेतन में रहनेवाली रचना की इस कच्ची सामग्री के परिमाण का तो आज अनुमान लगाना भी मुश्किल है। कालान्तर में अनुकूल समय, परिवेश, सन्दर्भ और उत्प्रेरक प्रसंग मिलने पर डायरी या दिमाग में सँभालकर रखा गया यही कच्चा माल राकेश की कल्पनाशीलता के साथ मिलकर एक श्रेष्ठ रचना का रूप ले लेता था। स्वयं राकेश के शब्दों में, "जिस तरह 'सैलर' में शराब बरसों मैच्योर होती रहती है, उसी तरह छोटी-छोटी घटनाएँ बरसों दिमाग में मैच्योर होती रहती हैं। उन्हें फिर लिपिबद्ध करने में पुरानी शराब का सा ही नशा हासिल होता है।"

यहाँ-वहाँ से पाए इन कथा-बीजों को मन की धरती पर रोप कर राकेश उन्हें बरसों सींचते रहते थे। अंकुरित होने पर उस पौधे को कागज पर प्रत्यारोपित कर देते थे और फिर क्रमशः उस पर फल-फूल उगाते और उसे काट-छाँट कर एक खूबसूरत वृक्ष की शक्ल में ढाल देते थे। **सौन्दरनन्द** से लिए गए नन्द, सुन्दरी, अलका और मैत्रेय के चरित्रों पर 1946-47 में लिखी एक अनाम ऐतिहासिक कहानी के क्रमशः **सुन्दरी, रात बीतने तक, लहरों के राजहंस** और 1868 में प्रकाशित उसके 'नए रूप' के बीस साल के लेखन इतिहास से तो हम परिचित हैं ही। और हम यह भी जानते हैं कि इस 'नए रूप' को लिखने के बाद भी राकेश को लगा था कि "अगले बीस वर्षों में और भी चार बार इसे चार तरह से लिखने का लोभ मन में आ सकता है...क्योंकि कोई भी रचना क्या ऐसी होती है कि व्यक्ति-जीवन में कभी भी उसके रूप को निश्चित और अन्तिम मान सके ?" यही कारण है कि 1958 में प्रकाशित सर्वश्रेष्ठ

नाटक के रूप में संगीत नाटक अकादमी द्वारा पुरस्कृत और आधुनिक हिन्दी रंगकर्म की उत्कृष्ट उपलब्धि स्वीकार कर लिए गए अपने बहुमंचित नाटक **आषाढ़ का एक दिन** को भी उन्होंने विशिष्ट संस्करण के प्रकाशन के समय पुनः संशोधित किया था। उनके एकांकी 'कलिंग विजय' के भी चार प्रारूप उपलब्ध हैं जो 1945 से लेकर 1957-58 तक लगातार बदला जाता रहा।

राकेश अपने नाटकों के रंगमंचीय पहलुओं के प्रति कितने जागरूक एवं सचेत थे, इसका प्रमाण उनके 'पैर तले की जमीन' के रेखांकनों और उनकी टिप्पणियों में देखा जा सकता है। 1969 की एक डायरी में **विजन्स-1919** (जलियाँवाला बाग) के विस्तृत नोट्स हैं जिसमें उन्होंने बाग के समस्त क्षेत्र को सात अभिनय क्षेत्रों में बाँटकर प्रेक्षक, अभिनेता, ध्वनि, प्रकाश-अन्धकार और उस स्थान पर मौजूद कुआँ, दीवार, पेड़ इत्यादि तथा आस-पास के घरों एवं उनके निवासियों के संसर्गों की दृष्टि से भी गम्भीर विचार किया है। अभिनय, संवाद, गीत, संगीत, बिम्ब और समूहन इत्यादि पर ही नहीं प्रदर्शन के तकनीकी, प्रबन्धन और प्रचारात्मक पक्षों के भी विस्तृत ब्यौरे उन्होंने दिए हैं।

राकेश की रचनाएँ उनके कथ्य की सच्चाई और ईमानदारी तथा शिल्पगत निपुणता से जीवन्त बनी हैं। इसके लिए उन्होंने ज्यादातर अपने और अपनों के बारे में ही लिखा और अपने लिखे को लगातार माँजते और सजाते-सँवारते रहे। अपने बारे में तो ठीक है, लेकिन क्या अपनों के व्यक्तिगत अनुभव को रचना में सार्वजनिक बनाना एक तरह से उनके प्रति विश्वासघात ही नहीं है ? वह एक व्यापक नैतिक प्रश्न है। लेकिन इस सन्दर्भ में राकेश का उत्तर एकदम स्पष्ट है। यह इस प्रश्न के उत्तर में प्रश्न पूछते हुए कहते हैं कि "अपनों के बारे में न लिखे आदमी, तो किसके बारे में लिखे ? यह वैयक्तिक स्तर पर विश्वासघात क्या कलागत ईमानदारी की अनिवार्य शर्त नहीं है ?" यही कारण है कि राकेश की अधिकांश रचनाओं में

उनका अपना और उनके अपनों का जीवन साफतौर से पहचाना जा सकता है।

राकेश ने स्वयं अपनी एक डायरी में लिखा है कि वह 'दस पन्ने रद्‌द करके फिर एक पन्ना लिखते' थे। फिर उसे सुधार कर किसी पत्रिका या रेडियो में रचना को प्रकाशन या प्रसारण के लिए भेजते थे। पुस्तकाकार छपवाने से पहले उसे फिर से संशोधित करते थे और यह संशोधन-प्रक्रिया संस्करण-दर-संस्करण चलती रहती थी। अधिकतर तो यह परिवर्तन शब्द अथवा भाषागत संशोधनों से ही जुड़े हैं। परन्तु चरित्रों, सम्बन्धों, संवादों, अभिप्रायों और संरचनात्मक दृष्टि से किए गए परिवर्तनों-संशोधनों की संख्या भी कम नहीं है। राकेश सम्पूर्णतावादी लेखक थे। वह जब तक अपनी रचना से सन्तुष्ट न हो जाएँ तब तक उसे सुधारते रहते थे और कैसी विडम्बना है कि वह अपनी किसी रचना से कभी भी पूरी तरह सन्तुष्ट नहीं हुए। इसलिए यही कहा जा सकता है कि राकेश एक ऐसे मेहनती लेखक थे जिनकी रचना-प्रक्रिया वास्तव में एक अनन्त संशोधन-प्रक्रिया की ही पर्याय है।

उल्लेखनीय है कि अपनी रचनाओं की ही तरह राकेश ने अपने नाम का भी लगातार संशोधन किया है। उनके जन्म का नाम मदनमोहन गुगलानी था। 1946 तक वह मदनमोहन 'राकेश' के नाम से लिखते रहे और 1947 तक म. मोहन 'राकेश' के नाम से। 1949 में उन्होंने मदन को पूरी तरह छोड़ दिया और मोहन 'राकेश' बन गए। 1953-54 के बाद उन्होंने मोहन राकेश को अपनाया जो आज तक चल रहा है और कभी-कभी संक्षिप्त होकर सिर्फ राकेश ही रह जाता है।

—जयदेव तनेजा

नाटक न लिखने के बारे में...

जहाँ नाटक लिखना बेहद आसान काम है वहाँ उतना ही मुश्किल भी। यह सबसे आसान काम इसलिए है कि जब आपके पास एक विचार होता है और आप पात्रों को चुन लेते हैं, तो उसके बाद मात्र दृश्यों की रूपरेखा और संवाद-भर लिखने रह जाते हैं। इसके लिए सम्भवतः लेखकों को कोई ज़्यादा मेहनत नहीं करनी पड़ती। इसमें कोई वर्णनात्मकता नहीं, पात्रों को समझने के लिए कोई विश्लेषणात्मक अध्ययन और न ही उसमें उपन्यास या कहानी की तरह कोई काव्यात्मक अथवा विवरणात्मक ब्यौरे ही होते हैं। नाटक आखिरकार महज़ एक बुनियादी ढाँचा—एक कंकाल मात्र ही होता है जिसको रूपाकार देने और जीवन्त बनाने का काम मंच पर अभिनेताओं द्वारा किया जाता है।

इसलिए आपका भाग्य इस बात पर निर्भर करता है कि कौन उसका मंचन कर रहा है और कौन संवाद बोल रहा है ? और इस सबमें कोई अपनी न्यूनतम मानसिक शक्ति का प्रयोग करके भी हमेशा ये खेल खेलता रह सकता है। समीक्षक-पत्रकार का ज़्यादा ध्यान तो नृत्य-संरचना और वेश-भूषा पर ही रहता है। नाटक की लय या शब्दों की अर्थ-गर्भिता के विषय में वह कम ही सोचता है और इससे भी कम ध्यान उसका नाटक की समग्र-परिकल्पना और उसमें चित्रित ज़िन्दगी से उठी सच्चाइयों से आपकी रचनात्मक भिड़न्त पर जाता है। परन्तु यदि आप, दूसरों द्वारा ओढ़ाए गए मांस-मज्जा के जामे से ढके उस निर्जीव बुत (डमी) के बजाए, उस मूल ढाँचे से एक ऐसे जीवन्त आर्गेनिज़्म के रूप के प्रति सचेत हो जाते हैं जिसमें अपने भीतर से ही रूपाकार गढ़ने और उसके आसपास विकसित हो जानेवाले भौतिक तत्वों को धारण करने की क्षमता के साथ-साथ यह ताकत भी है कि जिससे वह (ढाँचा) अपनी निजी जीवनी-शक्ति से एक अति-संरचना (सुपर स्ट्रक्चर) भी कर सकता है—

तो आप अपने काम को कठिनतम बना लेते हैं। अब जो जिम्मेदारी आप पर आन पड़ी है वह मात्र किसी विषय के दृश्यों का जोड़-तोड़ करना ही नहीं, वरन् आपके दिमाग के इर्द-गिर्द घूमते उन ढेरों सूक्ष्म कणों को एकत्रित कर उनसे अपने विषय को एक नवीनता में ढालने का प्रयास होगा। अब आपको मात्र संवाद ही नहीं लिखने, वरन् शब्दों की एक न समाप्त होनेवाली कड़ी को एक-दूसरे के इर्द-गिर्द, ऊपर-नीचे आपस में बुनते-बनाते सीधे जाकर प्रेक्षागृह में बैठे लोगों के दिमागों तक सम्प्रेषित करने हैं।

एक ऐसे सीधे प्रहार के लिए आपको एक ऐसी भाषा अपनानी होगी जोकि ज्यादा उलझी हुई न हो, यद्यपि आपकी परिकल्पना काफ़ी उलझी हुई हो सकती है। जो कि विरोधी आकार न लिये हुए हो, भले ही आप जो कहना चाह रहे हैं उसमें विरोध ही क्यों न हो। एक मायावयी सरलता को अपनाना होगा, लेकिन इतनी मायावयी भी नहीं कि ओढ़ी हुई लगे। यहाँ आप अलंकृत भाषा के प्रति उत्तर की स्वच्छन्दता का प्रयोग नहीं कर सकते। क्योंकि आपका काम प्रभावित करना नहीं वरन् भाँति-भाँति के लोगों के मन को भेदना है। शायद किसी विशेष जाति या फिर पूरी जनजाति के लिए। लिखने से आप साफ इनकार कर सकते हैं, लेकिन वह नाटक, नाटक नहीं, यदि वह उन लोगों तक न पहुँच सके कि जो उसे देख रहे हैं।

यदि आपका नाटक ऐसा करने से रह जाता है तो यह दर्शक की नहीं, आपकी असफलता है। अपनी असफलता के लिए निर्देशक, अभिनेता या फिर दर्शक को दोष देना सबसे आसान काम है लेकिन सही मानो में यह नाटककार की असफलता होती है। यह असफलता उसमें सृजनात्मक सरलता की कमी की वजह से हो सकती है। ठीक उस तरह जैसे असृजनात्मक सरलता में होती है; जबकि दूसरे प्रकार के व्यक्ति के आगे कम समस्याएँ होती हैं।

और यही कारण है कि कोई-कोई नाटक, महीनों या फिर सालों बिना लिखे रह जाता है, चाहे आपने उसे कई बार लिखने की कोशिश ही क्यों न की हो। अक्सर एक सवाल जो एक नाटककार से किया जाता है कि वह क्यों अपने पिछले नाटक जैसी सफलता अपने नए नाटक में नहीं ला पाया, जबकि ऐसी ही सफलता उसने पहले भी कई बार पाई है, जबकि नाटक की विषयवस्तु एक ही जैसी थी।

वह इस प्रश्न को नजरअन्दाज कर देगा। इसका पूर्वाभास लगाया जा

सकता है कि कोई भी नया नाटक किसी एक के लिए नई चुनौतियाँ पैदा कर सकता है, और दूसरे के लिए नहीं। बहुत चित्रकार हैं, उनमें महान भी हैं, जो एक ही पेंटिंग को अलग-अलग कैनवास पर दर्जनों बार पेंट करके भी सन्तुष्ट हैं। उसके बावजूद कुछ कम ख्यातिप्राप्त भी हैं जो ऐसा नहीं करते। इसलिए नहीं कि वह कर नहीं सकते, वरन् इसलिए कि वह करना नहीं चाहते, यही बात नाटककारों के साथ भी है।

एक नाटककार को मात्र अपने व्यक्तित्व की ही नहीं वरन् कहीं वह अपने आपसे (लेखन से) भी प्रतिबद्ध होता है जिसमें उसे नए विषय, चरित्रों और नई स्थितियों की चुनौती को भी स्वीकारना पड़ता है। क्योंकि हो सकता है कि वह केवल सुविधाजनक दृश्य विभाजन विषय या फिर संवाद के नाम पर सहज शब्दों के प्रवाह से ही सन्तुष्ट न रहना चाहे। किसी अन्य चीज़ की तलाश में हो सकता है जो कि सम्भव है एक समीक्षक के लिए उतनी महत्त्वपूर्ण न हो जितनी कि स्वयं नाटककार के लिए।

नाटककार के रूप में अपने आस-पास देखते हुए

इस सामान्य प्रश्न कि 'मैं क्यों लिखना चाहता हूँ' के परिणामस्वरूप एक और प्रश्न किया जा सकता है जो मुझे अक्सर परेशान भी करता है। वह यह है कि मैं नाटक क्यों लिखना चाहता हूँ—विशेष रूप से तब जब प्रकाशन से पूर्व उसे मंच पर कसने का लगभग कोई अवसर नहीं है। इस बात पर बल देने की आवश्यकता नहीं है कि यदि किसी नाटक को नाटक के रूप में सफल होना है, तो उसे लेखक की मेज़ पर अन्तिम रूप नहीं दिया जा सकता। उपन्यास या कहानी के विपरीत नाटक के शब्दों का दोहरा उत्तरदायित्व है। उन्हें पढ़ा भी जाता है और उन्हें उच्चरित भी किया जाता है; और जब तक नाटककार अनेक बार उन्हें अपने-अपने अर्थ प्रदान करते हुए कई व्यक्तियों के मुख से उच्चरित होता सुन न ले, तब तक वह न उनके चुनाव के विषय में और न उनके स्थान के विषय में, और इनसे भी अधिक, न उनकी आवश्यकता को लेकर आश्वस्त हो सकता है। कभी-कभी लिखित रूप में तो शब्दों में बहुत वाग्धर्मिता होती है, परन्तु वाक् में वे व्यर्थ सिद्ध हो सकते हैं क्योंकि उच्चरित शब्द की अपनी अलग वाग्धर्मिता होती है, जो लिखित शब्द की साहित्यिक प्रवृत्ति से नितान्त भिन्न होती है। फिर उच्चरित शब्द की लय-ताल अलग होती है। इसलिए शुद्ध संवाद के स्तर पर भी नाटक की रचना में स्वयं नाटककार तथा उन अनेक लोगों का संयुक्त प्रयास होगा जो उसके लिए उन शब्दों का उच्चारण करके अपनी दोहरी भूमिका के कारण उनकी उपयुक्तता की परख में सहायक होंगे।

परन्तु, इससे भी कहीं अधिक महत्त्वपूर्ण संरचना-पक्ष है। यदि नाटककार कोई ऐसी नाटकीय संरचनाएँ करना चाहता है, जिनका पहले कभी प्रयोग न किया गया हो, तो उन्हें स्वीकार करने या अस्वीकार करने से पहले

उसे अपनी कल्पना के बिम्बों को रंगमंच के ठोस बिम्बों में परिवर्तित करना अनिवार्य होगा। परन्तु इस लक्ष्य की प्राप्ति तब तक सम्भव नहीं है, जब तक कि वह प्रायोगिक रंगमंच में सक्रिय भागीदारी को अपनी रचनात्मक प्रक्रिया का अंग नहीं बना लेता। इसकी अनुपस्थिति में उसकी रचना को चेतन या अचेतन रूप से स्वीकृत संरचना-आधारों पर ही परखा जाएगा, वह भले ही कितने ही विचारों और वस्तुवृत्तों के साथ प्रयोग कर ले, यहाँ तक कि वह भले ही उनके प्रयोग में कोई नया व्यवहार विकसित कर ले। उसे उसी सीमा तक नया और अलग स्वीकार किया जाएगा—और वह भी केवल अकादमिक धरातल पर—जहाँ तक उसके द्वारा प्रयुक्त संरचनाएँ नई और अलग स्वीकार की जाएँगी। हो सकता है कि वह अपने लेखन की भाषा के सन्दर्भ में सामान्य धारा से अलग प्रयोग कर रहा हो, यथा, हिन्दी या मराठी में वह काम पहली बार हो रहा हो। लेकिन यह पूर्णतः उसका अपना प्रयोग नहीं होगा। यह ऐसा काम नहीं होगा जो पहली बार कहीं हो रहा हो। व्यावहारिक रंगमंच में नाटककार की सहभागिता के लिए ऐसे रंगमंच का अस्तित्व अनिवार्य शर्त है, जो केवल कभी-कभार प्रस्तुति करनेवाली अव्यावसायिक मंडलियों पर निर्भर न करता हो, वरन् जिसमें अस्तित्व के लिए मूलभूत अनिवार्यता के रूप में कार्यरत व्यावसायिक (ये व्यापारिक या ग़ैर-व्यापारिक दोनों प्रकार की हो सकती हैं) मंडलियाँ हों। दुर्भाग्य से हिन्दी रंगमंच में ऐसी मंडलियाँ नहीं हैं। परन्तु, जहाँ ऐसी मंडलियाँ कार्यरत हैं, वहाँ यह भी अनिवार्य होगा कि नाटककार को रंगमंच के अविभाज्य अंग के रूप में स्वीकार किया जाए; उसे प्रयोग-केन्द्रित केन्द्रबीज के रूप में स्वीकार किया जाए। लेकिन वास्तविकता यह है कि तैयार आलेख ही रंगमंच में नाटककार का प्रतिनिधित्व करता है। रंगकर्मी इन आलेखों को तैयार माल के रूप में उठाते हैं और उनकी गुणवत्ता पर टिप्पणी कर देते हैं। इस स्थिति से हम उस 'कृपालु व्यवहार' को समझ सकते हैं, जिससे परिचालित होकर वे किसी आलेख को प्रस्तुति के लिए उठाते हैं—वह भी यदि वे प्रस्तुति करें। परन्तु, मेरी दृष्टि में नाट्यलेखन की सर्वाधिक उत्कट आकांक्षा भी कच्चे, अन्तरिम और अधूरे प्रयास में ही परिणत होती है, यह प्रयास तभी पूर्ण होता है, जब उसे कई बार प्रायोगिक रूप दिया जाता है। इसका कारण यह है कि अनेक बार प्रस्तुति की असफलता का कारण केवल नाटककार ही नहीं होता। नाटककार और रंगकर्मी दोनों होते हैं, और कभी-कभी तो इसका उत्तरदायित्व

केवल प्रयोक्ता का ही होता है।

इस स्थिति के कारण अनेक लेखक अपने नाटकों की प्रस्तुतियाँ स्वयं करने को विवश हुए हैं, परन्तु अधिकांशतः इसके परिणाम उत्साहजनक नहीं रहे। यह बात विरल है कि किसी व्यक्ति में श्रेष्ठ नाटककार और श्रेष्ठ रंगकर्मी दोनों के गुण विद्यमान हों। दूसरी ओर उपलब्ध आलेखों से निराश होकर अनेक रंगकर्मी स्वयं नाटक लिखने की ओर प्रवृत्त हुए हैं, या उन्होंने अपनी रुचि और आवश्यकता के अनुरूप रूपान्तर किए हैं। इससे हमें अच्छी प्रस्तुतियाँ तो मिल जाती हैं, लेकिन अच्छे नाटक कभी उपलब्ध नहीं होते।

इसके बाद मैं अपने पहले प्रश्न पर लौटता हूँ : मैं इस स्थिति में भी नाटक क्यों लिखना चाहता हूँ ?

सम्भवतः स्वयं के साथ प्रयोग करने की प्रक्रिया इसका कारण है। मैं अपने भीतर की इस प्रक्रिया के प्रति ही सचेत हूँ, लेकिन उसकी अन्तिम दिशा को लेकर नहीं। प्रारम्भिक बिन्दु पर तो नाटक लिखने की मेरी इच्छा वैसी ही होती है, जैसी कहानी या उपन्यास लिखने की। मैं अपने मस्तिष्क पर हावी वस्तुवृत्तों को छाँटकर चेतन स्तर पर निश्चित करता हूँ कि मैं उनमें से किस पर नाटक की रचना करूँगा। लेकिन क्या यह कार्य इतनी ही स्पष्टता से चेतन रूप में होता है ? कभी मैं अपने मन में चल रहे द्वन्द्व के प्रति सचेत होता हूँ, पर वह शायद ही कभी चेतन प्रयास से सुलझता हो ! इसलिए मुझे किसी अस्पष्ट धारणा के प्रति झुकना पड़ता है और मैं नाटक लिखने बैठ जाता हूँ, क्योंकि वह वस्तुवृत्त-विशेष मेरे मन में नाटक के रूप में ही उभरा है। यदि मैं उसे कहानी या उपन्यास का रूप देने का प्रयास करता हूँ, तो केवल असफलता हाथ लगती है। निश्चित रूप से यह किसी अन्य क्षेत्र में अपना सिक्का ज़माने की भावना नहीं है कि मैं नाटक लिखने की ओर प्रवृत्त होता हूँ। यदि ऐसा होता, तो इस क्षेत्र की विषमताएँ देखते हुए मैं इससे दूर ही रहता। मेरे दूसरे नाटक **लहरों के राजहंस** को लिखे और प्रकाशित हुए तीन वर्ष से भी अधिक हो गए, पर उसकी पहली गम्भीर प्रस्तुति केवल कुछ महीने पहले ही हुई है। यह परिणति मेरे हर नाटक की हो सकती है, या हो सकता है स्थिति इससे कुछ बेहतर या खराब हो। मेरे पहले नाटक **आषाढ़ का एक दिन** की स्थिति इससे कुछ बेहतर रही थी; लेकिन यहाँ यह चर्चा का विषय नहीं है।

मेरी सबसे बड़ी चिन्ता लिखने की इच्छा है, या इसे और स्पष्ट रूप से

कहूँ तो, नाटक लिखने से स्वयं को न रोक पाने की है। मेरे भीतर और बाहर के दबाव मुझे बाध्य करते हैं और विषम स्थिति के बावजूद मैं फिर से नाटक की रचना में लिप्त हो जाता हूँ। यह केवल लेखन का दबाव नहीं है, वरन् अपने आपमें नाटकीय प्रकृति से परिपूर्ण कुछ अभिव्यक्त और सम्प्रेषित करने का दबाव है, जो मेरे भीतर बिम्बों के रूप में उद्घाटित होता है, जिनके भीतर नाटक निहित होता है। एक नाटककार के रूप में मेरा कार्य उन्हें परिष्कृत करना नहीं है, वरन् उन्हें पुनः पकड़ना है, उनके इर्द-गिर्द कुछ बुनना नहीं है, वरन् उनका अपना परिदृश्य खोजना है। मैं स्वयं को इस 'कुछ' के होने में बहता हुआ पाता हूँ; यह 'कुछ' मेरे भीतर भी हो रहा है और मेरे बाहर भी; यह 'कुछ' एक दबाव है, एक द्वन्द्व है और है एक भयानक विडम्बना। हर क़दम पर यह मुझे नीचे गिराता है, और फिर मुझे खींचकर अपने पैरों पर खड़ा कर देता है—और इस प्रकार वह स्वयं के भीतर का अन्तर्विरोध भी प्रकट करता है और स्वयं को नकारता भी है। पर, यह महान 'कुछ' क्या है ? मुझे नहीं मालूम। वह हवा में है, युग में है, मुझमें है। मुझे मालूम है कि वह उपस्थित है, पर मैं इसे कोई नाम नहीं दे सकता। शायद मैं नाटक इसीलिए लिखना चाहता हूँ क्योंकि मैं इसे कोई नाम नहीं दे सकता।

इस सन्दर्भ में यह प्रश्न प्रासंगिक होगा कि मैं यह सब क्यों कह रहा हूँ जबकि मैंने अभी तक जो नाटक लिखे हैं, वे अर्द्ध-ऐतिहासिक चरित्रों और स्थितियों के इर्द-गिर्द बुने गए हैं ? यह प्रश्न इसलिए अप्रासंगिक नहीं होगा क्योंकि कुछ लोगों के लिए समसामयिक शब्द का अर्थ केवल घटनाओं और प्रतीकों के रूप में ही परिभाषित होता है, चेतना के सन्दर्भ में नहीं। पर मुझे इस बात की कोई जानकारी नहीं है कि मैंने ऐसा कुछ भी लिखा है, जो समसामयिक नहीं है क्योंकि अपने आप में इतिहास ने मुझे कभी रचनात्मक व्याख्या के लिए प्रेरित नहीं किया। इसलिए इस प्रश्न का उत्तर वे लोग दे सकते हैं, जो इस बात को समझते हैं कि रचनात्मक लेखन में समसामयिक शब्द का अर्थ वह नहीं है, जो पत्रकरिता में है। समसामयिकता यहाँ मन की स्थिति है जो इसके संकाय को एक विशेष दिशा में निर्देशित करती है ताकि वह युग की घटनाओं और प्रतीकों से उत्पन्न स्थितियों के सन्दर्भ में चीज़ों को देख और व्याख्यायित कर सके। चीज़ों या घटनाओं का यहाँ और अब होना समसामयिक नहीं होता, वरन् उन्हें देखने की दृष्टि समसामयिक होती है। इसलिए समसामयिकता की तलाश बाह्य-संरचना में नहीं, बल्कि कहीं

भीतर करनी होगी। जो व्यक्ति इस बात को समझने से इनकार करता है, उसे किसी आधुनिक चित्रकार द्वारा चित्रित खंडहर, पुरानी गढ़ी, वाराणसी के मन्दिर या यूनानी गिरजे के चित्रों को भी अस्वीकार करना होगा। पर ऐसे चित्रों को तो आज तक किसी ने ऐतिहासिक कहकर खारिज नहीं किया– इस अर्थ में कि वे आधुनिक नहीं हैं। फिर ऐसी साहित्यिक रचनाओं को ही ऐतिहासिक कहकर खारिज क्योंकर किया जा सकता है, यह मेरी समझ से बाहर है।

कोई कलाकृति केवल अपने विषय के कारण आधुनिक नहीं होती; यदि वह आधुनिक है तो विषय के निर्वाह के कारण। इस अर्थ में बाह्य-संरचना भी ऐतिहासिक या अर्द्ध ऐतिहासिक होने पर भी ऐतिहासिक या अर्द्ध ऐतिहासिक नहीं रहती। यदि उसे वही ट्रीटमेंट दिया जाए, जो अन्य बाह्य संरचनाओं को दिया गया है, तो उन्हीं की भाँति वह भी समसामयिक हो जाती है। सम्प्रेषित अर्थ के कारण ऐसा होता है। इसका अर्थ है, यदि उसमें सम्प्रेषित करने के लिए अर्थ हैं। जहाँ तक ऐतिहासिक या अर्द्ध ऐतिहासिक पृष्ठभूमि पर लिखे नाटकों का प्रश्न है, तो उनसे असमंजस की स्थिति इसलिए उत्पन्न होती है क्योंकि उपलब्ध नाटकों में से कई नाटकों में कोई अर्थ है ही नहीं। वे संवाद-शैली में लिखे गए पाठ भर हैं; और वह भी आस्वादहीन। हिन्दी में सेठ गोविन्ददास के नाटकों को इसके उदाहरण के रूप में रखा जा सकता है। लेकिन अनेक नाटक ऐसे भी हैं, जो तथाकथित आधुनिक विषयों पर लिखे गए हैं, और जिनमें समसामयिक दृष्टि का नितान्त अभाव है, जो वैसे ही आदिम और पुराकालीन लगते हैं, जैसे वे जीवाश्म, जिनकी खोज अभी बाकी है। जिस प्रकार उन नाटकों को कभी-कभी आधुनिक और समसामयिक के रूप में प्रस्तुत किया जाता है, हम उस पर केवल आश्चर्य ही कर सकते हैं।

यह तर्क फिर भी दिया जा सकता है कि कोई लेखक समसामयिक जीवन की व्याख्या के लिए ऐतिहासिक अथवा अर्द्ध-ऐतिहासिक पृष्ठभूमि का चुनाव ही क्यों करे ? वह समसामयिक जीवन की अभिव्यक्ति के लिए उसी की पृष्ठभूमि का चुनाव क्यों न करे ? मैं इस तर्क की शक्ति से परिचित हूँ और इतना कह सकता हूँ कि इस विषय में मेरा कोई पूर्वग्रह नहीं है। मैं समसामयिक पृष्ठभूमि को लेकर नाटक लिखना चाहता हूँ, लेकिन मैं इस बिन्दु पर बल देना चाहता हूँ कि पृष्ठभूमि अपने-आपमें कोई आधार नहीं है।

कुछ और प्रश्न भी हैं। मैं व्यंग्य क्यों नहीं लिखता, जबकि आधुनिक युग की जटिलताओं की अभिव्यक्ति का सबसे सशक्त माध्यम व्यंग्य है ? मैं राजनीतिक विषयों पर क्यों नहीं लिखता, या आज के ज्वलन्त प्रश्नों पर क्यों नहीं लिखता ! मैं शास्त्रीय शैली को लेकर प्रयोग क्यों नहीं करता या शास्त्रीय परम्परा के पुनरुत्थान के लिए प्रयत्न क्यों नहीं करता ? मैं कोई संरचना-विशेष की दृष्टि को अस्वीकार करके कोई और संरचना-दृष्टि क्यों नहीं अपनाता ? मैं ब्रेष्ट की शैली का अनुसरण क्यों नहीं करता और अपने नाटकों में गीतों और नृत्यों का समावेश क्यों नहीं करता ? मैं कुछ ऐसा क्यों नहीं लिखता, जो लोकोन्मुख हो ? मैं अ-नाटक क्यों नहीं लिखता; एब्सर्ड नाटक क्यों नहीं लिखता ? मैं यह क्यों नहीं लिखता, या वह क्यों नहीं लिखता ?

मुझे नहीं लगता है कि मैं इन प्रश्नों के उत्तर दे सकता हूँ क्योंकि ये प्रश्न हैं ही नहीं, केवल पढ़े-लिखे लोगों की चतुर, चटपटी चर्चाएँ हैं। मैं किसी और की तरह न तो लिख सकता हूँ, और न लिखने का प्रयास कर सकता हूँ क्योंकि मैं कोई और हूँ नहीं। मैं एक विशेष प्रकार से लिखता हूँ क्योंकि मुझे उस प्रकार लिखना सुविधाजनक लगता है। जिस प्रयोग का उत्स अपने भीतर न हो, जो अपनी लेखनशैली से संगति न बिठा सके, वह अकादमिक गड्ड-मड्ड के सिवा कुछ नहीं। जब आप उस जंगल की ख़ाक छानते हैं, जो आपको सम्मोहित करता है और आप जंगल की तलाश के लिए विधि भी वह अपनाते हैं, जो आपकी कल्पना को उत्प्रेरित करती है, तभी आप जंगल का आनन्द ले सकते हैं। भले ही फिर आप बहुत दूर तक जाने की बजाय आस-पास तक ही सीमित रहें। लेकिन उतने से ही आपको तलाश का सुख मिल जाता है। अन्यथा तो आप कितनी ही दूर तक ख़ाक छान आएँ, आपकी स्थिति मज़दूर से बेहतर नहीं होती।

लेकिन व्यावहारिक रंगमंच में भागीदारी न होने और उससे दूरी होने के बावजूद क्या लेखक अपने आप नई जमीन की तलाश में जुटता है ? हाँ, वह उस तलाश में अवश्य जुटता है, लेकिन हमारे आस-पास जो रचनाएँ हैं, उनमें इसका कोई प्रमाण नहीं मिलता। आद्य रंगाचार्य के **सुनो जनमेजय** जैसे कुछ-कुछ नाटकों को छोड़ दें, तो लगभग सभी भारतीय भाषाओं की स्थिति बहुत खराब दिखाई देती है। सम्भवतः इसी कारण समृद्ध और लम्बी परम्परावाला बंगाली रंगमंच भी शेष सभी पक्षों में तो विकास का प्रमाण

प्रस्तुत करता है लेकिन आलेख के क्षेत्र में नहीं—हाँ, रूपान्तरों की बात अलग है। इसका अर्थ यह है कि किसी भी भारतीय भाषा में ईमानदारी और प्रयोग-चेतना के साथ नाट्य-रचना नहीं हो रही, जिससे कोई महान परिणाम निकल सके। हिन्दी में भी वही निराशाजनक स्थिति है, जो अन्य भाषाओं में है; यह शायद इसलिए भी है कि कुछ अच्छे रंगकर्मियों के सामने आने से हिन्दी नाटकों की माँग बढ़ी है; लेकिन इस स्थिति का परिणाम यह हुआ है कि अधिकांशतः नाट्य-लेखन के नाम पर या तो कलम घिसाई को प्रश्रय मिला है या फिर गम्भीर लेखन के नाम पर अधकचरा लेखन हुआ है। हमारे सामने कतिपय ऐसे नाटककार ही उभरे हैं, जो अपने लिखित और प्रकाशित नाटकों की संख्या से हमें अपनी तलाश की प्रकृति और जोश की भावना से आश्वस्त कराना चाहते हैं। कुछ ऐसे भी हैं, जो अपना मूल्यांकन इस तथ्य से करते हैं कि उनके नाटक को कितने ठहाके मिले। बहुत कम ऐसे लेखक हैं, जिनके सामने वास्तविक और निश्चित लक्ष्य है, लेकिन ऐसे लेखकों ने बहुत कम संख्या में नाटक लिखे हैं। जगदीश चन्द्र माथुर और धर्मवीर 'भारती' ऐसे ही दो लेखक हैं। लेकिन मेरी स्वयं को लेकर भी निराशा कम महत्त्वपूर्ण नहीं है।

हमारे प्रयासों की जो भी खूबियाँ या कमियाँ हों, मुझे लगता है कि हमने खोज के सही मार्ग पर अभी तक गम्भीरता से कदम नहीं रखा है—खोज भारतीय जीवन की, खोज उस नाटक की जो भारतीय होगा—कोई ऐसी चीज़ नहीं, जो कहीं और लिखी या खेले जा रहे की छाया भर हो, वरन् हमारे आस-पास के जीवन का प्रतिबिम्ब—इस हुजूम और इसकी विशाल लहर का प्रतिबिम्ब; उस शक्ति का जिसके हम स्वयं अंश हैं और जिसके साथ हमारा दैनिक जीवन में रोज़ सामना होता है; कुछ ऐसा जो अकादमिक नहीं, वास्तव में रचनात्मक हो, कुछ ऐसा जो वास्तव में नया, महत्त्वपूर्ण और अलग हो।

परन्तु उसकी शुरुआत आसान नहीं है। मैं विषमताओं की बात पहले ही कर चुका हूँ। अपने विषय में बात करूँ, तो कहना होगा कि मैंने जब-जब व्यावहारिक रंगमंच से जुड़ने की कोशिश की है, तब-तब मैंने स्वयं को घुसपैठिया महसूस किया है या आदरणीय अतिथि। दोनों ही स्थितियों में बाहर का व्यक्ति रहा हूँ। कभी-कभी मैं सोचता हूँ कि काश कोई ऐसा मार्ग होता जिस पर मैं बिना उपस्थित हुए रचनाशील-रंगमंच में झाँककर देख सकता—विशेष रूप से तब, जब मेरे ही नाटक खेले जाने हों। इसलिए मुझे

अपने आस-पास के जीवन में झाँककर ही सन्तोष करना पड़ता है। यह आकांक्षा तो सुगमता से पूर्ण हो जाती है। नाट्य-लेखन जैसी गतिविधि के लिए इसका भी कम महत्त्व नहीं है। इस स्थिति में मैं यहाँ कोई सिद्धान्त निर्मित नहीं कर रहा। मैं सिद्धान्तकार हूँ भी नहीं और न कभी होऊँगा। मैं यह बात केवल इसलिए कह रहा हूँ कि मैं अपने और दूसरों के भीतर की बेचैनी एक विशेष प्रकार की जिज्ञासा और उसके साथ जुड़ी दीवार से टकराने का जज़्बा और उस टकराहट से ईंटों को छितराते हुए देखने की वांछा—के प्रति सचेत हूँ। मैं इस बात के प्रति भी सचेत हूँ कि यह दृष्टि बनाने की नहीं, तोड़ने की है। लेकिन तोड़ना भी तो बनाने की तरह ही महत्त्वपूर्ण है; और कभी-कभी जो बन रहा हो, उसकी पूर्वपीठिका भी।

लहरों के राजहंस : भूमिका

आषाढ़ का एक दिन के बाद यह मेरा दूसरा नाटक है।

पहले नाटक के विषय में कई तरह के विवाद उठे; उसकी ऐतिहासिक प्रामाणिकता को लेकर, रंगमंचीय सम्भावनाओं को लेकर और सबसे अधिक कालिदास के चरित्र को लेकर। रंगमंचीय सम्भावनाओं को लेकर जो आशंकाएँ थीं, उनका उत्तर काफ़ी हद तक अब तक दिया जा चुका है। दिल्ली, कलकत्ता, लखनऊ, इलाहाबाद, नागपुर, कानपुर, ग्वालियर तथा कई अन्य स्थानों पर उसे सफलतापूर्वक खेला गया है। अलकाजी-जैसे निर्देशक तथा अनामिका-जैसी संस्था ने उसे लेकर सर्वथा अलग-अलग दृष्टियों से प्रयोग किए हैं। आकाशवाणी के विभिन्न केन्द्रों से सभी भारतीय भाषाओं में उसे प्रसारित किया गया है।

कालिदास के चरित्र को लेकर जो आपत्तियाँ उठाई गईं, वे कुछ लोगों के पूर्वाग्रह को ही व्यक्त करती हैं। शोधकों का एक वर्ग है जिसने कालिदास और मातृगुप्त को एक ही व्यक्ति माना है। इसी आधार पर प्रसाद ने 'स्कन्दगुप्त' में कालिदास के चरित्र की कल्पना की है। एक ऐसा भी वर्ग है जो इसकी प्रामाणिकता में विश्वास नहीं करता, परन्तु कालिदास के जीवन के सम्बन्ध में कितने प्रामाणिक तथ्य आज तक हमें उपलब्ध हैं ? जितनी सामग्री है, वह एक-एक अनुमान पर ही आधारित है। कुछ लोगों को अपने अनुमान अधिक प्रामाणिक लगें, यह बात दूसरी है।

एक आलोचक ने लिखा था कि 'कालिदास-जैसे व्रती तपस्वी महात्मा' को नाटक में एक दुर्बल व्यक्ति के रूप में चित्रित किया गया है। मुझे आश्चर्य इसलिए हुआ कि वे आलोचक संस्कृत के अच्छे पंडित हैं। **अभिज्ञान शाकुन्तलम, कुमारसम्भव** तथा **मेघदूत** पढ़कर यदि कालिदास का ऐसा ही चरित्र उनके मन में बनता है, तो क्या कहा जा सकता है ? रूढ़िगत संस्कार

ही जहाँ व्यक्ति का विवेक बन जाएँ, वहाँ और आशा करना व्यर्थ है। हमारे यहाँ परम्परा ही कुछ ऐसी है कि हम अपने जातीय प्रतीकों को सदा अतिमानवीय धरातल पर रखकर देखना चाहते हैं। उनमें मानवीयता का निदर्शन हमें चोट पहुँचाता है। इसका मुख्य कारण शायद यही है कि हमें स्वयं अपनी मानवीयता में विश्वास नहीं है, अपने यथार्थ में आस्था नहीं है। क्योंकि अपने से कुछ आशा नहीं होती, इसलिए यह बात असम्भव प्रतीत होती है कि मानवीय धरातल पर रहकर भी जीवन में कुछ महान् किया जा सकता है। केवल उसी धरातल पर रहकर किया जा सकता है, यह तो शायद सुनने में भी बहुत भारी पड़े।

आषाढ़ का एक दिन में **कालिदास** का जैसा भी **चरित्र है,** वह उसकी रचनाओं में समाहित उसके व्यक्तित्व से बहुत हटकर नहीं है; हाँ, आधुनिक प्रतीक की निर्वाह की दृष्टि से उसमें थोड़ा परिवर्तन अवश्य किया गया है। यह इसलिए कि कालिदास मेरे लिए एक व्यक्ति नहीं, हमारी सृजनात्मक शक्तियों का प्रतीक है, नाटक में वह प्रतीक उस अन्तर्द्वन्द्व को संकेतित करने के लिए है जो किसी भी काल में सृजनशील प्रतिभा को आन्दोलित करता है। व्यक्ति कालिदास को उस अन्तर्द्वन्द्व में से गुजरना पड़ा या नहीं, यह बात गौण है। मुख्य बात यह है कि हर काल में बहुतों को उसमें से गुज़रना पड़ा है, हम भी आज उसमें से गुजर रहे हैं। हो सकता है व्यक्ति कालिदास का यह नाम भी वास्तविक न हो, पर हमारी आज तक की सृजनात्मक प्रतिभा के लिए इससे अच्छा दूसरा नाम, दूसरा संकेत, मुझे नहीं मिला।

आषाढ़ का एक दिन का कालिदास दुर्बल नहीं है; कोमल, अस्थिर और अन्तर्द्वन्द्व से पीड़ित है। विलोम जो अपेक्षया सबल प्रतीत होता है, दुराग्रह की आक्रामक शक्तियों को संकेतित करता है। वह व्यक्ति अपने अन्तर्द्वन्द्व को खो चुका है, इसलिए अपेक्षया अधिक संयोजित है। आशा और आस्था से हताश और अनास्था का स्वर प्रकट रूप से अधिक बलवान होता है; अपनी स्थापना के लिए उसकी आन्तरिक अपेक्षा ही ऐसी होती है। आशा और आस्था की शक्तियाँ अपनी कोमलता में निर्बल प्रतीत हों, फिर भी कथ्य यही है कि बर्बर शक्तियों के हाथों से पराजित नहीं होतीं 'आषाढ़ का एक दिन' में पराजित व्यक्ति टूटा हुआ कालिदास नहीं, अपने में संयोजित विलोम है—क्योंकि विजय और पराजय के संकेत वे दोनों स्वयं नहीं हैं; संकेत है मल्लिका जो कालिदास की आस्था का विस्तारित रूप है। मल्लिका चरित्र

एक प्रेयसी और प्रेरणा का ही नहीं, भूमि में रोपित उस स्थिर आस्था का भी है जो ऊपर से झुलसकर भी अपने मूल में विरोपित नहीं होती।

इतिहास या ऐतिहासिक व्यक्तित्व का आश्रय साहित्य को इतिहास नहीं बना देता। इतिहास तथ्यों का संकलन करता है, उन्हें एक समय तालिका में प्रस्तुत करता है। साहित्य का ऐसा उद्देश्य कभी नहीं रहा। इतिहास के रिक्त कोष्ठों की पूर्ति करना भी साहित्य का उपलब्धि-क्षेत्र नहीं है। साहित्य इतिहास के समय से बँधता नहीं, समय में इतिहास का विस्तार करता है; युग से युग को अलग नहीं करता, कई-कई युगों को एक साथ जोड़ देता है। इस तरह इतिहास के 'आज' और 'कल' उसके लिए 'आज' और 'कल' नहीं रह जाते, समय की असीमता में कुछ ऐसे जुड़े हुए क्षण बन जाते हैं जो जीवन को दिशा-संकेत देने की दृष्टि से अविभाज्य हैं। इस तरह साहित्य में इतिहास अपनी यथातथ्य घटनाओं में व्यक्त नहीं होता; घटनाओं को जोड़नेवाली ऐसी कल्पनाओं में व्यक्त होता है जो अपने ही एक नए और अलग रूप में इतिहास का निर्माण करती हैं। यह निर्माण रूढ़िगत अर्थ में इतिहास नहीं है। उस इतिहास की खोज के लिए इतिहास की शोध-पुस्तकों की ओर ही जाना चाहिए।

प्रस्तुत नाटक का आधार भी ऐतिहासिक है, परन्तु उतने ही अर्थ में जितना इस व्याख्या में आता है। कथा का आधार अश्वघोष का 'सौन्दरनन्द' काव्य है, परन्तु समय के विस्तार में स्थितियों का परिक्षेपण करने के कारण यह काल्पनिक अश्वघोष का सौन्दरनन्द भी है, क्योंकि संस्कृत तथा पालि साहित्य में जो कथा उपलब्ध थी, उसका अश्वघोष ने अपनी दृष्टि से परिक्षेपण किया है, एक काल्पनिक अन्विति से उसे विस्तार दिया है। 'धम्मपद' की टीका में नन्द और सुन्दरी की जो कथा है, 'सौन्दरनन्द' की कथा प्रभाव और विस्तार में उससे कहीं आगे जाती है। 'सौन्दरनन्द' में नन्द और सुन्दरी के जीवन के जो तथ्य हैं, उनके जीवन के सीमित ऐतिहासिक तथ्यों से वे कहीं भिन्न हैं; शोधग्रन्थों के 'प्रामाणिक' तथ्य तो उनके सम्बन्ध में उपलब्ध ही नहीं हैं। संस्कृत तथा प्राकृत स्रोतों की कथा में ही बहुत अन्तर है। जो स्वतन्त्रता 'सौन्दरनन्द' के लेखक 'सौन्दरनन्द' के तथ्यों से आगे जाने में लेता है, तो पुराणसर्वस्व व्यक्तियों को चौंकना नहीं चाहिए। तथ्यों के इतिहास का सन्तोष उन्हें दूसरी जगह मिल सकता है; उसकी उन्हें यहाँ खोज नहीं करनी चाहिए। यहाँ नन्द और सुन्दरी की कथा एक आश्रय-मात्र है,

क्योंकि मुझे लगा कि इसे समय में परिक्षेपित किया जा सकता है। नाटक का मूल अन्तर्द्वन्द्व उस अर्थ में यहाँ भी आधुनिक है जिस अर्थ में 'आषाढ़ का एक दिन' के अन्तर्गत है। रंगमंच पर नाटक कैसा उतरेगा, यह अभी कैसे कहा जा सकता है ? 'आषाढ़ का एक दिन' की तरह प्रकाशन से पहले उस दृष्टि से इसकी भी परीक्षा नहीं की जा सकी। आशा करना चाहता हूँ कि उस प्रयोग की तरह यह प्रयोग भी अपनी स्थापना कर सकेगा।

हाँ, दिल्ली के तथाकथित 'हिन्दी रंगमंच' (वस्तुतः अंग्रेजी-पंजाबी रंगमंच') की अपेक्षाओं की पूर्ति इससे न हो, तो मैं अपने को दोषी नहीं मानूँगा। ऐसे किसी रहस्य का बीज इस नाटक में नहीं है जो तीसरे अंक के अन्त में जाकर खुलता हो। दिल्ली के कुछ एक स्वनामधन्य निर्देशकों के मन में नाटक की जो कल्पना है, उसकी पूर्ति उन्नीसवीं शताब्दी के यूरोपीय नाटकों से ही हो सकती है। जो थोड़े और आधुनिक हैं, आर्थर मिलर और टेनेसी विलियम्ज के नाटकों से। संस्कृत क्लासिक्स से भी कभी-कभी उनका काम चल सकता है, जबकि उनके अंग्रेजी अनुवाद का उर्दू में अनुवाद करनेवाले लोग मिल जाएँ और उर्दू अनुवाद का कोई रेडियो आर्टिस्ट 'स्टेज एडाप्टेशन' तैयार कर दे। इसके अलावा कुछ 'शैडो प्लेज़' वे खुद भी लिख सकते हैं।...

वह कुछ और...

(बीस वर्षों के विस्तार में एक नाटक की रचना-प्रक्रिया)

बहुत पहले से एक बिम्ब मन में था। दो दीपाधार। एक ऊँचा, शिखर पर पुरुष-मूर्ति—बाँहें फैली हुईं तथा आँखें आकाश की ओर उठी हुईं। दूसरा छोटा, शिखर पर नारी-मूर्ति—बाँहें सिमटी हुईं तथा आँखें धरती की ओर झुकी हुईं।

पहले-पहल शायद अश्वघोष का सौन्दरनन्द पढ़ते हुए यह बिम्ब मन में बनने लगा था। क्यों और कैसे, यह कह सकना असम्भव है। उस काव्य का अपना बिम्ब तरंगों पर तैरते राजहंस का है, या **अनिश्चय में उठे-रुके एक पैर का।** परन्तु मेरे लिए वह सब धुँधला दृश्य था। स्पष्ट थे दो दीपाधार जो सौन्दरनन्द में नहीं थे।

पिछले बीस वर्षों में न जाने कितनी बार और कितनी तरह से मैंने इन दीपाधारों के बीच के धुँधले दृश्य को बदलते देखा है। हर बार एक दृश्य एक नए दृश्य का आभास देकर, फीका पड़ जाता रहा है। आज तक और किसी रचना को लेकर मेरे साथ ऐसा नहीं हुआ। परिवर्तन और रचनाओं में भी मैंने किए हैं, परन्तु मूल रूप के बहुत निकट रहकर—लगभग उसी के हाशिए पर। हाल ही में **आषाढ़ का एक दिन** के पाठ को भी जहाँ-तहाँ से थोड़ा छुआ है। परन्तु **लहरों के राजहंस** के साथ ऐसा नहीं है। इसके बार-बार लिखे और बदले जाने की प्रक्रिया कुछ इतनी लम्बी है कि उसकी चर्चा करते भी संकोच होता है।

अपने रूप में यह नाटक नहीं, एक कहानी थी। कहानी मैंने सन् छियालीस या सैंतालीस में लिखी थी। एक परीक्षा-कॉपी के भूरे पन्नों पर घसीटी गई वह कहानी अब तक गुम हो गई है या जलाने और फाड़ने से बचे ढेरों

कागजों में आज भी कहीं सुरक्षित है, कह नहीं सकता। प्रस्तुत नाटक के चार पात्र—नन्द, सुन्दरी, अलका और मैत्रेय—उस कहानी में भी थे। 'नारी का आकर्षण पुरुष को पुरुष बनाता है, तो उसका अपकर्षण उसे गौतम बुद्ध बना देता है'—सुन्दरी का यह वाक्य भी उस कहानी में से ही है। परन्तु लिख लेने के बाद वह कहानी मुझे बहुत अधूरी लगती रही। मैंने उसे कहीं प्रकाशनार्थ नहीं भेजा। इसका एक कारण शायद यह भी था कि कहानी के पात्र और परिस्थितियाँ सामान्य अर्थ में 'ऐतिहासिक' थीं, और ऐतिहासिक सन्दर्भ की रचनाओं के प्रति मेरे मन में वैसे ही एक चिढ़ रही है। उस तरह के सन्दर्भ को लेकर तब तक एक ही और चीज़ मैंने लिखी थी—**कलिंग-विजय** शीर्षक एकांकी जिसका प्रकाशन **सरस्वती** के सन् पैंतालीस (?) के किसी अंक में हुआ था। परन्तु नाटक में वह सन्दर्भ उतना अस्वाभाविक नहीं लगता जितना कहानी में।

सन् सैंतालीस और उनचास के बीच दो साल मैं बम्बई में था। उन दिनों **कलिंग-विजय** का वहाँ रेडियो से प्रसारण हुआ। तब इस कहानी को भी मैंने एक रेडियो-नाटक के रूप में लिख डाला। शीर्षक था, **सुन्दरी।** मुझे याद है मैंने वह नाटक एक ईरानी होटल में चाय पीते हुए वहाँ के शोरोगुल के बीच सुना था। जो कुछ वहाँ सुनाई दिया, उसमें नाटक कम और 'ध्वनि-प्रभाव' ही ज्यादा था। सुनने के बाद कई दिन मन में उदासी रही कि क्यों मैंने वह नाटक उस रूप में लिखकर प्रसारण के लिए दे दिया। बाद में यह सोचकर उससे छुट्टी पा गया कि चलो किसी को पता तो है नहीं, मैं भी यह भूलकर रह सकता हूँ कि मैंने उस रूप में उसे लिखा था।

इसके बाद सात-आठ साल और निकल गए। मैं उन दिनों जालन्धर में था। जालन्धर रेडियो के लिए कई एक नाटक लिखे थे जिनमें से अधिकांश रमेश पाल ने वहाँ से प्रस्तुत किए थे। एक बार बात होने पर रमेश पाल को बहुत उत्साहित पाकर यह नाटक भी उन दिनों फिर से लिख डाला। शीर्षक था, **रात बीतने तक।** परिकल्पना इस बार एक रंग-नाटक की थी, परन्तु रेडियो-शिल्प की दृष्टि से उसमें अपेक्षित परिवर्तन कर दिए थे। नाटक के प्रसारण से पहले रमेश पाल के मन में जितना उत्साह था, वह प्रसारण के बाद और बढ़ गया। यहाँ तक कि जालन्धर से जाने के बाद भी उसने राँची, लखनऊ तथा अन्य स्टेशनों से कई बार इसे प्रस्तुत किया। परन्तु मैं रमेश के उत्साह का सहभागी नहीं बन सका। मुझे हर बार सुनने पर लगा

कि नाटक में चरित्रों का वह सन्तुलन नहीं है जो कि होना चाहिए था। संवादों में भी अपेक्षित से अतिरिक्त कुछ था जो मुझे खटकता था, हालाँकि रमेश को उस 'अतिरिक्त कुछ' का ही अधिक मोह था। उसका आन्तरिक संस्कार जिसे नाटक की सबसे बड़ी सफलता मानता था, वही मेरी दृष्टि में नाटक की सबसे बड़ी दुर्बलता थी। नाटक का निश्चित अन्त—नन्द का बौद्ध धर्म स्वीकार करके भिक्षा के लिए अपने घर के द्वार पर आना—मुझे एक आरोप सा लगता था। नन्द की यह परिणति अधिक 'ऐतिहासिक' और सौन्दरनन्द के अधिक अनुकूल थी, परन्तु मुझे लगता था कि मैंने नन्द को अपने लिए अवकाश न देकर पहले से तैयार किए गए एक साँचे में ढाल दिया है। इस विषय में रमेश पाल का मुझसे जो मतभेद उन दिनों था, वह आज भी है। उसकी अब भी यह धारणा है कि बाद में नए रूप में लिखकर मैंने नाटक के साथ अन्याय किया है। जो बात रात बीतने तक में थी, वह इसमें नहीं है, सन् तिरसठ में **लहरों के राजहंस** का प्रकाशन होने पर उसने कहा था। नाटक को आज के रूप में पढ़कर उसकी क्या प्रतिक्रिया होगी, मैं नहीं कह सकता।

रमेश की अब तक जो प्रतिक्रिया रही है, उसका कारण समझ में आता है। एक रचना के साथ हर पाठक की अपनी ही एकात्मकता स्थापित होती है, इसलिए उसमें किसी तरह का परिवर्तन कर दिए जाने से उसे लग सकता है कि उसकी अपनी किसी चीज़ को विकृत कर दिया गया है। एक नाट्य-कृति के साथ उसके परिचालक का सम्बन्ध और गहरा होता है, इसलिए वहाँ यह अनुभूति और तीव्र हो सकती है। **रात बीतने तक** रमेश पाल का प्रिय नाटक रहा है—उसका **लहरों के राजहंस** के रूप में ढल जाना उसे स्वीकार्य नहीं हुआ, इसमें मुझे आश्चर्य नहीं है। एक और स्तर पर यही स्थिति **लहरों के राजहंस** के उन पाठकों की रही है जिन्हें बाद में तीसरे अंक में किए गए परिवर्तन स्वीकार्य नहीं लगे। उनकी उलझन का अनुमान मैं लगा सकता हूँ, परन्तु अपनी जिस उलझन के कारण मैंने बार-बार इसमें परिवर्तन किए हैं, उसका ठीक-ठीक अनुमान उन्हें नहीं है।

सन् तिरसठ में यह नाटक जिस रूप में प्रकाशित हुआ, उसका लिखना **आषाढ़ का एक दिन** से पहले शुरू किया जा चुका था। तब तक अपने मन की एक बाधा पर मैंने काबू पा लिया था। अपने वर्तमान की संगति में ऐतिहासिक सन्दर्भ का किस रूप में उपयोग किया जा सकता है, यह बात

तब तक मन में स्पष्ट होने लगी थी—विशेष रूप से इन दो कथानकों को लेकर जो बहुत दिनों से 'आषाढ़स्य प्रथम दिवसे' तथा 'तरंस्तरंगेष्विव राजहंसः' इन दो पंक्तियों के रूप में मन में थे। **आषाढ़ का एक दिन** सन् अट्ठावन के मार्च-अप्रैल के महीनों में लिखा गया था। **लहरों के राजहंस** को पहले पूरा नहीं किया, क्योंकि पहले के हर प्रयत्न से असन्तुष्ट रहने के कारण लगा कि फिर से इसी में जुटने से बेहतर होगा दूसरे नाटक को पहले लिख लेना। **आषाढ़ का एक दिन** के भी तीन चरित्र पहले से मन में स्पष्ट थे। **मेघदूत** पढ़ते हुए मुझे लगा करता था कि वह कहानी निर्वासित यक्ष की उतनी नहीं है जितनी स्वयं अपने आत्मा से निर्वासित उस कवि की, जिसने अपनी ही एक अपराध-अनुभूति को इस परिकल्पना में ढाल दिया है। उस अपराध-अनुभूति के सम्बन्ध में सोचते हुए जो तीन चरित्र में मुझे मिले, वे थे मल्लिका, अम्बिका और विलोम। कालिदास का चरित्र तो केन्द्र में था ही। इनके अतिरिक्त शेष सब पूरक चरित्र हैं जिनकी सृष्टि नाटक लिखते समय हुई है। जून अट्ठावन में **आषाढ़ का एक दिन** प्रकाशित हुआ। प्रकाशन के साथ ही उसके सम्बन्ध में जो प्रतिक्रियाएँ प्राप्त हुईं, उन्होंने जहाँ और नाटक लिखने को आत्म-विश्वास मुझे दिया, वहाँ पहले से आरम्भ किए इस नाटक को लेकर मन में एक कुंठा भी भर दी। मैं दो वर्ष तक इसे लिखना चाहकर भी आज से कल पर टालता रहा।

इसके बाद सन् साठ और इकसठ में यह नाटक दो बार अधूरा लिखा गया। पहली बार रायसन (कुल्लू) में और दूसरी बार गुलमर्ग में। दोनों बार अपनी व्यक्तिगत परिस्थितियों के दबाव के कारण मैं इसे पूरा नहीं कर पाया। मेरे साथ यह एक निजी कठिनाई है कि किसी भी रचना को एक बार अधूरा छोड़कर मैं बाद में उसे वहाँ से आगे नहीं लिख पाता—यदि समय का अन्तराल दो-चार दिन से अधिक का हो, तो अगली बार मुझे फिर से नए सिरे से शुरू करना पड़ता है। और भी कई रचनाओं के साथ ऐसा हुआ है, इस नाटक के साथ तो विशेष रूप से होता रहा है। सन् बासठ के आरम्भ में यदि सारिका का सम्पादन-कार्य हाथ में न लेता, तो एक बार फिर इसे पूरा करने का प्रयत्न करता। परन्तु वह पूरा साल नौकरी में निकल गया और इसे फिर से उठाया सन् तिरसठ के अप्रैल महीने में—नौकरी छोड़ने के कुछ

दिन बाद।

जिस रूप में नाटक प्रकाशित हुआ, उस रूप में यह दो अप्रैल से बारह अप्रैल के बीच कुल ग्यारह दिनों में लिखा गया था। कुफ़्री में। लिखने के साथ-साथ दस-दस पन्ने मुद्रण के लिए दिल्ली भेजता रहा था। यह प्रक्रिया इसलिए अपनाई थी कि एक बार लिख लेने के बाद अपने को फिर से सोचने का मौका नहीं देना चाहता था। तेरह तारीख को मुझे वापस दिल्ली पहुँचना था, क्योंकि उस दिन से कमलेश्वर को **नई कहानियाँ** का सम्पादन-कार्य सँभालना था और उसका आग्रह था कि लिंक हाउस में होनेवाले उस दिन के आयोजन में मैं अवश्य उपस्थित रहूँ। कमलेश्वर के **नई कहानियाँ** का कार्य सँभालने का निर्णय मेरे शिमला पहुँचने के बाद वहीं ओमप्रकाश और कमलेश्वर के साथ-साथ आने पर हुआ था। एक रेस्तराँ में दोपहर का खाना खाते हुए अचानक उससे पहले दिल्ली में कमलेश्वर इनकार कर चुका था, इसलिए चलते समय यह स्थिति सामने नहीं थी। इसके बाद ही मैं कुफ़्री गया था हालाँकि शिमला में पन्द्रह रोज पहले से था। मुझे विश्वास था कि मैं ग्यारह-बारह दिनों में नाटक का काम पूरा कर लूँगा—छः-सात दिन चाहिए थे पहले के लिखे अढ़ाई अंकों को फिर से लिखने के लिए और चार-पाँच दिन शेष अंश पूरा करने के लिए।

हिमाचल गवर्नमेंट विंटर स्पोर्ट्र्स क्लब, कुफ़्री। एक बैरा, एक खानसामा, एक जमादार और मैं। मैं क्लब के तीन नम्बर कमरे में था, शेष दोनों कमरे खाली थे। बर्फ काफ़ी पिघल चुकी थी, इसलिए शीइंग का सीजन कुछ जल्दी समाप्त हो गया था। इक्का-दुक्का लोग सिर्फ घूमने के लिए शिमला से आते थे और बाहर रेस्तराँ में कॉफी-बियर पीकर लौट जाते थे। सारे क्लब में सिर्फ एक ही इनडोर गेम उस समय चल रहा था और खेलनेवाला था अकेला मैं। सुबह उठते ही कागजों की बिसात बिछ जाती थी और मैं नन्द तथा सुन्दरी को उनकी कल की स्थिति से आगे बढ़ाने की चिन्ता में डूब जाता था। इन दोनों के अलावा एक ही गोट और थी जो मुझे परेशान करती थी—श्यामांग। नन्द और सुन्दरी की दिशा और परिधि तो कम-से-कम स्पष्ट थी, इस गोट के लिए तो जैसे खेल के नियम ही अभी निर्धारित होने रहते थे। पहले अंक से उसे हटाने का प्रत्यन किया, तो हटा नहीं सका। दूसरे अंक

में उसके लिए स्थान बनाना चाहा, तो वह भी नहीं बना सका। एक दोपहर अपने प्रयत्न से थककर तिब्बत रोड पर दूर तक घूमने निकल गया। कचर-कचर कच्ची बरफ और उसे काटते ट्रकों और बसों के पहिए। कभी एकाध जीप। गाँव के लोग—चलते हुए भी स्थिर से नजर आते। कभी किसी की आँखों में हल्की उत्सुकता, अन्यथा वह भी नहीं। रास्ते की मैली बरफ़ में धूप के झिलमिल रंग और ठंडी हवा। घाटी और पहाड़ी उजली बरफ पर कई दिन पहले की शीइंग के फैले-फैले निशान। छतनार देवदार और बरफ में से झाँकती एक स्याह ठूँठ टहनी। आसपास की सारी हरी-भूरी सफेद व्यवस्था से अलग, उस सारे परिदृश्य में बाधा डालती, फिर भी उस परिदृश्य की सम्पूर्णता के लिए अनिवार्य। एक हल्की सी चेष्टा से उसे वहाँ से उखाड़ा जा सकता था, परन्तु...।

मैं क्लब की तरफ लौटा, तो भी दिन अभी काफ़ी बाकी था। लौटते हुए कई जगह रुककर उस पीछे छूटी टहनी को अलग-अलग कोणों से देखा। हर कोण से वह उतनी ही असंगत लगी, फिर भी उतनी ही अनिवार्य। सड़क का वह मोड़ मुड़ आने पर भी, जहाँ से कि वह दिखाई नहीं दे सकती थी, उसका आभास मन में बना रहा। लगता रहा कि आगे का वह सारा परिदृश्य भी, जिसमें कि वह नहीं है, उस आभास के कारण ही पूरा है। क्लब में लौटकर मैं सीधा अपनी लिखने की चौकी पर नहीं गया। काफ़ी देर बाहर रेस्तराँ में बैठा रहा। शिमला से आए कुछ अजनबियों के साथ बात करता रहा। उन लोगों के चले जाने पर भी वहाँ से नहीं उठा। सात-आठ बजे तक बियर पीता रहा। उसके बाद जाकर दूसरा अंक फिर से लिखना शुरू किया।

श्यामांग अब एक व्यक्ति नहीं रहा। एक आभास में बदल गया।

नौ तारीख हो गई थी। पहले के लिखे अढ़ाई अंक तब तक फिर से लिख लिये थे। परिवर्तन इतना हो गया था कि पहले के लिखे के साथ उसका बहुत कम मिलान रह गया था।

नन्द भिक्षु-वेश में सुन्दरी के कक्ष में लौट आया था। भिक्षु आनन्द उसे हतप्रभ करके वहाँ से चला गया था। नन्द बौखलाकर पीछे से कह रहा था, "कौन है वह दूसरा व्यक्ति ?...कौन है वह जिसे मैंने रोक रखा है ?"

रात हो गई थी। मैं बहुत थक गया था।

कक्ष में अँधेरा था। सुन्दरी को अभी जागना था।

मैंने बिसात उठा दी। सुन्दरी को झूले में सोए और नन्द को द्वार पर खड़े छोड़कर मैं बिस्तर में जा लेटा।

अब ?

मैं फिर उस स्थल पर पहुँच गया था जहाँ पहले दो बार नाटक को छोड़ चुका था।

रात को देर तक सिगरेट फूँकता जागता रहा। दस, ग्यारह, बारह। बारह तारीख को हर हालत में वहाँ से चल देना होगा। तभी तेरह को दिल्ली पहुँचा जा सकेगा।

परन्तु सुबह बिसात की गोटें कैसे चलेंगी ? नन्द द्वार के पास से लौटकर क्या करेगा ? सुन्दरी कब जागेगी ? उसके जागने के बाद क्या होगा ?

आखिर नींद आ गई। सुबह उठने पर मन इतना अस्थिर था कि बिसात बिछाकर नहीं बैठा। जो पहली बस मिली, उसमें शिमला चला गया।

शिमला में एक परिचित के यहाँ चाय पीते हुए कागज पर कुछ नोट्स लिखे। मगर खाना खाया जा सके, इससे पहले ही वहाँ से उठ खड़ा हुआ। बहुत अनुरोध किए जाने पर भी एक घंटा और नहीं रुका। मगर मोटर-स्टैंड पर आकर सवा तीन बजे तक वापसी की बस नहीं मिली। उस बस से कुफ्री पहुँचा लगभग साढ़े चार बजे। ख़याल था पहुँचते ही रात को तीसरा अंक पूरा कर दूँगा। मन में नन्द को लेकर जो संशय और प्रश्न था, उसे नन्द पर ही लाद देने का निश्चय कर लिया था। आगे की दिशा सोचने का दायित्व अब मुझ पर नहीं, नन्द पर था। हाथ के कागज पर लिखी एक पंक्ति को बार-बार पढ़ रहा था, ''अस्तित्व और अनस्तित्व के बीच मेरी चेतना को एक प्रश्नचिह्न...केवल एक प्रश्नचिह्न बनाकर छोड़ दिया गया है।'' सोच रहा था कि बस यही नन्द है...एक प्रश्नचिह्न...और यही उसकी परिणति। इस परिणति के आगे...केवल तीन बिन्दु।

कमरे में पहुँचा, तो पलंग पर एक इनलैंड रखा था जो पीछे डाक से आया था। जल्दी से खोलकर उसे पढ़ गया। 'बस इतना ही तो समझ पाते हैं आप लोग !'

पत्र में और भी कुछ था जिसे पढ़कर मन बहुत उदास हो गया। उस रात लिखना नहीं हो सका। लौटने के वक्त से ही बारिश शुरू हो गई थी। सारी रात बारिश होती रही। मैं देर तक बुखारी की आग तापता बारिश की

आवाजों को सुनता रहा।

फिर सुबह। फिर वही बिसात। नन्द गवाक्ष के पास से हट आया। ''जानता हूँ तुम्हारा क्या उत्तर होता...।''

तेरह की सुबह दिल्ली पहुँच गया। तीसरा अंक पूरा कर लिया था। परन्तु पूरा करने के बाद एक बार पढ़ने का भी अवसर नहीं मिला था। तेरह से सोलह तक दिल्ली में रुककर सत्रह को ग्वालियर चला गया। वहाँ से इलाहाबाद होता हुआ जब तक लौटकर दिल्ली आया, तब तक नाटक छप चुका था।

आषाढ़ का एक दिन के बाद दूसरा नाटक—**लहरों का राजहंस।**

नाटक की प्रतियाँ ?

मई, जून, जुलाई। किसी को नाटक की प्रति नहीं दी।

''नाटक छप तो गया है न ?'' मित्र संशय के साथ पूछते।

''हाँ।''

''तो उसकी प्रति...?''

''वह अभी नहीं दूँगा।''

''क्यों ?''

''मुझे कवर पसन्द नहीं है। ओमप्रकाश से कवर बदलने के लिए कहा है। नया कवर तैयार होते ही...। आँखों के गम्भीर विनिमय। मुस्कुराहटें। तो सिर्फ कवर के लिए ही...?''

''मैं बम्बई जा रहा हूँ। वहाँ किसी आर्टिस्ट से अच्छा सा कवर बनवाकर लाऊँगा।''

''तो कब तक ?''

''देखो। शायद अगले महीने तक।''

दो महीने बाद ओमप्रकाश से एक झड़प।

''तुमने नाटक रिलीज कर दिया ?''

''हाँ।''

''बिना कवर बदले ही ?''

''लेकिन मैंने तुम्हें मना किया था।''

"अभी थोड़ी सी ही कॉपियाँ भेजी हैं। माँग आ रही थी।...कवर तो उसका बदलना ही है। पहली हजार प्रतियाँ निकल जाने दो। दूसरी हजार प्रतियों में बदल देंगे।"

"लेकिन तुमसे कहा था...।"

"मैं तुमसे कह रहा हूँ न ! तुम बता दो, तुम्हें कितनी प्रतियाँ चाहिए ?"

"मुझे एक भी प्रति नहीं चाहिए।"

"तुम्हें किसी को प्रति देनी नहीं है ?"

"नहीं।"

"बच्चों की तरह जिद करते हो ? मैंने तुमसे कहा है न कि...?"

"मैंने भी तुमसे कहा है न कि...मुझे एक भी प्रति नहीं चाहिए।"

एक साल, दो साल, तीन साल। पहली आवृत्ति, दूसरी, तीसरी। सब उसी कवर में। इलाहबाद में प्रयाग रंगमंच की ओर से नाटक पहले साल ही खेल दिया गया था। उसके बाद दो-एक जगह और। दूसरे साल में श्यामानन्द जालान अनामिका की ओर से कलकत्ते में प्रस्तुत करने की सोच रहे थे। उनके कई पत्र आए थे। पत्रों के उत्तर लिख दिए थे।

लगता था मैं एक अपराधी हूँ। हर आलोचना या आलोचनात्मक पत्र मेरे ऊपर लगाया गया अभियोग है। मुझे जैसे भी हो, उस अभियोग का उत्तर देना है।

मैं शपथ खाकर कहता हूँ कि मैं जो कुछ कहूँगा, सच कहूँगा, पूरा सच कहूँगा, और सच के अतिरिक्त कुछ नहीं कहूँगा...।

दूसरों के हर प्रश्न का उत्तर मेरे पास है। नहीं है तो अपने ही कुछ प्रश्नों का उत्तर।

नन्द वापस आकर सुन्दरी का सामना क्यों नहीं कर पाता ?

वह अपने को दुर्बल महसूस करता है, तो क्यों ?

नन्द और श्यामांग में क्या तादात्म्य है ?

क्या यह तादात्म्य नाटक में स्पष्ट हो सका है ?

तं गौरवं बुद्धगतं चकर्ष, भायानुरागः पुनराकर्ष।
सोऽनिश्चयान्नापि ययो न तस्यो तरंस्तरांगेष्विव राजहंस।

—क्या नाटक व्यक्ति की इस परिणति को रेखांकित करता है ?

समीक्षाएँ—दो छोर।

श्यामांग नाटक में क्यों है ?

श्यामांग के होने का महत्त्व इस बात में है कि...।

क्या सुन्दरी ने केवल केश कटे होने के कारण ही नन्द का तिरस्कार कर दिया ?

नाटक में नन्द के केश कटने का अर्थ यह है कि...।

नाटक के अन्त पर **आषाढ़ का एक दिन** के अन्त की छाया नहीं है...?

नाटककार ने नाटक का अन्त इस रूप में इसलिए किया है कि...।

मैं केवल इतना जानता हूँ कि कुछ ऐसा है जो इस नाटक में होना चाहिए था और नहीं है। वह क्या है, यह मेरे मन में स्पष्ट नहीं है। मुझे इसके लिए समय चाहिए—अपने और नाटक के बीच थोड़ा अन्तराल।

भिक्षु आनन्द चला गया है। नन्द गवाक्ष के पास खड़ा है...।

इसके बाद ?

इसके बाद ही तो समय चाहिए।

कितना समय ?

पता नहीं। और भी तो बहुत से काम हैं। और भी तो बहुत-कुछ लिखना है। एक मित्र को भिक्षु आनन्द के नन्द के साथ आने पर भी आपत्ति है। नन्द को लेकर तो आपत्ति है ही कि वह क्यों ऐसे ही वापस चला जाता है—बिना सुन्दरी से अपनी बात कहे या उसे अपने से कुछ कहने का अवसर दिए।

मेरे मन में भिक्षु आनन्द को लेकर कोई उलझन नहीं है। उसे इसी तरह आना है और नन्द को उत्तेजना के एक बिन्दु तक लाकर चले जाना है।

परन्तु नन्द को लेकर...?

श्यामानन्द सितम्बर सन् पैंसठ में नाटक प्रस्तुत करने को थे। परन्तु हिन्द-पाक युद्ध के कारण बात टल गई।

अप्रैल सन् छियासठ। एक साहित्य-गोष्ठी के अवसर पर कलकत्ते में। गोष्ठी में पन्द्रह मिनट का भाषण। शेष समय मित्रों की उपगोष्ठियों में या श्यामानन्द के साथ।

श्यामानन्द का विचार अब इस जुलाई में नाटक प्रस्तुत करने का था। रिहर्सल चल रहे थे। शिक्षायतन के एक कमरे में सैट का मॉडल हाथ में लिये हुए श्यामानन्द से बताना शुरू किया उसमें क्या-क्या परिवर्तन करने की सोचते हैं...कि वेश-भूषा की उनकी परिकल्पना क्या है...कि संगीत का एक-एक टुकड़ा किस दृष्टि से रिकॉर्ड किया गया है...।

यह सुन्दरी है...विनीता रेलिन। अलका है...चेतना तिवारी।...उसकी परीक्षा है, अभी खाली नहीं है। यह विमल लाठ...श्वेतांग। रणजीत मेहता...श्यामांग।

पहले अंक का रिहर्सल। अभिनेता कांशस हैं कि आज उन्हें नाटककार के सामने अभिनय करना है। सिवाय चेतना तिवारी के सबकी आज परीक्षा है। परीक्षक है नाटककार।

परन्तु नाटककार को लग रहा है कि परीक्षा उसी की है। परीक्षक हैं वे सब लोग।

"रेडी !"

रिहर्सल शुरू होता है।

"तुम्हारी उलझन अभी समाप्त नहीं हुई ?"

"मुझे तुमसे ईर्ष्या होती है।"

"नो ! नो नो !" श्यामानन्द के हाथ हताश भाव से हिलते हैं। "ऐसे रिहर्सल करते रहे हो आज तक तुम लोग ? क्या हुआ है आज तुम्हें ?" और दोनों भूमिकाओं में श्यामानन्द स्वयं उतर आते हैं।

"तुम्हारी उलझन अभी समाप्त नहीं हुई।"

"मुझे तुमसे ईर्ष्या होती है।"

ऐसे...समझे ?...मने बिल्कुल ऐसे नहीं...कुछ-कुछ ऐसे...तुमने कल और परसों किया तो था...।...सो कम ऑन नाउ...।"

विश्वम्भर सुरेका के यहाँ नीचे का कमरा। होटल से श्यामानन्द वहाँ लिवा ले गए थे। आधी रात तक बातचीत।

श्यामानन्द हाल ही में चार महीने अमरीका और यूरोप की 'थिएटर-वर्ल्ड'

में घूमकर आए थे। जो कुछ वहाँ देखा-सुना था, उस **सबका अतिरिक्त** उत्साह मन में था। "जाने से पहले मैं सोचता था कि थिएटर में केन्द्रित व्यक्ति परिचालक है। परन्तु अब मेरी धारणा है कि वास्तव में नाटककार ही केन्द्रीय व्यक्ति है। मैं चाहूँगा कि नाटक के प्रस्तुतीकरण से कम-से-कम तीन सप्ताह पहले आप यहाँ आ जाएँ। स्वयं उन दिनों नाटक के रिहर्सल देखें और अपने सुझाव दें। हम आपके सब सुझाव मान लेंगे, ऐसा नहीं...मने जहाँ हमारा आपसे मतभेद होगा, वहाँ हम आपको कन्विंस करने का प्रयत्न करेंगे। परन्तु आइडिया यह है कि हम लोग इसे एक **सहयोगी प्रयास** का रूप देने का प्रयत्न करें। मैं लन्दन में था, तो वैकेट के एक नाटक का रिहर्सल उन दिनों वहाँ चल रहा था। एक सीन को लेकर मेरा निर्देशक से कुछ मतभेद था। मैंने उनसे बात की, तो वे बोले, "बट वैकेट वांट्स इट लाइक दैट।" मैं भी इस नाटक के प्रस्तुतीकरण में यह जानकर चलना चाहता हूँ कि नाटक के एक-एक दृश्य को लेकर आपकी अपनी परिकल्पना क्या है। हम उसे बिल्कुल स्वीकार कर लेंगे, ऐसा नहीं...मने हमारा प्रयत्न होगा कि नाटक को आपकी परिकल्पना के जितना निकट ला सकें, लाएँ। और कुछ नहीं, तो यह अपने में एक प्रयोग तो होगा ही। इस तरह काम करने में मुझे तो मजा आएगा ही...मेरा ख़याल है आपके लिए भी यह एक अनुभव होगा। क्या ख़याल है ?"

घर से यह कार्यक्रम बनाकर चला था कि कलकत्ता से दार्जिलिंग जाकर कुछ दिन वहाँ रहूँगा। रहने की जगह-वगह कोई ठीक नहीं थी, हमेशा की तरह विश्वास था कि पहुँचकर कोई-न-कोई जगह तो मिल ही जाएगी। कलकत्ता छोड़ने के पहले श्यामानन्द से कह दिया था कि मैं जुलाई के शुरू में तीन सप्ताह के लिए वहाँ आ जाऊँगा। सोचा था कि मई-जून दो महीने दार्जिलिंग में रहकर अपना काम करता रहूँगा, फिर तीन सप्ताह कलकत्ता में रहकर जुलाई के अन्त में वापस दिल्ली पहुँच जाऊँगा।

कलकत्ता से एक माल ढोनेवाले हवाई जहाज में सिलीगुड़ी की तरफ उड़ते हुए मन में कुछ इस तरह का ग्राफ बन रहा था :

दार्जिलिंग में किसी सस्ते से होटल का एक कमरा...दस-बारह रुपए रोज तक का (खाना-वाना सब मिलाकर)...पहले एक सप्ताह में, या पन्द्रह दिनों में **लहरों के राजहंस** का तीसरा अंक। (कलकत्ता से चलते हुए श्यामानन्द

से कहा था कि वे अभी पहले दो अंकों का ही रिहर्सल करें। तीसरा अंक मुझे नए रूप में लिखना है—नन्द और सुन्दरी के कन्फ्रंटेशन के साथ। वे उसकी प्रतीक्षा करें—मैं दस या बारह दिनों में वह उन्हें भेज दूँगा।)...उसके बाद डेढ़ महीने में एक छोटा उपन्यास...उपन्यास का अग्रिम भेजने के लिए प्रकाशकों को एक पत्र...बीच में गैंगटाक और कैलिम्पांग की यात्रा...रोज शाम को सत्यजित के चित्र **कंचनजंघा** में देखी 'अकेली' सड़क की सैर...शाम की सैर के लिए एक हल्की बेंत...रोज किसी रेस्तराँ में अकेले चाय पीते हुए दार्जिलिंग की डायरी...लौटते हुए किराए के कैमरे से कुछ स्नैप-शाट्स...वहाँ की नर्सरी से (जिसकी प्रशंसा कलकत्ते में सुनी थी) कुछ कैक्टस...(लेकिन कैक्टस जहाज में साथ कैसे लाए जा सकेंगे ?...फिर दिल्ली पहुँचने तक उन्हें जिन्दा कैसे रखा जा सकेगा ?)...हो सका, तो दिल्ली लौटने से पहले दो दिन के लिए शिलांग...।

दार्जिलिंग पहुँचकर बहुत कोफ्त हुई। किसी ने नहीं बताया था कि वह काफ़ी महँगा हिल-स्टेशन है और वहाँ बारह रुपए रोज में वैसी जगह नहीं मिल सकती जैसी कि मुझे चाहिए थी।

लेकिन मैंने पूछा किससे था ?

वहाँ से दूसरे-तीसरे दिन ही चल पड़ता, लेकिन गुणाकर मुले ने ठहरने की काम-चलाऊ व्यवस्था कर दी, इसलिए बारह-चौदह दिन रुक गया।

टाइप-राइटर खोल लिया। कुफ्रीवाली बिसात फिर सामने बिछ गई।

तीसरा अंक शुरू से लिखना शुरू किया।

सुन्दरी और अलका। श्वेतांग। भिक्षु आनन्द के साथ नन्द। भिक्षु आनन्द चला गया। नन्द उसके पीछे-पीछे गवाक्ष तक। "...कौन है वह व्यक्ति ? कौन है वह दूसरा व्यक्ति जिसे मैंने रोक रखा है ?" फिर नन्द का एकालाप। "...तुम्हारा विशेषक सूख गया, इसका मुझे खेद है। इसे मैं अभी गीला किए देता हूँ।" नन्द का हाथ सुन्दरी के माथे की ओर। सुन्दरी अब जाग जाएगी। "नहीं, नहीं, नहीं...।"

परन्तु सुन्दरी जाग जाए, इससे पहले ही गुणाकर मुले के साथ कैलिम्पाँग चला गया। वहाँ से लौटकर अगले दिन माउंटेनियरिंग इंस्टीट्यूट और चिड़ियाघर की सैर। उससे अगले दिन सुबह उठकर स्टेशन। लौटकर मुले को बताया कि ग्यारह तारीख की सीट बुक करा ली है। रेल से, वाया लखनऊ।

तेरह मई की सुबह दिल्ली पहुँच जाऊँगा। उसे आश्चर्य नहीं हुआ। आठ-दस दिन में इतना तो उसने जान ही लिया था।

चलने से पहले 'अभी गीला किए देता हूँ' तक का अंश श्यामानन्द को पोस्ट कर दिया। लिखा कि शेष अंश दिल्ली से भेजूँगा। आठ-दस रोज के अन्दर।

दिल्ली में घर में मेहमान टिके हुए थे। चौबीस-पचीस जून तक कुछ काम नहीं हुआ। श्यामानन्द के पत्र और तार आ रहे थे। आखिर तार दे दिया कि तीन जुलाई को पहुँच रहा हूँ। दो जुलाई की शाम तक नन्द और सुन्दरी को आमने-सामने खड़ा करके फिर किसी तरह तीसरा अंक पूरा कर दिया।

कलकत्ता। एयरपोर्ट से फिर विश्वम्भर सुरका के यहाँ।

रात। पहले नए नाटक के सम्बन्ध में बातचीत। "आइडिया यह है कि...।"

श्यामानन्द ने तीसरे अंक का शेष अंश माँगा, तो कहा, "अभी निकालता हूँ।"

फिर एक-दूसरे की आँखों में देखते हुए दोनों की हँसी।

"तो ?"

"बेहतर यह है कि मैं एक बार पहले अढ़ाई अंकों का पूरा रिहर्सल देख लूँ। वहाँ तक पूरी चीज़ दिमाग में सेट हो जाएगी, तो आगे का अंश दो दिन में लिखा जाएगा।"

श्यामानन्द की वह मुस्कुराहट जो आदमी को आश्वासन भी देती है और बेचैन भी कर देती है। साथ दार्शनिक अन्दाज में दो शब्द : "ठीक है।"

फिर उस रात उस सम्बन्ध में कोई बात नहीं। केवल नन्द का एकालाप। "क्यों मैंने जान-बूझकर आत्म-विनाश को निमन्त्रित किया, और फिर स्वयं ही आत्म-रक्षा के लिए उस तरह लड़ गया ? आत्म-रक्षा और आत्म-विनाश, इन दो प्रवृत्तियों के बीच में एक-साथ जिया—क्यों और कैसे ?...क्या उस तरह जीकर सुख मिला ? और क्या वह सुख की ही खोज थी जिसने उस तरह जीने के लिए विवश किया ?"

श्यामानन्द ने न जाने कितनी बार और कितनी तरह से अभिनय किया। मैं चुपचाप देखता रहा। अपने मन में साथ-साथ मैं भी कहीं वही अभिनय

कर रहा था। एक-एक स्वर को तौल रहा था। कुछ देर बाद हम दोनों आमने-सामने खड़े थे और एक-एक पंक्ति को अलग-अलग और साथ-साथ बोल रहे थे। "मैं तुम्हारा या किसी का विश्वास ओढ़कर नहीं जी सकता, नहीं जीना चाहता।...मैं पूछता हूँ कि जब होने-न होने में कोई अन्तर ही नहीं है, तो मेरे केश क्यों काट दिए ?"

रात के दो बज गए थे। शायद तीन। हम दोनों किसी चीज़ के लिए व्याकुल थे जिसे हम ठीक से पकड़ नहीं पा रहे थे। मैं वह बात शब्दों से कहना चाहता था, श्यामानन्द स्वरों के उतार-चढ़ाव से, भाव-भंगिमाओं से। आखिर होंठों को पानी से गीला करते हुए मैंने कहा, "रात बहुत हो गई है, श्याम !" श्याम कुछ देर असमंजस में रहा। शायद उसे लगा कि मैं सोना चाहता हूँ, इसलिए कह रहा हूँ। "बस एक ठो बार और।" उसने कहा और अभिनय नए सिर से शुरू हो गया। "बातों को उलझाते क्यों हो, भिक्षु...?"

एक नई जीवन-चर्या। रात को तीन या चार बजे सोना, सुबह ग्यारह बजे उठना। बारह बजे तक नाश्ता करके लिखने बैठ जाना। दो घंटे कागजों की बिसात पर अपने से द्वन्द्व। फिर नहाना, खाना खाना और खाली समय की ऊब मिटाने के लिए ब्लू फाक्स के बारे में जा बैठना। भुनी हुई मूँगफली, बियर और सिगरेट की डिब्बी पर लकीरें। नन्द कहाँ है ? यहाँ। और सुन्दरी ? यहाँ। उसने अभी नन्द को नहीं देखा। ज्यों ही उसकी नजर नन्द पर पड़ती है...। क्रास, क्रास, क्रास। लकीरों को काटती लकीरें। ऐसे नहीं। ऐसे भी नहीं।...ब्लू फाक्स से वापस घर। साढ़े पाँच-छः बजे श्यामानन्द के साथ शिकायतन। रिहर्सल। उत्तरोत्तर बढ़ता मानसिक तनाव। अलका इस तरह क्यों झुकती है ? श्यामांग इस तरह क्यों बोलता है ? नौ बजे लौटकर खाना। फिर दो बजे तक श्यामानन्द और मैं।

रिहर्सल गौण हो गया था। उसके लिए हम लोग जाते थे क्योंकि अभिनय की तिथियाँ बहुत पास आ रही थीं। दो-तीन घंटे वहाँ बिताने के बाद फिर वही आधी रात का कार्यक्रम जिसकी हम लोग दिन-भर प्रतीक्षा करते थे। वह सचमुच एक साझी खोज थी—नन्द और सुन्दरी की नियति की। बल्कि उससे भी आगे स्त्री और पुरुष की सामान्य नियति की। हर रात हमारा

कार्यक्रम आरम्भ होता था नन्द के एकालाप से, "...बातों को उलझाते क्यों हो, भिक्षु ? कौन है वह व्यक्ति ? कौन है वह दूसरा व्यक्ति जिसे मैंने रोक रखा है ?" लगता था कि नन्द की उस छटपटाहट में से ही आगे के सब सूत्र खोजे जा सकेंगे। हर गुजरते दिन के साथ नन्द की आन्तरिक व्याकुलता के साथ श्यामानन्द का तादात्म्य बढ़ता जा रहा था। उन कुछ घंटों के लिए श्यामानन्द श्यामानन्द न रहकर अपनी नियति की खोज में छटपटाते एक व्यक्ति में बदल जाता था। मैं एक दर्शक की तरह उस व्यक्ति को देखता और उसके भविष्य का आभास पा लेने का प्रयत्न करता था। "उन्होंने केश काट दिए, तो क्या व्यक्ति-रूप में मैं अधिक सत्य हो गया ? जीभ काट देते, हाथ-पैर काट देते, तो क्या और अधिक सत्य हो जाता ? कौन कह सकता है कि भ्रान्ति वस्तुतः किसे है—उन्हें या मुझे ?" और इसी छटपटाते व्यक्ति को सुन्दरी के समक्ष खड़ा करने के लिए मैं शब्द ढूँढ़ता रहता। रात को श्यामानन्द के चले जाने के बाद भी कुछ देर शब्दों से उलझता रहता। दिन में उठकर फिर उसी खोज में डूब जाता। अगली शाम तक पन्द्रह-पन्द्रह ड्राफ्ट रद्द करने के बाद दस या पन्द्रह पंक्तियाँ लिखकर श्यामानन्द को दे देता। सम्भव होता, तो उस दिन के रिहर्सल में वे पंक्तियाँ शामिल कर ली जातीं। अभिनेता उत्सुक होते कि शायद आज पूरा रिहर्सल हो। लेकिन श्याम उतने के बाद हाथ झाड़ देता, "बाकी कल...मने कल भी अगर लिखकर आ गया तो !"

नन्द और सुन्दरी अब आमने-सामने थे। अलका और श्वेतांग को सुन्दरी ने कक्ष से भेज दिया था। उन दोनों के बीच कोई नहीं था। नाटक के अन्त तक किसी के होने की सम्भावना भी नहीं थी। नन्द सुन्दरी से बहुत-कुछ कहना चाहता था। परन्तु सुन्दरी उसकी बात सुनने की मनःस्थिति में नहीं थी।

अब ?

क्या किसी तरह सुन्दरी नन्द की बात सुन सकेगी ? सुनकर स्वीकार कर सकेगी ? या अन्त तक उसका अस्वीकार नन्द के सामने एक चट्टान की तरह अड़ा रहेगा ?

नन्द एक बार अपने को उँडेल देने के बाद अब पहले की भूमि पर सुन्दरी के साथ नहीं रह सकता। तो वह किस बिन्दु पर वहाँ से जाएगा

और जाने से पहले उसके शब्द क्या होंगे ? ऐसे शब्द जिनसे उसकी व्याकुलता सुन्दरी के आग्रह पर भारी पड़ सके...उसे पराजित कर सके ?

एक, दो, तीन, चार ड्राफ्ट। परन्तु सुन्दरी किसी भी तरह पराजित नहीं होती। वह मर सकती है, पराजय स्वीकार नहीं कर सकती।

एक दिन के लिए लगा कि हल सूझ गया है। सुन्दरी की मृत्यु से समस्या हल हो सकती है। अजन्ता-चित्र 'मरणोन्मुख राजकुमारी' ने मन को इस दिशा में बढ़ावा दिया। दोपहर को श्यामानन्द को दफ्तर से बुलाकर यह बात उससे कही। शाम को रिहर्सल में इसकी घोषणा कर दी।

असहमत कोई नहीं हुआ, मगर देखा कि सबके चेहरे मुरझा गए हैं। सबकी आँखों में जैसे एक ही भाव था—सुन्दरी मर कैसे सकती है ?

"मरें आपके नन्द। सुन्दरी हरगिज नहीं मर सकती।" किसी की कही यह बात दूसरे दिन मुझ तक पहुँचाई गई। तब तक मैं भी कोशिश करके देख चुका था। श्यामानन्द रात-भर स्वरों के उतार-चढ़ाव से तब तक के संवादों में वह दिशा ले आने का प्रयत्न करके देख चुका था। परन्तु यह स्पष्ट था कि सुन्दरी हमारे प्रयत्न से केवल मरने का अभिनय कर सकती है, मर नहीं सकती। नाटककार और परिचालक दोनों उस चरित्र के हाथों पराजित होने के लिए विवश थे।

तो ?

रिहर्सल अब यहाँ पर रुका था, "...क्योंकि मैं यह भी हूँ और वह भी—इनमें से कोई एक नहीं जैसा कि तुम सब अलग-अलग से विश्वास करना चाहते हो कि मैं हूँ...।"

नाटक के अभिनय में तीन दिन रह गए थे।

उस दिन रिहर्सल से लौटते हुए एक बात दिमाग में कौंध गई। क्या स्त्री और पुरुष की यह समक्षता ही उनकी वास्तविक परिणति नहीं ? उनका आमने-सामने होना और एक-दूसरे तक अपनी बात न पहुँचा पाना, यही उनकी वास्तविकता नहीं ?

लगा कि नन्द और सुन्दरी को इस परिणतिहीन परिणति से आगे किसी निश्चित अन्त तक ले जाने की बात ही गलत है। उस तरह की परिणति नाटक को चाहे विराम-चिह्न तक ले जाए, परन्तु वह नन्द और सुन्दरी की

वास्तविकता नहीं होगी।

मैंने कई डिब्बी सिगरेट खरीद ली और लम्बे-लम्बे कश खींचता अपने कमरे में आ गया। कुछ देर बाद श्यामानन्द के आने पर यह बात उससे नहीं कही। सोचा कि कहीं ऐसा न हो कि सुबह तक यह धारणा भी बदल जाए। उस रात श्यामानन्द के साथ लम्बी बैठक नहीं हुई। शारीरिक और मानसिक थकान के कारण उसका मन जल्दी सो जाने का था। मुझे यह अच्छा ही लगा। श्यामानन्द के चले जाने के बाद एक बार अन्त तक के संवाद लिख डाले। अन्तिम स्थिति थी अपने-अपने प्रयत्न से निढाल स्त्री और पुरुष का हताश भाव से एक-दूसरे की आँखों में देखते रहना। फिर उसी हताशा में एक शब्द कहकर नन्द का चले जाना और सुन्दरी का उसकी पीठ को सम्बोधित करते हुए अन्त के शब्द कहना।

सुबह जल्दी उठकर उस हिस्से को फिर से लिखने में लग गया। शाम तक छः-सात बार लिखकर उसे निश्चित रूप दे दिया। अब रिहर्सल हिन्दी हाईस्कूल में नाटक के वास्तविक सेट पर ही हो रहे थे। जिस समय मैं वहाँ पहुँचा, सेट में कुछ परिवर्तन किए जा रहे थे। श्यामानन्द ने जिस तरह मेरी तरफ हाथ बढ़ाया, उससे लगा कि उसे आज भी शेष अंश मिल जाने की आशा नहीं है। मैंने कागज उसके हाथ पर रख दिए, तो उसने पूछा, ‘‘कहाँ तक ?’’

‘‘अन्त तक,’’ मेरे मुँह से यह सुनना ही था कि वह सेट का काम बीच में छोड़कर मुझे खींचता हुआ पीछे ग्रीन रूम में ले गया।

‘‘सच ?’’ कागज खोलते हुए उसने पूछा।

‘‘देख लो, तुम्हारे हाथ में है।’’

श्यामानन्द ने जल्दी-जल्दी अन्त तक पढ़ा और मुझे बाँहों में ले लिया। ‘‘चलो, अब दो दिन तो हम अन्त तक रिहर्सल कर ही सकते हैं।’’

पहली **रात** को मैंने नाटक हाल में बैठकर नहीं देखा। गहरे तनाव की स्थिति में एक पार्श्व खड़ा मंच की गतिविधियों और हाल में होनेवाली प्रतिक्रियाओं का जायजा लेता रहा। नाटक समाप्त होने तक माथे की नसें फड़कती रहीं। उसके बाद चौथे दिन के अन्त तक मन सहज स्थिति में नहीं आ पाया।

कलकत्ते में रहते और वहाँ से लौट आने पर बहुत से लोगों की प्रतिक्रियाएँ

जानने को मिलीं। नाटक में किए गए परिवर्तनों को लेकर एक नया मतभेद शुरू हो गया था। एक वर्ग की निश्चित धारणा थी कि नाटक का वास्तविक अन्तर्द्वन्द्व इस नए रूप में ही ठीक से उभर सका है। परन्तु दूसरे वर्ग का विचार था कि नाटक अपने पहले रूप में भी उनके सामने खेला जाए, तभी वे ठीक से निर्णय दे सकने की स्थिति में होंगे। नाटक के प्रस्तुतीकरण के सम्बन्ध में भी दोनों तरह की दृष्टियाँ थीं। परन्तु दूसरे और चौथे दिन हाल में बैठकर नाटक देखने के बाद मैं जिस निष्कर्ष पर पहुँचा था, वह यह था कि अपने वर्तमान रूप में नाटक के तीसरे अंक की पहले दो अंकों के साथ ठीक संगति नहीं रही। तीसरा अंक परिकल्पना तथा परिचालना दोनों दृष्टियों से पहले दो अंकों से काफ़ी अलग पड़ गया था। इसका कारण स्पष्ट था। अन्त के तीनों सप्ताह श्यामानन्द और मैं इस तरह तीसरे अंक के संयोजन में उलझे रहे थे कि पहले दोनों अंकों की ओर हमारा बहुत कम ध्यान गया था। तीसरे अंक के संयोजन तथा प्रस्तुतीकरण में जो कसाव था, वह पहले दो अंकों में नहीं था। इससे मैं अपने लिए इस नतीजे पर पहुँचा था कि मुझे अब तीनों अंक एक-साथ फिर से लिखने चाहिए; और श्यामानन्द इस नतीजे पर कि नए रूप में नाटक की पूरी पांडुलिपि हाथ में आ जाए, तो इसे बिल्कुल नए सिरे से प्रस्तुत करना चाहिए।

कलकत्ते से लौटा, तो मन में एक ओर यह उत्साह था कि नाटक का तीसरा अंक आखिर फिर से लिख लिया गया, पर दूसरी ओर यह उदासी थी कि मुक्त में अब भी इससे नहीं हो पाया—कि इसे एक बार और लिखना अभी उसी तरह शेष है जैसे कि कई वर्ष पहले था। अगस्त का महीना इस दुविधा में रहकर कि इसे फिर से अभी हाथ लगाऊँ या कुछ दिन बाद; आखिर सितम्बर में इसे फिर से लिखने बैठ गया। इस बार जिस रूप में लिखा, उसी रूप में आज इसका प्रकाशन हो रहा है। इसी रूप में जनवरी और फरवरी सन् सरसठ में ओम् शिवपुरी ने नेशनल स्कूल ऑफ ड्रामा की ओर से इसे प्रस्तुत किया था। परन्तु फिर से इसमें न उलझ जाऊँ, इसके लिए इस बार अपना एक बचाव मैंने कर लिया था। ओम् शिवपुरी के कहने और चाहने पर भी मैं नाटक का रिहर्सल देखने नहीं गया। पहली रात अन्य दर्शकों की तरह जाकर तटस्थ दृष्टि से अभिनय देख आया। यों नाटक के सम्बन्ध में मतभेद और वाद-विवाद समाप्त हो गए हों, ऐसा अब भी नहीं। परन्तु मेरे

लिए इतना अन्तर अवश्य आ गया है कि मैं अब अपने को इससे बाहर पाता हूँ कुछ लोगों का अब भी आग्रह है कि नाटक का प्रकाशन पहले रूप में भी साथ होता रहना चाहिए। मैं इससे सहमत नहीं हूँ, क्योंकि इस सुझाव को स्वीकार करने का अर्थ होगा एक और सुझाव पर भी विचार करना–कि इन दो के अतिरिक्त क्या नाटक का एक तीसरा रूप भी नहीं हो सकता ? उस तरह तो अगले बीस वर्षों में और भी चार बार इसे चार तरह से लिखने का लोभ मन में आ सकता है...क्योंकि कोई भी रचना क्या ऐसी होती है कि व्यक्ति जीवन में कभी भी उसके रूप को निश्चित और अन्तिम मान सके ?

एक नाटक का जन्म
('पैर तले की जमीन')

नाटक के नीचे लिखे मुख्य भाग हो सकते हैं :

1. बाढ़
2. जमीन कटना
3. आत्मस्वीकार
4. बाढ़ का उतरना।

चरित्रों को अयथार्थवादी नाम दिए जाएँ; पर वे हमारे संस्कारों के अंग हों।

निर्वहण अर्ध-काव्यात्मक हो। चरित्रों की कोटियाँ कुछ इस प्रकार हों :

1. असन्तुष्ट लोग जो ठोकर मारना चाहेंगे।
2. उदास-हताश लोग जो आत्महत्या करना चाहेंगे।
3. भ्रष्ट लोग जो अब भी कोई रास्ता निकालने की बात सोचेंगे।
4. चापलूस लोग जो सबसे सहमत होंगे।

पहली कोटि में तीन होंगे : एक इक्कीस साल का लड़का, एक अठारह साल की लड़की, और एक बारह साल की लड़की।

दूसरी कोटि में दो होंगे : एक पैंतीस का पुरुष और एक अट्ठाईस की स्त्री।

तीसरी कोटि में तीन होंगे : एक व्यापारी का दलाल, एक राजनीतिक कार्यकर्ता और एक अफसर।

चौथी कोटि में होंगे पाँच : बारमैन, चपरासी, बेयरा, क्लर्क और क्लर्क की माँ।

छोटी लड़की की चीख...क्या किसी ने उसे बलात्कार करने की कोशिश की...? वह नदी में कूद गई है...बड़ी लड़की पागलपन की हालत में। कौन था ? कोई जवाब नहीं दे पाता...पर बाद में रात को जब बाढ़ का पानी और नजदीक आ जाता है और वे सब एक जगह इकट्ठे हो जाते हैं, तो एक व्यक्ति आत्मस्वीकार करने लगता है...

चरित्रों की संख्या कम करके छः या सात की जा सकती है, अगर शुरू एनैक्सी के पानी से कटकर डूब जाने के बाद किया जाए, जिसमें कुछ पहले ही खत्म हो चुके होंगे।

नाटक बारमैन की फोन पर लम्बी बातचीत से शुरू हो सकता है।...दूसरा चरित्र जो सामने आता है वह है बूढ़ी माँ...जिसका अपना बेटा एनैक्सी में था (क्या वह मर चुका है ?)...वह अभी तक दूसरों के बारे में चिन्तित है; वही बारमैन को दूसरे लोगों की मौजूदगी के बारे में बताती है।

'माँ !' शब्द का दुरुपयोग। बूढ़ी पागल-सी हो जाती है—या कि वह बस चुप रहती है ?

''बढ़ती कीमतें...''

''कीमतें रही ही नहीं...।''

या ''कोई कीमतें नहीं रह जाएँगी।''

एक जगह बारमैन बन्द पड़े टेलीफोन में बोलता है; वहाँ ज़रूरत की सब चीज़ों की माँग करता हुआ; बचाव की सारी कोशिशें; जब दूसरे सवाल करते हैं, तो वह उन्हें 'डैड' टेलीफोन पेश करता है।

कुछ संकट इस बात का है कि नाटक के विभिन्न चरित्रों के बीच कोई सम्प्रेषण नहीं है : उनके बोलने के लिए अलग-अलग 'वेव लैंग्थ्स' का इस्तेमाल करके उनकी ट्रेजेडी को उभारा जा सकता है।

मुख्य समस्या यह है कि उन्हें किसी एक मुद्दे के इर्द-गिर्द कैसे लाया जाए;

ज़िन्दगी में उनके बीच सम्बन्ध मौत के डर का है।

उनका संघर्ष जिन्दा रहने का संघर्ष है—

उनकी चरम स्थिति–
हर चीज़ की–मौत की भी (?)–स्वीकृति !

लिखने के दौरान सारा वक्त दिल्ली में ही रहो–इस शहर की एक क्लब के रूप में कल्पना करते हुए।

अब्दुल्ला की टेलीफोन पर बातचीत के बाद झुनझुनवाला की क्लब को खरीद लेने की बात।

सात लोगों का ही परिवार ?
पर फिर विभिन्न वर्गों का क्या हो ?
क्यों न दो-तीन वाचक लाए जाएँ ?
स्वयं चरित्र भी बारी-बारी से वाचक का रूप ले सकते हैं–
ऐसा ही कुछ–

छोटी लड़की चीखती है और फिर उसके बाद अन्त तक मूक रही आती है। हर आदमी से पूछा जाता है 'क्या हुआ ?' बलात्कार था–धक्का–या कोई बुरा सपना, क्या था ?

क्लब में रेडियो। एक जगह उस पर संगीत बजता है; एक जगह खबरें, जब संकट तीव्रतम है।

एनैक्सी में रोते हुए कुत्ते को 'एस्टेब्लिश' करना है। वह घुटनों तक पानी में छपछप करता है...यह छपछप भी सुनाई देती है।

पूरी बात छोटे-छोटे दृश्यों में (स्वतन्त्र 'शाट्स' की तरह) लिखी जानी है; सीधी लकीर के प्रभाव से बचते हुए सबसे मिलकर पूरा अर्थ अभिव्यक्त होना चाहिए।

चरित्र :

दलाल–व्यापारी, पुलिसमैन, अफसर
नाराज लड़की
छोटी स्त्री
बूढ़ी स्त्री
बारमैन
आत्महत्या करनेवाला–एकमात्र आत्मस्वीकार करनेवाला।

नाटक बारमैन और बूढ़ी स्त्री के बीच संवाद से शुरू होता है।...बूढ़ी बाद में बच्ची को एक कहानी सुनाए–कहानी घटना का बार-बार होना व्यंजित करती है, मानो जो चीज़ अब हुई है वह पहले भी हो चुकी है, और आगे फिर होगी...

विभिन्न दृश्य एक-दूसरे में घुलते जाते हैं—

1. फोन पर बारमैन—
2. बारमैन और बूढ़ी स्त्री
3. दो लड़कियाँ, आदि।

इन्हें 'थिएट्रिकली' प्रतिष्ठित करो, शब्दों और ध्वनियों के द्वारा।

नहीं, ऐसी कोई 'गिमिक' नहीं होनी चाहिए जिससे नाटक की गम्भीरता पर असर पड़े।

चार अधूरे दृश्य एक-दूसरे में विलीन हो जाते हैं। अँधेरे में आवाजों से शुरू।

एक और तरीका हो सकता है : "मैं टूरिस्ट क्लब हूँ—या शायद यह कहना ज्यादा सही है कि मैं टूरिस्ट क्लब था।"

मंच का थोड़ा सा ही हिस्सा दिखाया जाए और पूरा मंच कभी न प्रकट हो।

बावन पत्ते बावन सप्ताह हैं और तुम हो अलग खड़े विदूषक—जोकर।

पंडित और कुँवर अपनी सारी भ्रष्टता के बावजूद नैतिकता के संरक्षक

बनने की कोशिश करते हैं।

पुरुष उन्हें अपनी दुर्दशा का कारण मानता है और उनसे बदला लेने के इरादे से काम करता है।

सिर्फ पुरुष पर ही खुल्लमखुल्ला औरतों में दिलचस्पी लेने का दोष लगाया जाता है—स्त्री इसी रूप में उसका जिक्र करती है—मगर असल में दूसरे लोग ही—खासकर कुँवर—लड़कियों पर हाथ डालता है और स्त्री पर भी।

स्त्री और पुरुष की ऊपर पहाड़ी पर यात्रा का वर्णन—वह सुन्दर दृश्य जिसकी ओर से स्त्री आँखें मूँदे रही।

पुरुष में इतनी विनोदप्रियता है कि वह स्त्री की बात का विरोध नहीं करता—उसे ज़िन्दगी में बहुत खूबसूरती नजर आती है, पर स्त्री को विश्वास दिलाने की कोशिश करता है कि उसका जीवन के प्रति दृष्टिकोण वैसा ही है और अन्त तक यह खेल खेलता रहता है।

नाटक टेलीफोन पर बातचीत से शुरू होता है जिसमें अब्दुल्ला दुर्घटनाग्रस्त जोड़े के आने की सूचना देने की कोशिश करता है पर इसके बजाय उसे पुल के टूटने की सूचना मिलती है।

पुरुष पूछता है—क्या वे अन्तिम 'रिचुअल' चाहते हैं—तमाम स्त्रियों और पुरुषों के बीच 'सम्भोग आयोजन' ?

वह तमाम नैतिकता, वर्जनाओं, तमाम धर्मों और दूसरी हर चीज़ के मूल्य के बारे में शंका प्रकट करता है। घर से स्त्री के साथ चलने के बारे में पुरुष का कहना है : "यह बस एक और शुरुआत थी। वह उम्मीद से शुरू हुई—पर यह पता नहीं कि किस बात की उम्मीद। हम एक-दूसरे से अच्छा बर्ताव करते रहे...पर शहर से दस मील बाहर आए होंगे कि फिर वही शुरू हो गया। उसने मेरा इतना ध्यान बँटाया कि गाड़ी मेरे नियन्त्रण से बाहर हो गई। मैं नहीं जानता हम क्या चाहते हैं। शान्तिपूर्वक एक साथ रहना ? आत्महत्या करना ? फिल्म देखने जाना ? एक-दूसरे को जहर देना ? दूसरों की हँसी उड़ाना ? खेलना ?—मुझे नहीं पता।"

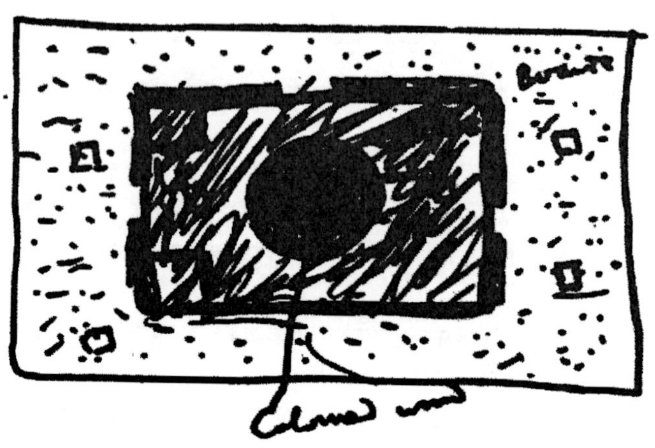

स्त्री का कहना है : "यह उसकी चाल थी। मैं उसे एकदम छोड़कर जाना चाहती थी, पर उसने मुझसे मिन्नत की कि कम-से-कम एक बार उसके साथ बाहर चली चलूँ—साथ रहने के अभिशप्त वर्षों के अन्त के रूप में। पर शहर से बाहर दस मील ही आए होंगे कि मैं समझ गई कि उसका इरादा ठीक नहीं, वह इसे अच्छा अन्त नहीं बनाना चाहता। उसने अपने पुराने रंग-ढंग फिर शुरू कर दिए। रास्ते में हर जवान लड़की को भूखी नजरों से घूरता। मुझे यकीन है कि उसने जान-बूझकर गाड़ी पेड़ से टकराई। मैं ऐसे बैठी थी कि मर ही जाती।...जब मैं गर्भवती हुई तो इसने तरह-तरह की बातें कहकर गर्भ गिरवा दिया..।"

दूसरी ओर से रोशनी आने के साथ सब लोग एक-एक कर बैठने लगते हैं और छोटी लड़की पूछती है : "क्या हुआ था, दीदी ? तुम लोग सब उस तरह क्यों खड़े थे और अब सब लोग इस तरह क्यों बैठ रहे हैं ?

क्या अब्दुल्ला को 'डेलिरियम' देना चाहिए ?

पानी और अँधेरे का अर्थ।

कौन क्या है का खेल। एक जगह तो हर आदमी हर दूसरे पर शक करता है। अब्दुल्ला और नियामत उनके डर दूर करने की कोशिश करते हैं। उन्हें

यह पक्ष जाहिर करना चाहिए कि हम कैसे दूसरों को जानते हैं।

बाहर मोटर और मोटर इंजिन। जैसे वह भीतर के तनाव को समझता हो और उनसे उसका जी मिचलाता हो।

बड़ी लड़की—ऐसा व्यक्तित्व जो तरह-तरह की अफवाहों के लिए निमन्त्रण देता हो—आश्वस्त और विद्रोही।

कुँवर 'पुरुष' के बोलने से घबराता है। वह भाषा उनकी समझ में नहीं आती, इसलिए वह उससे डरता है।

पुरुष-स्त्री के साथ रहने के अपने जीवन को इस तरह देखता है : हम हर रोज सबेरे और रात को एक-दूसरे को देखते और अपने आपसे कहते, "हे ईश्वर ! फिर वही इंसान ! मैं तो सोचता था थोड़ा-बहुत फर्क ज़रूर आया होगा !"

स्त्री : "मैंने कितना अपने आपको बदला—मैं उसके पैर चाटना, तलवे चाटना सीख गई, पर कोई फायदा नहीं। अब उसको यह शिकायत थी कि मैं चाटते वक्त सिसकारी भरती हूँ। आखिरकार मैं भी और जानवरों जैसी ही बनी हूँ। मैं सिसकारी की आवाज के बिना कैसे चाट सकती हूँ !"

लोग इधर-उधर चले जाते हैं तो अब्दुल्ला और नियामत को पता नहीं रहता। (कौन जानता है, कौन किसके साथ है !)

अँधेरे में एक चीख—क्या हुआ, कहाँ और किसके साथ ? और किसने क्या किया किसके साथ ?

कैसे प्रत्येक मरना चाहता...मृत्यु के 'उस' चित्र की तुलना में उनकी 'यह' मृत्यु।

अब्दुल्ला अपने आपको भीतर बन्द कर लेता है और बाहर ही नहीं आता।

पंडित का परिवार-सम्बन्धी विचार : हम सब एक परिवार हैं; या कम-से-कम हो तो सकते हैं।

हताशा के क्षण में अब्दुल्ला कॉपी में 'ऐंट्री' ठीक करने की कोशिश करता है—वह अपराधी होने की चेतना के साथ नहीं मरना चाहता।

बाढ़ के पानी में डूबने के पहले गुड्डी यह कहती हुई स्विमिंग पूल में जाने की इच्छा जाहिर करती है कि ''मैं अपने चारों ओर पानी के स्पर्श का अनुभव करना चाहती हूँ।

क्या अब्दुल्ला या नियामत में से एक से ऐसे सीधे सवाल करवाने चाहिए जिनके बड़े रहस्यमय उत्तर मिलें ?

आदमी : मैं प्रकृति से डरता हूँ—उससे मेरे मन में मौत की तस्वीर उभरती है—।

1. बारमैन फोन करता हुआ।

2. बारमैन और दूसरों के मौजूद होने की जानकारी। पुल के टूटने की खबर।

3. 'कन्सोलिडेशन'—डिनर टेबल के दृश्य में पुरुष ही एकमात्र विवादी स्वर।

4. विघटन—एनैक्सी में कुत्ता।

5. ईश्वर और बलात्कार।

6. असहायता का द्वीप।

7. आत्मस्वीकार।

दृश्यबन्ध

बाहर—भीतर।

प्रकाश का क्षेत्र—अन्धकार का क्षेत्र।

प्रकाश का क्षेत्र एक-एक चरण में कम होता जाता है।

अन्धकार का क्षेत्र एक-एक चरण में बढ़ता जाता है।

यह क्षेत्र निश्चित नहीं है और विंग्स समेत पूरे क्षेत्र को घेरता है।

प्रकाश के क्षेत्र का विस्तार से वर्णन करना चाहिए। इस तरह से व्यवस्था करनी चाहिए कि रेखा के धुँधला पड़ने के साथ-साथ उपकरण गायब हो जाएँ।

प्रकाश के क्षेत्र से द्वीप का आभास मिलना चाहिए।

एक ही व्यक्ति की तीन जिन्दगियाँ।

व्यक्तिगत द्वीप जहाँ वह अकेला है; केवल एक ही औरत उस द्वीप में प्रवेश कर पाती है।

सामाजिक-राजनीतिक द्वीप जहाँ उसकी प्रमुखता है।

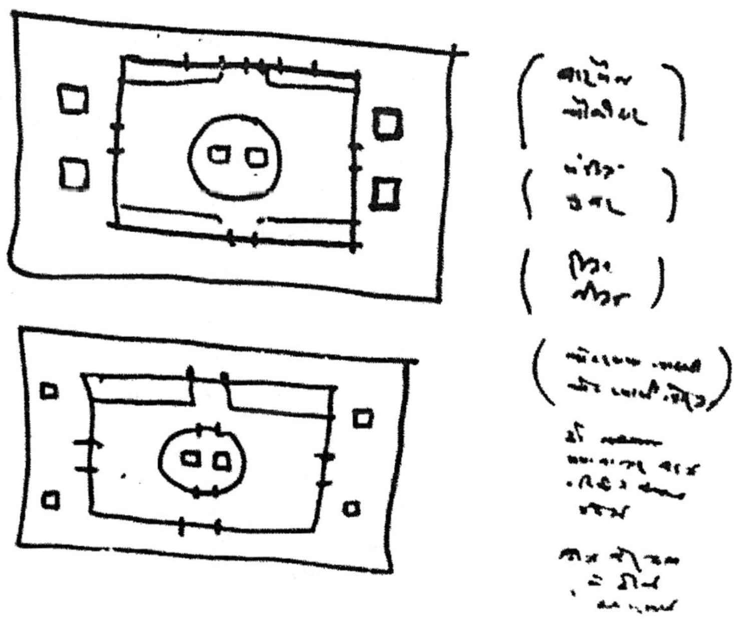

शाश्वत शक्तियों का द्वीप जहाँ वह नगण्य है।

1. अब्दुल्ला की असहायता और नियामत।

2. पट्टी बाँधे हुए पुरुष और स्त्री।

3. आखिरी दृश्य—खाली—सब दीवारें गायब हैं।

4. धर्मसंकट—क्या हम छोटे बच्चे को बचा सकते हैं ?

5. एक ओर पट्टीवाले पुरुष और पट्टीवाली स्त्री के बीच आन्तरिक तत्त्वों के नियन्त्रण के लिए और दूसरी ओर पट्टीवाले पुरुष और 'दलाल' के बीच बाह्य तत्त्वों के नियन्त्रण के लिए संघर्ष।

6. 'दलाल' सारा वक्त यही कहता है कि 'कोई-न-कोई रास्ता ज़रूर होगा।' अन्त में पट्टीवाला पुरुष कहता है : 'हाँ, है रास्ता।' 'क्या ?' 'बताऊँगा नहीं।' 'हम तुम्हें मार डालेंगे।' 'उससे तुम्हें रास्ते का पता तो नहीं चलेगा। मेरे जिन्दा रहने में ही तुम्हारे लिए कोई आशा हो सकती है।' 'तो फिर बताओ।' 'तुम बताओ, तुममें से किसी को भी क्यों बचाया जाए ?' उसका आरोप; अब्दुल्ला और नियामत की सूचना के अनुसार चढ़ता हुआ बाढ़ का पानी। जमीन के और-और कटते जाने के साथ हर व्यक्ति का विघटन।

7. 'पत्थरों की दीवार बन सके तो हम बच सकते हैं,' दलाल कहता है। 'पानी पत्थरों को नहीं, जमीन को काट रहा है। जमीन ही नहीं होगी जिस पर पत्थर रखे जा सकें।'

8. 'शायद हम लोग आत्म-स्वीकार द्वारा बच सकें।'

9. पट्टीवाले आदमी का प्रस्ताव—"हम लोग आत्महत्या कर लें। यह बाढ़ में बह जाने से तो अच्छा ही होगा।"

10. पट्टीवाले का चरित्र बहुत-कुछ छोटी लड़की के जागने पर निर्भर है। वह बेहोश हो गई है। इस बीच बाढ़ का खतरा बढ़ता जा रहा है। जब कि ये सब चाहते थे कि वह आत्मस्वीकार करे, स्थिति की विडम्बना उन्हें आत्मस्वीकार के लिए लाचार करती है।

11. मरने तक आदमी की ज़रूरतों का सवाल। खाना। पीना। सैक्स। "क्या मौत सामने खड़ी हो तो सैक्स सम्भव है ?" 'भूख लगेगी तो खाना नहीं खाओगे ? या ज़रूरत हुई तो पियोगे नहीं ?"

12. पुरुष क्रान्तिकारी दृष्टिकोण की वकालत करता है, जबकि दलाल

योजना का पक्षपाती है।

13. साधनों और शक्तियों का एकत्रीकरण (पुलिंग)। एकत्रीकरण से नया मतलब ? हरेक के लिए लेने का बराबर का अधिकार।

14. दृश्य विभाजन :

(i) भीतर

दृश्य 1, दृश्य 2, दृश्य 3

(ii) बाहर

दृश्य 1, दृश्य 2, दृश्य 3

(iii) भीतर

दृश्य 1, दृश्य 2, दृश्य 3।

खंड : तीन

अनुसन्धान

भूमिका

शोधपरक नाट्य-चिन्तन और प्रयोग

नेहरू फैलोशिप के अन्तर्गत 'नाटकीय शब्द' पर गम्भीर अध्ययन, चिन्तन-मनन और अनुसन्धान के बाद नाटककार मोहन राकेश ने इस सत्य से साक्षात्कार कर लिया था कि वर्तमान समय में दृश्य-बिम्ब का विखंडन करके सिनेमा ने प्रदर्शनीयता का अद्भुत विस्तार और सम्मोहक प्रभाव प्राप्त कर लिया है। मंच पर यथार्थपरक दृश्य का जादू खड़ा करके रंगमंच उसका मुकाबला कभी नहीं कर सकता। इसलिए रंगमंच के जीवन एवं भविष्य के लिए हमारे पास अब भाषा के विखंडन के अतिरिक्त और कोई विकल्प नहीं है। स्वयं उन्हीं के शब्दों में, ''रंगमंच में दृश्य की आपेक्षिक स्थिरता के बावजूद जो एक आन्तरिक गति रहती है, वह शब्दों और ध्वनियों की निरन्तरता से ही उपजती है, क्योंकि यहाँ जो 'देखा' जाता है, वह 'सुने जा रहे' का ही रूपान्तर होता है।'' इस सैद्धान्तिक स्थापना को व्यावहारिक स्तर पर परखने-जाँचने के लिए ही राकेश ने पार्श्व-नाटक का अभिनव रंग-प्रयोग किया था। इसमें रचनाकार-चिन्तक ने शब्दों और ध्वनियों को पार्श्व/नेपथ्य में रखकर, मंच पर अभिनेता की प्रत्यक्ष क्रियाओं-मुद्राओं के साथ उन्हें नाटकीय ढंग से संयोजित करके, मंच के सीमित समय एवं स्थान को असीमित दिक्-काल में बदलने की प्रक्रिया से दर्शक के मन में विश्लेषणातीत अर्थों की अनुगूँजें पैदा करने की परिकल्पना की थी।

अंग्रेजी में 'मैड डिलाइट' और हिन्दी में 'छतरियाँ' नामक इस पार्श्व-नाटक की रचना मैक्समूलर भवन द्वारा आयोजित

शिमला-वर्कशॉप के लिए हुई थी। 4 अप्रैल से 14 अप्रैल, 1972 तक शिमला के 'इंडियन इंस्टीच्यूट ऑफ एडवांस स्टडीज' की खूबसूरत इमारत में इस नाट्य-यज्ञ का आयोजन किया गया था। सिनेमा और टेलीविजन की आक्रामक चुनौतियों का सामना कर सकनेवाले रंगमंच के मौलिक अभिव्यक्ति-रूप, मुहावरे तथा उसकी नई भाषा की तलाश के महत् उद्देश्य से संयोजित इस कार्यशाला के संयोजक-निर्देशक थे—पेरिस से आए सुविख्यात जर्मन रंगकर्मी वाल्फ्राम मेहरिंग। इसमें सक्रिय रचनात्मक सहयोग देने के लिए कलकत्ता से अजितेश बैनर्जी, दिल्ली से राजिन्दर नाथ और बम्बई से सत्यदेव दुबे जैसे प्रयोगधर्मी एवं प्रबुद्ध भारतीय नाट्य-निर्देशकों को निमन्त्रित किया गया था। इसमें ओम शिवपुरी, सुधा शिवपुरी, डॉ. श्री निवास, राजन, बृजनाथ, माधव मुखर्जी, बरजोर पटेल, रीता देसाई, ए.वी. धनुषकोड़ी, कुलभूषण खरबन्दा, राम गोपाल बजाज, अनिल सहगल तथा चेतना तिवारी (जालान) के अतिरिक्त सौंग एंड ड्रामा डिवीजन (दिल्ली) के बीस कलाकारों तथा पाँच संगीतज्ञों ने भी सक्रिय भाग लिया था।

वर्कशॉप की अपेक्षाओं के अनुरूप 'छतरियाँ' एक सम्पूर्णतः परिपक्व नाट्य-रचना के रूप में नहीं लिखा गया था। यह एक प्रायोगिक ढाँचा मात्र था। इसका उद्देश्य केवल निर्देशकों-अभिनेताओं की सूझ-बूझ एवं कल्पनाशक्ति को इस प्रकार से उत्प्रेरित करना था कि वे अपनी-अपनी समझ और परिकल्पनाओं के अनुसार शब्दों एवं दृश्यों के बिम्बों को परस्पर अलग-अलग करके उन्हें समक्षीकरण (juxtaposition) और रचनात्मक संयोजन द्वारा एक नए नाटकीय पैटर्न में प्रस्तुत करके अपने मन्तव्य को दर्शकों तक सम्प्रेषित कर सकें।

छतरियाँ या कुकुरमुत्ते के केन्द्रीय प्रतीक और आलेख के मूलकथ्य तथा उसकी व्याख्या को लेकर प्रतिभागियों में अन्त तक पर्याप्त विवाद एवं मतभेद रहा। नौ-दस दिनों के लगातार वाद-विवाद, काट-छाँट, परिवर्तन, संशोधन और आशु-रचना के

बाद जब 13 अप्रैल को स्थानीय गेयटी थिएटर में लगभग ढाई सौ बुद्धिजीवियों, कलाकारों और आमन्त्रित दर्शकों के समक्ष इस आलेख के पाँच प्रयोग-प्रारूप प्रस्तुत किए गए तो वे आश्चर्यजनक रूप से एक-दूसरे से सर्वथा भिन्न सिद्ध हुए। सत्यदेव दुबे ने कुकुरमुत्ते को 'लड़की', अजितेश बैनर्जी ने 'चाबी' और राजिन्दर नाथ ने 'खाली डिब्बा' बना दिया। बालफ्रेम मेहरिंग ने कुकुरमुत्ते को विकास (ग्रोथ), शक्ति और ऊर्जा का एक ऐसा प्रतीक माना जो स्वयं मनुष्य से अप्रभावित होते हुए भी उसे प्रभावित करता है। अजितेश बैनर्जी ने इसे असंगत शैली में मध्यवर्गीय व्यक्ति और भीड़ के सम्बन्धों से जोड़ा, जिसके सामने भविष्य की कोई आशा नहीं है। राजिन्दर नाथ के अनुसार ये मध्यवर्ग द्वारा निरर्थक चीज़ों को पाने के पागलपन और फिर उन्हीं चीज़ों द्वारा जकड़ लिए जाने की विडम्बनापूर्ण स्थिति का नाटक है। सत्यदेव दुबे ने इसके दो प्रारूप प्रस्तुत किए और इसमें स्त्री-पुरुष के यौन-सम्बन्धों की गहरी छायाएँ देखीं। दूसरे प्रयोग में तो इन्होंने पुरुष की केन्द्रीय भूमिका भी निभाई और कुकुरमुत्ते के स्थान पर चेतना तिवारी को एक कामुक बैले नर्तकी के रूप में पेश किया। इसमें स्त्री-पुरुष का सम्बद्ध नृत्य-रचना में निबद्ध काम-क्रीड़ा की तरह प्रस्तुत हुआ। अन्त में भीड़ (समाज या परिवेश) द्वारा लड़की (व्यक्ति) के बलात्कार का दृश्य भी दिखाया गया। मेहरिंग और राजिन्दर नाथ ने हिन्दी (छतरियाँ) तथा अजितेश और दुबे ने अंग्रेजी (मैड डिलाइट) आलेख का इस्तेमाल किया। दर्शकों की जागृत साझेदारी को सभी ने ऐसे प्रयोग की अनिवार्य शर्त माना।

परिणाम की दृष्टि से राकेश का यह महत्त्वपूर्ण रंग-प्रयास केवल 'प्रयोग के लिए प्रयोग' बनकर रह गया। राकेश की आकस्मिक-मृत्यु ने इस सम्भावनापूर्ण-शोध प्रयोग की भी भ्रूण-हत्या कर दी और उनके बाद किसी भी रचनाकार या चिन्तक ने इस बीहड़ पगडंडी पर एक कदम भी आगे बढ़ने का साहस नहीं किया।

इस सबके बावजूद मोहन राकेश के नाट्य-भाषा सम्बन्धी मौलिक चिन्तन को समझने के लिए उनके इस पार्श्व-नाटक 'छतरियाँ' का गम्भीर अध्ययन अति आवश्यक है। इसी ज़रूरत के कारण इसे यहाँ प्रकाशित किया जा रहा है।

—जयदेव तनेजा

रंगकर्म में शब्दों की बदलती भूमिका

(राकेश से मोहन महर्षि की बातचीत)

*[इससे पहले कि हम अन्ततः साक्षात्कार का दौर शुरू करते, राकेशजी ने एक छोटा सा प्रयोगात्मक आलेख मुझे पढ़कर सुनाया, जिसका शीर्षक **मैड डिलाइट**[1] था। शिमला में इसके चार अलग-अलग निर्देशकों ने अपने प्रस्तुति-आलेखों पर दस दिन की वर्कशाप के दौरान चार अलग-अलग प्रदर्शन किए। आलेख मात्र एक रूपरेखा थी, जो निर्देशक को ध्वनि, शब्दों और दृश्यों के परस्पर विविध संयोजनों का मात्र संकेत भर देती थी।*

*मोहन राकेश थिएटर की आज की स्थिति के प्रति काफ़ी परेशान थे, और हम सबकी तरह वह भी थिएटर के मौलिक रूप तक जाने की प्रबल इच्छा रखते थे और अपनी इसी सोच को ठीक से समझने में इस दिशा में **मैड डिलाइट** उनका पहला व्यावहारिक प्रयोग था, ऐसा उन्होंने बताया।]*

मोहन महर्षि : इस स्क्रिप्ट से आपने क्या प्राप्त करना चाहा है ?

मोहन राकेश : यह तो पहला कदम है जो मुझे पहले ध्वनि और बाद में शब्दों के विखंडन की ओर ले जाएगा। ऐसे विखंडन के बारे में मैं काफ़ी अरसे से सोच रहा था। मैं महसूस करता हूँ कि नाटक के क्षेत्र में बहुत लोगों ने दृश्यों के विखंडन पर काफ़ी महत्त्वपूर्ण प्रयोग किए हैं। लेकिन वह महज़ सिनेमा के साथ प्रतियोगिता के स्तर पर ही थे। क्योंकि कुछ लोग सोचते हैं कि नाटक के माध्यम में कुछ सीमाएँ हैं जिसकी वजह से

---

1. राकेश के इस प्रयोगधर्मी अंग्रेजी नाट्यालेख का हिन्दी रूप 'छतरियाँ' है, जो इसी पुस्तक के तीसरे खंड में उपलब्ध है।—सं.

वह सिनेमा जैसे प्रबल माध्यम की तरह दृश्यों का निरन्तर द्रुत सिलसिला नहीं दे पाता है। इसलिए वे अलग-अलग तकनीकी उपायों के माध्यम से थिएटर में एक प्रकार का (यथार्थ का) भ्रम लाने का असफल प्रयास कर रहे हैं जो केवल सिनेमा में ही सम्भव है।

यही वजह है जिसने बहुत से लोगों को 'थिएटर ऑफ़ फ़िक्स्ड मूवीज़' के तर्क पर सोचने पर मजबूर किया अर्थात् दृश्यों का विखंडन करने के लिए अलग-अलग माध्यमों का सम्मिश्रण। मैं ऐसे प्रयोगों की तर्कसंगति को चुनौती नहीं देता। लेकिन अगर हम थिएटर की स्थान सम्बन्धी वस्तुगत सीमाओं को ठीक से समझें तो हम जान जाएँगे कि हम कितने सीमाबद्ध हैं और दृश्यों का विखंडन एक सीमा तक ही कर सकते हैं तथा हमारी सारी मेहनत बेकार गई है। इससे बेहतर होगा यदि आज हम केवल थिएटर के बारे में ही कुछ विशेष तरीके सोचें।

महर्षि : जैसे ?

राकेश : अपने लिखने तथा सोचने के दौरान मैंने महसूस किया कि शब्दों और दृश्यों के आपसी विखंडन की बहुत सम्भावनाएँ हैं। मेरी जिस छोटी सी स्क्रिप्ट का आपने ज़िक्र किया है, वह उस तरफ बढ़ा एक पहला कदम है। यह केवल शब्दों और ध्वनि को कुछ सीमा तक अलग करती है। मैं इतना कह सका हूँ कि अपने दर्शकों को गहरा मानवीय अनुभव न सही, अधिक समसामयिक अनुभव देने में जो समर्थ हो, ऐसी अलग प्रकार की भाषा देने के लिए हम ध्वनि और शब्दों के तार्किक क्रम को तोड़ सकते हैं। तुमने ध्यान दिया होगा कि **मैड डिलाइट** के आलेख के दृश्यों में ज़्यादा परिवर्तन नहीं है। इसमें एक आदमी और एक खुम्भी (मशरूम) हैं जिनके बीच अधिक कुछ नहीं होता, सिवाय इसके कि आदमी खुम्भी तोड़ता है और इसके बाद उसकी चेष्टाओं से, उन दोनों के आपसी व्यवहार से सम्बन्धों में बदलाव दिखाई पड़ता है। दूसरी तरफ़ साउंड ट्रैक द्वारा उस व्यक्ति के

अन्तर्द्वन्द्व को बखूबी उजागर किया गया है। इसमें ध्वनि और शब्द का आपसी मेल किसी विशेष तर्क का आसंजन नहीं करता। दरअसल इस आलेख में केवल दो ही पात्र हैं— ध्वनि और दृश्य। रचना की नाटकीयता उनकी नाटकीयता के सान्निध्य में ही है। दृश्य और ध्वनि के इन दोनों पात्रों में से विखंडन मात्र ध्वनि का ही है। वह भी सीमित रूप में।

इसी विषय पर काम करते-करते हो सकता है कि हम कोई ऐसा रूप ईजाद कर लें जहाँ ऐसे विखंडन नाटकीय गठन का एक महत्त्वपूर्ण हिस्सा बन जाएँ। **मैड डिलाइट** मेरी अपनी सोच को समझने की मात्र शुरुआत ही है।

महर्षि : आपने खोज के लिए शब्दों और ध्वनि के विषय को ही क्यों चुना ? यह उससे किस प्रकार सम्बद्ध है जो आप आगे अपने नाटक में लिखेंगे ?

राकेश : मैं समझता हूँ कि आज की ज़िन्दगी में एक भिन्न प्रकार की गति आ गई है। यह ज़िन्दगी भी खंडों में विभाजित ठहरी हुई संवेदना है जो कभी हमारे जीवन का एक हिस्सा हुआ करती थी, आज वह उसी रूप में ठहरी हुई नहीं है। यह विखंडन ही है जिससे पिछले कुछ वर्षों में सिनेमा काफ़ी आगे पहुँच गया है। हमारी आज की ज़िन्दगी अर्थात् हमारे आस-पास विज्ञान तथा तकनीक और अन्य सम्बद्ध क्षेत्रों में इतना कुछ घट रहा है जिससे हमारी ज़िन्दगी भिन्न प्रकार की हो गई है और उसमें इतनी तेज़ी आ गई जिसकी वजह से कहानी अथवा नाटक में हम आराम अथवा ठहरी हुई गति से नहीं चल सकते। आधुनिक सिनेमा ने इसे दृश्यों के विखंडन में पा लिया है। यदि आज के लोगों की अपेक्षाओं को पूरा करना है तो यही गति नाटक में भी लानी होगी। और मैं समझता हूँ कि इस गति को दृश्य में खोजने की अपेक्षा हमें उसे शब्दों और ध्वनि में खोजना होगा।

महर्षि : मैंने ध्यान दिया कि **मैड डिलाइट** में ध्वनियों का प्रयोग नेपथ्य से किया गया है। इससे ध्वनि-ट्रैक पर अतिरिक्त

ज़ोर पड़ता है। इससे क्या कलाकार के अभिनय पर प्रतिकूल प्रभाव नहीं पड़ेगा ?

राकेश : नहीं, अभिनेता की एक भूमिका रही है और हमेशा रहेगी। मैं यह कहना चाह रहा हूँ कि नाटक में जिस गति की हमें आज आवश्यकता है वह तकनीकी या किसी अन्य माध्यम से थिएटर में सम्भव नहीं है। मेरा यह प्रयोग सफल या फिर असफल हो सकता है, लेकिन मेरे कहने का अभिप्राय यह है कि हम नाटकीयकरण द्वारा ध्वनि और शब्दों का ऐसा क्रमिक तालमेल कर सकते हैं जो आज के जीवन और विचारों की गति को उद्‌घाटित कर सके। अभिनेता महत्त्वपूर्ण बना रहेगा क्योंकि उसकी चेष्टाओं और भंगिमाओं से ही हम उसके शब्दों और ध्वनि का अर्थ समझ पाते हैं। निर्देशक की भी यहाँ महत्त्वपूर्ण भूमिका है, क्योंकि वही है जो उन ध्वनि और दृश्य दोनों के बीच सम्बन्ध स्थापित करता है। रंगकर्म में शब्द, अभिनेता और निर्देशक—इन तीनों के अलावा और किसी भी विषय पर ज़ोर देना बेकार है। जहाँ सिनेमा में मूलतत्त्व बिम्ब (इमेज) है वहीं नाटक में शब्द महत्त्व रखते हैं। नाटक की मूल विशेषता उसके शब्दों की रवानगी में है और दृश्य के माध्यम से उस रवानगी का पता चलता है।

महर्षि : थिएटर में दृश्य का रूप सिनेमा के दृश्य के रूप से भिन्न है। थिएटर में दृश्य का अर्थ एक जीता-जागता अभिनेता होता है। दूसरी तरफ सिनेमा में निर्जीव चीज़ों को भी सजीव दिखाने की जबर्दस्त क्षमता है। कुछ मामलों में तो स्क्रीन पर कोई व्यक्ति नहीं आता फिर भी फिल्म तीव्र मानवीय अनुभव देती है। जबकि थिएटर में बिना अभिनेता के कोई मंच प्रदर्शन हो ही नहीं सकता। इसलिए दोनों माध्यमों में बिम्बों की तुलना से जो निष्कर्ष निकाले जाते हैं वे गुमराह करनेवाले हो सकते हैं। थिएटर में अभिनेता ही महत्त्वपूर्ण है।

राकेश : हम इन विषयों में न उलझें। यह सोचना गलत होगा कि

मेरी खोज अभिनेता के विरुद्ध है। यदि मेरी सोच का अर्थ थिएटर में अभिनेता की भूमिका को नकारने का निकाला जाता है तो यह पूर्णतः गलतफहमी है। जिस प्रकार के थिएटर की परिकल्पना मैंने की है उसमें अभिनेता पहले की तरह, न केवल अपना केन्द्रीय स्थान ही रखेगा बल्कि उसका महत्त्व उससे ज़्यादा भी हो सकता है, किन्तु उसकी ज़िम्मेदारी आज की भूमिका से अलग तरह की भी हो सकती है। मेरी बहुत दृढ़ धारणा है कि थिएटर में अभिनेता को अपनी अभिव्यक्ति की स्वतन्त्रता मिलनी ही चाहिए। मैं इन अनुभवों को 'घटनाओं' की तरह देखता हूँ, घटनाएँ जहाँ एक अभिनेता परम्परागत थिएटर द्वारा उस पर थोपी गई जड़ता के प्रति विद्रोह पर उतर आया हो। इस जड़ता को अब खत्म करना ही होगा।

महर्षि : रूढ़िवादी जड़ता को तोड़ने का अर्थ ही यह है कि अभिनेता को कुछ नया ढूँढ़ना होगा। क्या आप यह कहना चाहते हैं कि आपके नाटकों को दर्शकों तक पहुँचाने के लिए अभिनेता को एक अलग तरह के प्रशिक्षण की आवश्यकता पड़ेगी ? आप यह कैसे मानते हैं, इस तरह वह अपनी 'आज़ादी' पा सकेगा ?

राकेश : शब्द और ध्वनि में इतनी शक्ति लानी होगी जो अभिनेता को ऊर्जस्वित और स्वतन्त्र कर सके।

हमारे लोक-नाटकों में ऐसा ही है। मैं समझता हूँ कि इन लोक नाटकों के कुछ रूपों में से हम अप्रोच की ड्रायरैक्टनैस में से बहुत कुछ अपना सकते हैं। उनमें अभिनेता तनावमुक्त होता है। मेरे विचार से आज के एक अच्छे नाटक में अभिनेता को ठीक वैसी ही व्यक्तिगत विश्रान्ति मिलनी चाहिए जो लोक कलाकार (अभिनेता) को कब से प्राप्त है। आज मुझे नाटक में ऐसे विशेष रंग-निर्देश देना बहुत बेतुका लगता है, जैसे कि, ''वह खिड़की पर लगे परदों के पास जाता है जो स्टेज के बाईं ओर हैं और उन पर पीली धारियाँ हैं।'' नहीं, मैं समझता हूँ कि अभिनेता को जागरूकता

के ऐसे क्षेत्र में छोड़ देना चाहिए जहाँ वह अपने मन तथा आत्मा के निर्देशों को आज़ादी से सुन और समझ सके। वह अपने को निरर्थक सख्त निर्देशनों में जकड़ा हुआ महसूस न करे। मैं जानता हूँ कि अभिनेता की स्वतन्त्रता के बारे में अभी यह बात करना असामयिक है। सबसे पहले तो स्क्रिप्ट ही ऐसी होनी चाहिए जिसमें अभिनेता की भूमिका से कुछ नए प्रकार की अपेक्षा की गई हो।

महर्षि : **मैड डिलाइट** में मैंने ध्यान दिया है कि जहाँ ध्वनि को पार्श्व में रखा गया है, स्टेज पर व्यक्ति और कुकुरमुत्ता हैं और उनके बीच एक रिश्ता बनता जा रहा है। लेकिन यहाँ अभिनेता को अपनी अंग-मुद्राओं द्वारा कहने को तो बहुत कुछ है पर मुँह-वाणी से वह कुछ भी नहीं कर सकता।

राकेश : हाँ। इसमें ऐसा ही है, क्योंकि इसमें मैंने शब्द की सत्ता को दृश्य से अलग रखने और उसे भिन्न पहचान देने का प्रयत्न किया है। ध्वनि को स्टेज के पीछे अलग डाल दिया है। इससे मैं स्वयं यह जानना चाहता था कि क्या पार्श्व ध्वनि के महत्त्व को बढ़ाकर उसे प्रमुख भूमिका दी जा सकती है ? मैं यह नहीं कह रहा कि हमेशा यह इसी तरीके से होगा। लेकिन मेरा विश्वास है कि इस पर काम करने की प्रयोग-प्रक्रिया में हम ऐसी लेखन शैली उपलब्ध कर सकते हैं जहाँ अधिकांश शब्द और ध्वनियाँ मंच अभिनेता की धरोहर बन जाएँ।

महर्षि : लेकिन यह आपके उस अमूर्तीकरण के दायरे को बहुत ही सीमित कर देगी जिसे आप तलाश रहे हैं, क्योंकि अभिनेता शरीर और गले की मानवीय सीमाएँ रखता है।

राकेश : मुझे अफ़सोस है कि तुम्हारी सोच अभी भी मेरी इस स्क्रिप्ट के इर्द-गिर्द ही घूम रही है। हो सकता है कि यह स्क्रिप्ट अभिनेता से किसी विशेष प्रकार के शैलीबद्ध व्यवहार की अपेक्षा करती हो, लेकिन मैं ऐसा नहीं समझता कि यह हमेशा ऐसी रहेगी। कभी-कभी एक अभिनेता सामान्य से

अभिनय और फिर एक पूर्णतया यथार्थवादी क्रियाकलापों के साथ कुछ शब्दों तथा ध्वनियों के सान्निध्य द्वारा एक अयथार्थवादी अथवा अतियथार्थवादी (अल्ट्रा रियलिस्टिक) लक्ष्यार्थ प्राप्त कर सकता है। चूँकि हम इस बिन्दु पर काफ़ी देर से अटके हुए हैं इसलिए यह कहकर इससे अलग हटा जाए कि यह एक खास दिशा में केवल एक खोज मात्र है। यह कहना असामयिक होगा कि कोई प्रबल परिवर्तन लाने में, मेरे नाट्य-लेखन के अन्दाज़ में यह मेरी कितनी सहायता कर सकेगा ? फिर भी कहीं न कहीं मैं एक शुरुआत ज़रूर करना चाहूँगा और इसीलिए इस पर खोज जारी रखूँगा।

महर्षि : भारतीय थिएटर की मौजूदा स्थिति के बारे में आप क्या सोचते हैं ?

राकेश : हम इससे इनकार नहीं कर सकते कि हम संकट के दौर से गुजर रहे हैं। रंगमंच का आज के समय से अभी वास्तविक सम्बन्ध नहीं जुड़ा है। और यह भी नहीं कि पश्चिमी रंगमंच ऐसा कर पाया है। अभी पीछे ही मैंने लन्दन में पिंटर का **ओल्ड टाइम्स** नाटक देखा। एक अच्छा नाटक, अच्छा अभिनय और अच्छा निर्देशन लिए हुए। लेकिन अभी हाल ही में एक ब्रिटिश नाटककार जो कुछ सप्ताह पहले भारत आया हुआ था, हैरान रह गया जब मैंने उस नाटक को रूढ़िवादी थिएटर की अच्छी मिसाल बताया। **रूढ़िवादी रंगमंच !** वह चौंका। तुम पिंटर को रूढ़िवादी कहते हो ? मैंने उत्तर दिया, ''हाँ, मैं भी रूढ़िवादी हूँ। मैं अपने आसपास होते सभी नाटकों को रूढ़िवादी मानता हूँ।''

आजकल अधिकतर या तो नाटक अच्छे होते हैं या फिर प्रोडक्शन अच्छा होता है और कभी-कभी दोनों ही अच्छे होते हैं। लेकिन वह आज के अनुभव नहीं होते। इसी कारण यदि आज पश्चिमी युवा अभिनेताओं तथा निर्देशकों में विद्रोह पैदा हो रहा है तो इसमें कुछ गलत नहीं है। हालाँकि कुछ एक प्रयोग अवश्य सही नहीं हुए हैं। किन्तु

हम उन्हें दोषी नहीं ठहरा सकते क्योंकि यह नाटककार हैं, जो खरे नहीं उतरे। कुछ देशों में मैंने प्रोडक्शन के क्षेत्र में परिवर्तन होते देखे हैं। लेकिन सबसे ज़्यादा उत्साहित मैं तब हुआ जब मैंने युवा लोगों को राजनीति से सम्बन्धित नाटक करते पाया। एक तरह से ये लोग अपने समय के असन्तोष को व्यक्त करने में सफल हुए हैं। लेकिन वहाँ भी ऐसे बहुत कम प्रयास दिखे, जिन्हें सचमुच असली रंगमंच कहा जा सकता हो। दुर्भाग्यवश ये सब थिएटर भी महज़ अपनी चामत्कारिकता (गिमिक्री) का ही विकास कर पाए हैं। और कुछ लोग जिन पर दर्शकों की साझेदारी की धुन सवार थी, उसके परिणाम बड़े अज़ीबोग़रीब निकले। दर्शकों की वास्तविक भागीदारी के नाम पर अपने कुछ कलाकारों को ऑडिटोरियम में बिठा भर देने से क्या होता है ? अभी हाल ही में मैंने उत्पल दत्त के कुछ नाटक देखे, जिनमें से कुछ एक के बारे में मैं कहना चाहूँगा। शब्दों का रमणीय थिएटर, लेकिन केवल शब्दों की बौछार मात्र। नाटककार ने वे शब्द मात्र अपने लिए ही प्रयोग किए थे। लगातार चलते रहनेवाले वार्तालाप का लोगों ने इसलिए आनन्द उठाया क्योंकि अभिनेता बढ़िया थे। हालाँकि शब्दाधिक्य काफ़ी उबाऊ था। हालाँकि अब तक हममें से अधिकतर को यही रोग है। हम लोग शब्दों का प्रयोग उनके साहित्यिक प्रभाव के लिए ही करते रहे हैं। अब तक नाटककार मूलतः साहित्य का व्यक्ति ही होता है जिसे शब्दों का साहित्यिक लक्ष्यार्थ बहुत पसन्द है।

प्रायः एक नाटक में आवश्यकता से अधिक शब्द लिख दिए जाते हैं। फिर भी कुछ ड्रामा रह जाता है क्योंकि कुछ शब्द ऐसे होते ही हैं जो सही अर्थों में 'ड्रेमेटिक टैक्स्चर' लिये होते हैं। ऐसे शब्दों का यदि मितव्ययिता से उपयोग न भी किया जाए तो भी वे ड्रेमेटिक प्रभाव उत्पन्न करते ही हैं। मैं अपने ही नाटकों के बारे में बात करना चाहूँगा। मेरे पहले दो नाटक अपनी साहित्यिक ख़ूबसूरती की वजह से

पसन्द किए गए। लेकिन मुझे लगा कि यही वजह थी कि जिससे वे मेरे अपने आसपास के माहौल के मूड और लय को नहीं व्यक्त कर पाए। यद्यपि मैंने ऐतिहासिक चरित्रों का इस्तेमाल एक समकालीन अर्थ देने के लिए किया। लेकिन तब भी मुझे लगा कि शब्दों के साहित्यिक अतिरेक से कहीं न कहीं उनके नाटकीय प्रक्षेपण और अर्थ में कुछ न कुछ कमी रह ही गई है।

अपने तीसरे नाटक में मैंने अपने आस-पास के जीवन के यथार्थ को सीधे-सीधे पकड़ने की कोशिश की और ऐसी भाषा की तलाश करने की कोशिश की जो कि आम बोलचाल की सीधी और अधिकाधिक दर्शकों को सम्बोधित भाषा हो। लेकिन वह भी सिर्फ़ एक पड़ाव ही थी। पिछले तीन वर्षों से मैं शब्दों के ऐसे सम-सामयिक मुहावरे की खोज में लगा हुआ हूँ जो सिर्फ़ थिएटर का हो। नाटक के अन्त में जब नाटककार अपने मुख्य पात्रों के मुख से लम्बे-लम्बे व्याख्यानों द्वारा अपनी बात कहना चाहता है, तो मुझे इससे चिढ़ होती है। यह कमी मात्र मेरे ही नाटकों में नहीं है बल्कि मेरे समय के लगभग सभी नाटककारों में विद्यमान है। बादल सरकार के **बाकी इतिहास** में वह सीतानाथ का भूत, जो नाटक के अन्त में नाटककार के अभिप्राय को बताने के लिए लम्बे भावुकता-भरे वाक्यों की बौछार करता है। ऐसा ही तेंदुलकर के **शान्तता** की मिस बेणारे और **आधे अधूरे** की सावित्री तथा जुनेजा के साथ है।

इन लम्बे व्याख्यानों पर नाटककार शायद इसलिए निर्भर करता है क्योंकि वह अपनी बात नाटक के मूल भाग में नाटकीय ढंग से पिरो नहीं पाता है। शब्दों की बौछार केवल शब्दों का अतिरेक ही नहीं है, बल्कि थिएटर में शब्दों के प्रति कुछ हद तक पूर्वग्रह पैदा करने के लिए भी ज़िम्मेदार है।

पिछले तीन-चार साल से थिएटर से (प्रत्यक्षतः) जुड़ा रहने के कारण मैं काफ़ी सनकी हो गया हूँ। मैं अपने को

और अन्यों को भी लेकर काफ़ी नाराज हूँ। अपने आनेवाले (चौथे) नाटक में जो अभी लिखना है, मैं अपने को सहज उपलब्ध उन शब्दों से दूर रख रहा हूँ जो पिछला जुड़ाव होने के कारण आसानी से आ जाते हैं। मैं उस भाषा के करीब जाना चाहता हूँ जो कि जीने की भाषा हो, न कि जानने की। यह काफ़ी लोगों को अनाधुनिक लगेगी, लेकिन मैं तीव्रता से महसूस करता हूँ कि वे सुविचारित-अनुच्छेद अथवा ज्ञानयुक्त गद्य के अंश वास्तव में साहित्यिक घुसपैठिए हैं, जो थिएटर के कतई नहीं हैं।

यदि ऐसे उत्कृष्ट और अर्थपूर्ण गद्यांश, जिनका कुछ लोगों पर थिएट्रिकली बहुत असर होता है, तो वह केवल इसलिए कि उन्हें बोलनेवाला अभिनेता सशक्त होता है। लेकिन ये उतने ही थोथे होते हैं जितने कि किसी सार्वजनिक-मंच पर खड़े राजनीतिज्ञ के भाषण, जिन्हें हम अक्सर सुना करते हैं।

महर्षि : क्या आप अपने आनेवाले नाटकों में बौद्धिक तत्त्व से बिल्कुल परे रहेंगे ?

राकेश : यह बौद्धिक तत्त्व से परे होनेवाली बात नहीं है। आज की कविताओं में काफ़ी विखंडन पाया जाता है लेकिन उनका बौद्धिक तत्त्व तो समाप्त नहीं हुआ। इसके विपरीत उसमें बौद्धिक तत्त्व अधिक तीव्र हो गया है। चाहे भिन्न मुहावरे के साथ। ठीक उसी तरह थिएटर की विखंडित भाषा भी हमारे होने की भाषा होनी चाहिए कि जिससे हमें अपने समय के बारे में पता चल सके। और इसमें कोई शक नहीं कि हम भाषा के उस तरफ़ जाते रहे हैं। हमारी आज की भाषा हमारे पूर्ववर्ती लेखकों की भाषा से काफ़ी भिन्न है, यद्यपि पूर्णतया नहीं बदली है और हम अभी भी साहित्यिक भाषा प्रयोग कर रहे हैं जो थिएटर की भाषा नहीं है; और जो पूर्णतः नाटकीय अनुभव को प्रस्तुत नहीं करती। इसके अलावा यह हमारी आज की ज़िन्दगी की मनोदशा से नहीं जुड़ती।

महर्षि : आपका आज की ज़िन्दगी की मनोदशा से क्या तात्पर्य है ? या फिर यों कहूँ कि आप रोज़मर्रा की ज़िन्दगी को कैसे देखते हैं ?

राकेश : आज की ज़िन्दगी की वास्तविकता बहुत जटिल होती जा रही है। हमारे जीवन में लगातार कुछ-न-कुछ घटता रहता है और हम अपने आस-पास की तब्दीलियों के साथ एक तारतम्य जोड़ने की हताश कोशिश में लगे रहते हैं। हम सभी एक खंडित जीवन जी रहे हैं। पूरे एक दिन में भिन्न-भिन्न प्रकार के दस रोल अदा करते हैं। और कभी-कभी एक से भी अधिक परिवर्तित रोल। लेकिन जो चीज़ लगातार बनी रहती है, वह है आपके होने की; या फिर किसी संकट पर विचार की। इसे मैं आज की ज़िन्दगी की मनोदशा कहता हूँ और इसी से हम खंडित होते चलते हैं। हर किसी में कहीं अन्दर कुछ-न-कुछ घटित होता रहता है। एक ऐसा आभास जिसे बताना बहुत मुश्किल है। मन के धरातल पर कहीं एटम फूटने जैसा है। हम इसे महसूस कर सकते हैं, लेकिन पूर्णतः वर्णन नहीं कर पाते। मैं समझता हूँ कि आदमी के मन में जो घटता रहता है उसे थिएटर की भाषा में जगह लेनी होगी जिससे शब्दों और दर्शकों के बीच एक गहरा और तात्कालिक सम्बन्ध बन सके।

महर्षि : ब्रेख्तकालीन थिएटर के बारे में आपकी क्या राय है, जहाँ वस्तुपरक सोच और समझने की प्रक्रिया नाटकीय हो जाती है ?

राकेश : थिएटर की खूबसूरती यह है कि वह हमारे आस-पास की अन्य चीज़ों जैसा बढ़ता चलता है। जहाँ तक ब्रेख़्त का सवाल है, उन्होंने अपने को अपने पूर्ववर्ती थिएटर से काफ़ी हद तक अलग रखा हुआ था। ऐसा उन्होंने थिएटर की उन शक्तियों के साथ जोड़कर किया जो उनके आस-पास की ज़िन्दगी से ऊर्जा पाती हैं। उनकी शैली और तरीके के विषय में आज बात करना अधिक संगत नहीं है। यद्यपि एक ज़माने में उनके नाटक काफ़ी प्रभावशाली रहे हैं पर वह

समय भी विशेष प्रकार के बाद का समय था। और इसी तरीके से उन्होंने मनुष्य-मनुष्य के बीच के सम्बन्ध को तथा मनुष्य और उसके परिवेश को समझा और जाना। उन्होंने अपने दर्शक को उस समय की सच्चाई से अलग-अलग रखा, जिसे उन्होंने उस समय ज़रूरी समझा। उस समय का वह एक प्रभावशाली थिएटर था। वह आज भी प्रभावशाली है क्योंकि उसमें बहुत सी बातें आज भी सार्थक हैं—हालाँकि पिछले कुछ सालों से बहुत तेज़ी से बदली हैं। हर सुबह उठने के बाद आप में पिछड़ेपन का एहसास होने लगता है। और इसी बदलाव और जीवन की तेज़ रफ़्तार ने न केवल हमारे परिवेश में अपितु उसके साथ हमारे सम्बन्धों में एक क्रान्ति ला दी है। एक ही दशक में काफ़ी कुछ घट गया है। मेरे लिए सबसे अहम विषय है इस तेज़ी से बदली सच्चाई के साथ बार-बार टूटने और फिर जुड़ने का सम्बन्ध रखना।

महर्षि : मेरे ख़याल से आज की ज़िन्दगी का तेज़ी से बदलनेवाला गुण उस 'स्थिर' के सम्बन्ध में सार्थक है, जिसे बदलने से इनकार न हो। ज़िन्दगी की यह खींचतान मुझे थिएट्रिकल लगती है।

राकेश : मैं इससे असहमत नहीं हूँ। मैं जानता हूँ कि इंसान मूलतः इंसान ही रहता है लेकिन आज उसे अपने आस-पास के बदलते वातावरण के साथ समझौता करते देख दुख होता है। क्योंकि जीवन में निरन्तर खींचतान चलती रहेगी, इसलिए उसके लिए सही अभिव्यक्ति ढूँढ़ना ज़रूरी है। जो भाषा द्वन्द्व की स्थिति को व्यक्त करती है उसे स्वयं भी इस द्वन्द्व का हिस्सा बनना होगा।

महर्षि : आप क्या समझते हैं कि यह जागरूकता थिएटर को कितना बदल पाएगी ? यह मात्र उसकी शैली (रूपरेखा) बदल पाएगी या फिर यह थिएटर के कार्यकलाप को भी बदल देगी ?

राकेश : बहरहाल, शैली को तो बदलना ही है, किन्तु मैं यह नहीं

समझता कि थिएटर का मौलिक रूप बदल जाएगा। हालाँकि इतनी सम्भावना ज़रूर है कि थिएटर अधिक सीमांकित और पृथक हो जाएगा। थिएटर को अपनी एक अलग पहचान ढूँढ़नी है और इसलिए कुछ हद तक सम्भवतः उसके कार्यों पर भी कुछ असर पड़ेगा।

महर्षि : थिएटर का काम क्या है ?

राकेश : मेरे ख़याल से थिएटर का काम महज़ मानव मस्तिष्क और व्यवहार की विडम्बनाओं और विरोधाभासों को उद्घाटित करना ही नहीं है और न ही सामाजिक-राजनीतिक मसलों पर चिन्तन करना अथवा उपदेश देना। मेरे लिए थिएटर का मुख्य कार्य आज मनुष्य को उसके परिवेश के सम्बन्ध में अपने आपको जानने और खोजने में उसकी मदद करना है। हालाँकि थिएटर का मात्र यही कार्य नहीं होना चाहिए लेकिन यह एक मुख्य काम अवश्य होगा जिसे थिएटर ने अभी तक किया है और आज उसे अधिक प्रभावी ढंग से करना है और यह कार्य साहित्य से कहीं ज़्यादा नाटक कर सकता है।

महर्षि : एक बात जो मुझे हमेशा तंग करती है वह है भारतीय नाटकों की लोकप्रियता का अत्यधिक सीमित होना, जबकि हमारे समाज में बहुत सी विषमताएँ हैं, जैसे—जाति, धर्म, भाषा, बौद्धिक स्तर और फिर आर्थिक भेद। क्या कोई ऐसी नाटकीय शैली हो सकती है जो इन सबसे मुक्त राष्ट्रीय मनोवृत्ति को पसन्द आ सके ?

राकेश : वह एक ज़बर्दस्त क्षण होगा जब हम इस स्थिति को पा सकेंगे। मैं दिल से महसूस करता हूँ कि ऐसा सम्भव है। नाटककार के शब्द कुछ इस तरह काम करें जिससे दर्शक की अनुभूति पर उनका ऐसा प्रभाव पड़े कि वह अचानक अपने आपको आस-पास के परिवेश से जुड़ा पाए। यह उन सीमाओं को सही माने में तोड़ने की कोशिश होगी। जब मैं अस्तित्व की ऐसी भाषा के बारे में बात करता हूँ, तो मेरा तात्पर्य उस भाषा से होता है जो मानव मन तक पहुँच सके

चाहे उसमें दबावों के प्रति विश्लेषणात्मक जागरूकता न हो। मैं समझता हूँ कि धर्म ने एक समय जो काम किया था, वही काम आज थिएटर कर सकता है। लेकिन कैसे और कब, यह कहना बहुत मुश्किल है। कुछ कहा नहीं जा सकता।

छतरियाँ

भारी मशीन को धकेलती सी सम्मिलित आवाज :

आज से कल। आज से कल। आज से कल।

लगभग अँधेरे रंगमंच पर कुछ लोग आवाज के एक-एक झटके से पेंच की तरह घूमते नजर आते हैं।

सम्मिलित आवाज की पृष्ठभूमि में अकेले पुरुष-कंठ की आवाज :

और इस रूप में युग का संकट (प्रतिध्वनियाँ : संकट संकट संकट) हमारे सामने है।

घूमते लोग फिरकी की रफ्तार पकड़ एक-एक करके मंच से बाहर निकल जाते हैं।

वही आवाज डंका पीटने की तरह :

संकट का अर्थ है मूल्यों को लेकर उठते प्रश्न। (प्रतिध्वनियाँ : प्रश्न प्रश्न प्रश्न) प्रश्नों का अर्थ है विचारों की महामारी। (प्रतिध्वनियाँ : महामारी महामारी महामारी) महामारी का अर्थ है मनुष्यता से हटता मनुष्य-जीवन। (प्रतिध्वनियाँ : मनुष्य-जीवन मनुष्य-जीवन मनुष्य-जीवन) और मनुष्य-जीवन का अर्थ है...।

एक आदमी को ठोकर मारकर रंगमंच पर धकेल दिया जाता है। आदमी किसी तरह सँभलकर खड़ा होता है और घुटनों को हाथों का सहारा दिए टटोलती नजर से इधर-उधर देखता है।

तेज़ी से शब्द उगलती दूसरी आवाज :

संविधान, सभाएँ, सूदखोरी, खादी-ग्रामोद्योग, अन्तरिक्ष-यान, चाबी के बन्दर, चाँद की चट्टानें, गेहूँ, रोजी, मिरगी और...।

पहली आवाज काफ़ी ठहराव के साथ :

प्रजातन्त्रीय चुनाव !

एक कोने में रंग-बिरंगी छतरियाँ (कुकुरमुत्ते) आलोकित हो उठती हैं। आकार एक से तीन फुट। आदमी जाकर उनके आसपास घूमता है। फिर वह सबसे बड़ी छतरी को एक बार अभिलाषा के साथ छू लेती है।

उसके छूने के साथ ही गोली दागने की आवाज होती है।

आदमी पल-भर हाथ परे रखता है। फिर छतरी को तोड़ लेने का प्रयत्न करता है।

कई गोलियाँ एक-साथ दागी जाती हैं।

आदमी कुछ क्षण हाथ हटाए रहता है। फिर एक-दो बार उसी तरह कोशिश करके देखता है।

गोलियों की आवाज उसकी हर कोशिश के साथ मिलकर सुनाई देती है।

आदमी कुछ दूसरी छतरियों को छूकर देखता है।

कोई आवा़ज सुनाई नहीं देती।

कुछ आश्वस्त होकर वह चोरी से फिर एक बार सबसे बड़ी छतरी को छू लेता है।

गोलियाँ फिर दागी जाती हैं।

वह हताश होकर जैसे-तैसे उस छतरी को तोड़ लेना चाहता है।

गोलियों की लगातार आवाज उसके प्रयत्न को पीछे छोड़ जाती है।

आदमी आवाज से स्तब्ध होकर रुका रहता है।

गोलियों की आवाज रुकने पर कुछ क्षणों का खामोश अन्तराल।

आहिस्ता-आहिस्ता आदमी के हाथ-पैरों में क्रिया लौटने लगती है। धीमी लयात्मक गति से वह फिर एक बार सबसे बड़ी छतरी को पकड़ लेता है।

गाली फुसफुसाने की आवाज :

हरामी पिल्ला।

आदमी के हाथ छतरी से इस तरह बँध जाते हैं कि उसे तोड़ने के सिवा उसके पास कोई चारा नहीं रहता।

उसके हाथों की लय में गालियाँ फुसफुसाने की आवाज :

हरामी पिल्ला। हरामी पिल्ला।

उल्लू का पट्ठा। उल्लू का पट्ठा।

सूअर का बच्चा। सूअर का बच्चा।

छतरी को भींचकर काँपते हुए आदमी के हाथ रुक जाते हैं।

कोई आवाज सुनाई नहीं देती।

अब आदमी छतरी को तोड़ लेने के लिए प्रचंड भाव से प्रयत्न करने लगता है।

स्पष्ट स्वरों में गालियों की बौछार सुनाई देने लगती है :

तेरे पाजामे में गज-भर की छिपकली।

तेरी रीढ़ पर सरकंडे की खेती।

तेरी दाढ़ में गधे का अजारबन्द।

गालियों की लय से बचने की चेष्टा में आदमी के हाथों का ताल-मेल समाप्त हो जाता है। उसके प्रयत्न का हताश भाव पहले से कहीं बढ़ जाता है।

चारों तरफ से उस पर लानत बरसाई जाती है :

—अबे जाकर देख, तेरे घर की घुड़साल में कौन लकड़बग्घा घास चर रहा है ?

—तेरी बीवी के पेटीकोट पर काला बन्दर थूक लगा रहा है, तू पहले जाकर उसकी थूथन को चाट।

—जाकर बड़े बापू से पूछ, उसकी मोमबत्ती किस बुढ़िया के गुसलखाने में छूट गई है ?

—तेरे नीम के पेड़ पर दूसरों के आलू उग आए हैं, कागजी तरबूज।

—तेरी रोती बिटिया को पड़ोसियों का टामी बहला रहा है।

—तुझे पता भी है छोटे बापू के जिस्म पर काली-सफेद चित्तियाँ निकल आई हैं ? पहले जाकर उन चित्तियों को सहला और उन पर मोम और गन्धक की मालिश कर।

आदमी अपनी हताश के चरम पर पहुँचकर जोर से चिल्लाकर उठता है और उसी आवेश में अपने हाथों को झटक लेता है। तभी वह आश्चर्य के साथ देखता है कि छतरी टूटकर उसके हाथों में आ गई है।

अन्तिम गाली का अन्तिम शब्द इस तरह दोहराया जाता है जैसे ग्रामोफोन रिकॉर्ड की सूई एक जगह अटक गई हो :

मालिश कर...मालिश कर...मालिश कर...मालिश कर...मालिश कर... मालिश कर...।

दोहराए जा रहे शब्द से तंग आकर आदमी छतरी को नीचे पटक देता है।

आवाज रुक जाती है।

आदमी को पश्चात्ताप होता है कि उसने अपनी छतरी फेंक क्यों दी। वह बैठकर छतरी को सहलाने लगता है।

चारों तरफ से पैरों की आवाज सुनाई देने लगती है जो लगातार ऊँची होती जाती है।

आदमी आशंकित भाव से छतरी को थामे उठ खड़ा होता है।

पैरों की आवाज धीमी पड़कर विलीन हो जाती है।

आदमी आशंकित भाव से चारों तरफ देख लेता है। फिर एक तरफ को भागता है।

उधर वह सामूहिक हँसी से टकरा जाता है।

वह एक से दूसरी दिशा में भागने का प्रयत्न करता है।

हर दिशा में वह उसी तरह सामूहिक हँसी से टकरा जाता है।

आदमी कुछ पल फिरकी की तरह घूमकर मंच के बीचोबीच स्थित खड़ा हो जाता है।

बहुत जल्दी-जल्दी एक के बाद एक सुनाई देती आवाजें :

—अकेला आदमी और उसकी अकेली लड़ाई।

—परचे, पोस्टर और अखबारों की सुर्खियाँ।

—मशीन और आदमी।

—राजनीतिक उतार-चढ़ाव।

—साहित्यिक आन्दोलन।

—आर्थिक हेर-फेर।

—धार्मिक धर-पकड़।

—सभाएँ।

—सम्मेलन।

—जुलूस।

—वाक-आउट।

—हड़ताल।

—घिराव।

—पर असल चीज़, सबसे बड़ी चीज़, आदमी की इच्छा-शक्ति और निर्णय।

—निर्णय इस सबका विरोध करने का।

—और उस सबका विरोध करने का जो इस सबका विरोध करता है।

आदमी को लगता है कि छतरी उसके हाथ से निकलकर उड़ जाना चाहती है। वह उसे पकड़ रखने के लिए संघर्ष करने लगता है।

एक बच्चे की किलकारियाँ। वह जैसे अपनी बाँह छुड़ाकर भाग जाना चाहता है। किलकारियों में शरारत का भाव बढ़ता जाता है।

आदमी छतरी को रोक रखने का प्रयत्न करता हुआ आखिर उसे वश में कर लेता है।

किलकारियाँ कुढ़ने के स्वर में बदल जाती हैं।

आदमी कुकुरमुत्ते को थप्पड़ लगा देता है।

बच्चा रोने लगता है।

आदमी छतरी को सहलाने-बहलाने लगता है।

बच्चे का रोना सुबकने में बदलकर शान्त हो जाता है।

आदमी छतरी को अपने से सटाए हुए सहसा चिहुँक जाता है जैसे कि छतरी ने उसे काट लिया हो।

डमरू बजने की आवाज।

आदमी छतरी से छुटकारा पाने की चेष्टा करता है, पर सफल नहीं हो पाता। उसकी चेष्टाएँ सर्कस में विदूषक की चेष्टाओं जैसी लगती हैं। आखिर किसी तरह वह छतरी को अपने से परे उछाल देता है और उसे पैरों से कुचलने लगता है।

शेर के हुँकारने की आवाज।

आदमी आशंकित होकर छतरी को देखता है और उस पर टूट पड़ता है। दोनों के बीच जैसे धींगा-मुश्ती होने लगती है।

हुँकारने की आवाज और-और ऊँची होती जाती है।

आदमी कुश्ती में हारकर लम्बा हो जाता है। छतरी अब उसकी छाती पर सवार है।

हुँकारने की आवाज धीमी पड़ती आवाज की पृष्ठभूमि में एक-दूसरी से आगे आने की चेष्टा करती आवाजें :

—सोचना और चाहना...

—चाहना और सोचना...

—सोचने से अलग चाहना...

—चाहने से अलग सोचना...

—फिर भी अन्तर्मन की आन्तरिक प्रक्रिया के अनुसार...

—जिसका अर्थ है अन्तर्मन की आन्तरिक प्रक्रियाओं के अनुसार...

—अर्थात् अन्तर्मन की आन्तरिक प्रक्रियाओं के अनुसार...

—आदमी का आत्म, आत्म, आत्म...

—आत्म-सन्तोष...

—नहीं...

—आत्म-संकोच...

—नहीं...
—आत्म-जो-कुछ-भी...
—बड़ी-बड़ी शक्तियों द्वारा घिरकर...
—वे शक्तियाँ जो पीछे हैं...
—वे शक्तियाँ जो आगे हैं...
—दाएँ की शक्तियाँ...
—बाएँ की शक्तियाँ...
—नीचे की शक्तियाँ...
—ऊपर की शक्तियाँ...
—शक्तियाँ, शक्तियाँ...
—शक्तियाँ, शक्तियाँ....

कई एक स्त्रियाँ-पुरुष मंच पर आकर छतरियों को तोड़ने लगते हैं। सब छतरियाँ हाथ लगाते ही टूट जाती हैं। आदमी फटी-फटी आँखों से देखता रह जाता है।

नृत्य की धुन।

लोग छतरियाँ लिये नाचते हैं। आदमी अपनी छतरी थामे उठ खड़ा होता है। दूसरों की छतरियों से उसे ईर्ष्या होती है। वह भी दूसरों के पैरों के साथ पैर मिलाकर नाचने की चेष्टा करता है, पर उसके पैर लय में नहीं पड़ते।

नृत्य-संगीत को काटती हवाई हमले के साईरेन की आवाज।

लोग अपनी-अपनी छतरियाँ अपने से सटाए यहाँ-चहाँ छिप जाते हैं। आदमी छिपने की जगह ढूँढ़ता है, पर कोई ठीक सी जगह उसे नहीं मिल पाती।

एक धमाका।

धार्मिक उपदेश का स्वर :

तटस्थता...मुख्य चीज़ है तटस्थता...जो मन की शान्ति का दूसरा नाम है। मन में शान्ति होने से ही बाहर का सारा बिखराव सिमटकर...अर्थात्

सब टुकड़े एक होकर...।

रेडियो एनाउंसर की आवाज :

एक महत्त्वपूर्ण राष्ट्रीय प्रसारण। इस प्रसारण में महत्त्वपूर्ण राष्ट्रीय समस्याएँ राष्ट्रीय दृष्टि से राष्ट्र के सामने प्रस्तुत की जाएँगी। राष्ट्र को राष्ट्रीय संकट से उबारने के लिए जिस राष्ट्रीय संकल्प की आवश्यकता है...क्षमा कीजिए, और कुछ कहने का समय नहीं है...राष्ट्रीय प्रसारण आरम्भ हो रहा है। आरम्भ हो रहा है राष्ट्रीय प्रसारण...!

सब लोग सुनने की मुद्रा बना लेते हैं। केवल इस आदमी को सुनने की सुविधापूर्ण स्थिति नहीं मिल पाती।

एनाउंसर :

आप प्रतीक्षा कर रहे हैं राष्ट्रीय प्रसारण की। आपसे अनुरोध है कि आप थोड़ी प्रतीक्षा और करें।

इस आदमी की छोड़कर और लोग अस्थिर होने लगते हैं।

एनाउंसर :

आप राष्ट्रीय प्रसारण की प्रतीक्षा कर रहे हैं। कृपया थोड़ी देर और प्रतीक्षा करें।

आदमी अपनी छतरी कान से लगाकर बैठ जाता है।

एनाउंसर :

राष्ट्रीय प्रसारण अभी प्रारम्भ होने को है, आपसे फिर एक बार अनुरोध है कि...नहीं-नहीं, अब अनुरोध नहीं है...राष्ट्रीय प्रसारण हो रहा है। राष्ट्रीय प्रसारण।

गलत रफ्तार से चलते टेप-रिकॉर्डर की फैली-फैली आवाजें।

लोग इस तरह सिर हिलाते हैं जैसे सारी बात उनकी समझ में आ रही हो। आदमी अचकचाया सा एक-एक को देखता है।

टेपरिकॉर्डर का स्वर स्वाभाविक गति में आ जाता है :

हमें इन सब बातों को अपने ध्यान में, अपने जेहन में, अपने दिमाग

में रखकर चलना है। हम जिन्दा हैं, तो कुछ असूलों की खातिर और उन असूलों की वजह से। क्योंकि जंग हो या अमन, दानिशमन्दी और सियासत का तकाजा है कि हम लोग...।

लोग अस्थिर होकर बड़बड़ाने लगते हैं। आदमी ध्यान से सुनना चाहता है, पर लोगों की बड़बड़ाहट उसे सुनने नहीं देती।

गलत रफ्तार से तेज़ चलते टेप-रिकॉर्डर की घिचपिच आवाजें।

लोग फिर ध्यान से सुनते हैं जब कि आदमी को कुछ समझ में नहीं आता।

टेप-रिकॉर्डर का स्वर फिर स्वाभाविक गति में आ जाता है :

कई-कई सवाल सामने आते हैं। और उनमें से हर सवाल कई-कई दूसरे सवालों की तरफ ले जाता है। सवाल सब अपने में बहुत अहम हैं, पर वक्त की ज़रूरत उन सब सवालों से ज्यादा अहम है। हमें सबसे पहले इसी सवाल पर गौर करना है कि वह ज़रूरत क्या है, किस चीज़ की है। क्योंकि अगर हम अपनी असली ज़रूरत को समझ लें, तो बहुत से सवालों को जवाब खुद-बखुद हासिल हो जाता है। इसीलिए देखना यही है कि हमारी आज की ज़रूरत, और आज की ही नहीं, आनेवाले कल की ज़रूरत और उसके बाद आनेवाले कल की ज़रूरत...।

लोग अब फिर नहीं सुनते। आदमी चिल्लाकर विरोध करता है। लोग उसकी खिल्ली उड़ाते हुए हँसते हैं। आदमी तैश में आकर उनमें से एक को अपनी छतरी दे मारता है। पूरे मंच पर मार-धाड़ शुरू हो जाती है। लोग अन्धाधुन्ध छतरियाँ चलाते हैं।

लड़ाई की लय से हटकर बहुत धीमी लय में कीर्तन :

हरे रामा हरे रामा
रामा रामा हरे हरे।
हरे कृष्णा हरे कृष्णा
कृष्णा कृष्णा हरे हरे।

लड़ाई की लय उत्तरोत्तर धीमी पड़ती जाती है।

कीर्तन की लय तेज़ होती जाती है।

लड़ाई सिनेमाई स्लो मोशन में चलने लगती है।

एक पागल की बकझक :

मारा मारा मारा मारा।
आ आ मारा मारा।
आज मारा कल मारा।
आज हारा कल हारा।
यहाँ मारा वहाँ मारा।
यहाँ हारा वहाँ हारा।
हारा मारा मारा हारा।
मारा हारा हारा मारा।

लड़ाई करते लोग अपनी-अपनी जगह फ्रीज हो जाते हैं।

पागल की बकझक तेज़ हो जाती है।

कल मारा आज मारा।
कल हारा आज हारा।
कल आज हारा मारा।
नाम मारा काम मारा।
नाम काम हारा मारा।

आदमी फ्रीज हुए लोगों में घिरकर चारों तरफ घूमता है।

चाबुक चलने की आवाज। पागल चिल्लाने लगता है :

मारा मारा मारा मारा।
मारा मारा मारा मारा।
नहीं मारा नहीं मारा।
नहीं मारा नहीं मारा।

आदमी ऐसे व्यवहार करता है जैसे उसे चाबुकों से पीटा जा रहा हो, लेकिन वह अपनी छतरी हाथ से नहीं छोड़ता।

नारे लगाते जुलूस की आवाजें :

—इंकलाब,
—जिन्दाबाद।
—हमारी माँगें,
—पूरी करो।
—सबकी मिलकर एक जबान,
—रोटी, कपड़ा और मकान।

आदमी पिटने के बाद बुरी तरह हाँफता है।

जुलूस की आवाजें
—सोना चाँदी,
—हाय हाय।
—बेगम बाँदी,
—हाय हाय।
—पूरब पच्छिम,
—हाय हाय।
—उत्तर दक्खिन,
—हाय हाय।

आदमी अलग-अलग लोगों के फ्रीज हुए हाथ-पैरों को हिलाकर उनमें गति लाने की चेष्टा करता है, पर सफल नहीं हो पाता। हरएक के हाथ-पैर उतने ही हिलते हैं जितने कि वह हिला देता है। पर बहुत कोशिश करके भी वह किसी के हाथ से उसकी छतरी नहीं छुड़ा पाता।

जुलूस की लगातार आवाज :
हाय हाय, हाय हाय।
हाय हाय, हाय हाय।
हाय हाय, हाय हाय।

आदमी फ्रीज हुए लोगों के इर्द-गिर्द चक्कर काटता है।

सब तरफ से पुलिस की सीटियों की आवाजें।

फ्रीज हुए शरीरों में सहसा गति आ जाती

है और वह एक तंग घेरे में आदमी के इर्द-गिर्द जमा हो जाते हैं। आदमी अपने को उनके बीच रुँधा हुआ महसूस करता है।

माइक पर आवाज :

वन टू थ्री...टेस्टिंग, टेस्टिंग, टेस्टिंग...

आदमी घेरे से निकल पाने की कोशिश में और और रुँधता जाता है।

माइक पर आवाज :

हमारी आवाज...टेस्टिंग टेस्टिंग....अँधेरे में एक चीख है। यह चीख... टेस्टिंग टेस्टिंग टेस्टिंग...अँधेरे की छाती चीरकर...टेस्टिंग...एक नई रोशनी ला सकती है। आज से पहले भी जब कभी यह चीख उठी है...टेस्टिंग टेस्टिंग...इसने अँधेरे की ताकतों को...टेस्टिंग टेस्टिंग टेस्टिंग...दहलाकर रख दिया है। इसलिए वो खौफनाक ताकतें हमेशा इस आवाज को...टेस्टिंग टेस्टिंग...इस चीख को...टेस्टिंग...दबा देने पर आमादा रहती हैं। लेकिन आज हम उन ताकतों को...टेस्टिंग टेस्टिंग...आगाह कर देना चाहते हैं कि आज हमारी यह आवाज, हमारी यह चीख, जब फिजाओं में गूँज उठेगी...टेस्टिंग टेस्टिंग...तो बगैर एक बार भूचाल लाए...टेस्टिंग टेस्टिंग टेस्टिंग...बगैर एक बार कहर बरपा किए...वन टू थ्री...टेस्टिंग टेस्टिंग टेस्टिंग...

घेरा तंग होते-होते एक ऐसे झुरमुट में बदल जाता है कि सब लोग उसमें से बाहर निकलने के लिए कुलबुलाने लगते हैं। अपने ही बोझ से घेरे के ढह जाने से सब लोग पेट के बल रेंगते उसमें से बाहर आते हैं।

स्कूल की घंटी की आवाज। साथ ही हाजिरी ली जाने लगती है।

पेट के बल रेंगते लोग घंटी की आवाज के साथ ही सीधी पंक्ति बनाकर खड़े हो जाते हैं और एक-एक करके हाजिरी का जवाब देने लगते हैं। केवल यह आदमी अब भी चौकस निगाह से इधर-उधर देखता उसी

तरह रेंगता है।

हाजिरी समाप्त होने के साथ फिर स्कूल की घंटी।

सब लोग अपनी-अपनी छतरियाँ यहाँ-वहाँ फेंककर मंच से निकल जाते हैं। आदमी खड़ा होकर भौंचक्की नजर से आसपास देखता है।

आदमी : (हड़बड़ी में)

मेरा नाम ?

(फिर चिल्लाकर)

मेरा नाम ?

अलग-अलग दिशाओं से आवाजें :

इसका नाम ?

इसका नाम ?

इसका नाम ?

इसका नाम ?

इसका नाम ?

आस-पास इतनी सारी छतरियाँ बिखरी देखकर आदमी की आँखें फैल जाती हैं। वह उन सबको उठाकर बाँहों में समेट लेने की चेष्टा करता है।

आदमी : *(एक-एक छतरी को उठाता)*

इसका नाम ? इसका नाम ? इसका नाम ? इसका नाम ? इसका नाम ?

जल्दी-जल्दी चलती एक कठपुतली का स्वर :

और इसके साथ हमारा आज का कार्यक्रम समाप्त होता है। इस कार्यक्रम में जिन-जिन लोगों ने सीटी बजाने, नारे लगाने तथा भाषण देने आदि की भूमिकाएँ निभाईं उन सबके प्रति मैं अपना आभार प्रकट करती हूँ। पर सबसे अधिक आभारी हूँ मैं उस एक व्यक्ति के प्रति जिसके छतरियों के बागीचे में इतनी तरह की रंग-बिरंगी छतरियाँ उगती हैं क्योंकि बिना छतरियों की लुभावनी भूमिका के यह अभिनय कदापि सम्भव न हो पाता। आशा है, बागीचे के मालिक की यह उदारता आगे

भी बनी रहेगी और छतरियों का यह खेल इसी तरह चलता रहेगा।

आदमी की बाँहों में सब छतरियाँ सँभल नहीं पातीं। उन्हें सँभाले रखने के लिए उसे बहुत प्रयत्न करना पड़ता है।

भरत वाक्य :

भाषा नहीं, शब्द नहीं, भाव नहीं,
कुछ भी नहीं।
मैं क्यों हूँ ? मैं क्या हूँ ?
जिज्ञासाएँ डसती हैं बार-बार
कब तक, कब तक, कब तक इस तरह ?
क्यों नहीं और किसी भी तरह ?
आकारहीन, नामहीन,
कैसे सहूँ, कब तक सहूँ,
अपनी यह निरर्थकता ?
जीवन को छलता हुआ, जीवन से छला गया।
कैसे जीऊँ, कब तक जीऊँ,
अनायास उगे कुकुरमुत्ते-सा ?
पहचान मेरी कोई भी नहीं आज तक।
लुढ़कता एक ढेले-सा
नीचे, नीचे, और नीचे
मैं क्या हूँ ? मैं क्यों हूँ ?
भाषा नहीं,
शब्द नहीं,
भाव नहीं,
कुछ भी नहीं।

आदमी छतरियों से लदा इस बीच सधकर खड़ा रहता है, पर अन्तिम पंक्ति तक आते-आते छतरियाँ उसकी बाँहों से फिसलने लगती हैं, और एक-एक करके नीचे गिर जाती हैं।

परिशिष्ट

परिशिष्ट : एक

नाटक, रंगमंच और साहित्य

रंगमंच की अपेक्षाओं से अलग नाटक का कोई साहित्यिक स्वरूप अपने में अलग है, या केवल लिखित शब्द के रूप में नाटक को मान्यता मिले, यह मान्यता शायद इस आधार से उपजी है कि कई एक कृतियाँ सामने आईं जिनका साहित्यिक मूल्य था। हमें इस बात में कोई आपत्ति नहीं, कोई रचना जो रंगमंच से नहीं उपजी है, उसके साहित्यिक मूल्य का उल्लेख अलग से हो। कहानी-उपन्यास का मूल्यांकन अपनी आन्तरिक अपेक्षाओं के अनुसार हो सकता है उसी प्रकार नाटक के रूप में रचित रचनाओं का मूल्यांकन उनके आन्तरिक मूल्य के अनुसार हो सकता है। मगर इस प्रकार की रचनाओं को तथा रंगमंच से उपजी रचनाओं को नाटक कहते हैं तो भ्रान्ति उत्पन्न होती है। इसलिए उन्हें कोई अलग नाम दिया जा सकता है। यदि कोई ऐसी रचना जो नाटक कहलाती है और रंगमंच से अलग है, उस रचना को नाटक कहकर केवल भ्रान्ति पैदा की जाती है।

उपन्यास नाटक नहीं है, हालाँकि उसमें भी पात्र, कथा, संवाद है, फिर भी उसे नाटक नहीं कहा जाता। कोई भी संवादात्मक रचना, जिसका साहित्यिक मूल्य हो, किन्तु रंगमंच से उत्पन्न नहीं है तो ऐसी रचना को कोई अलग नाम देकर उसके साहित्यिक मूल्य की अस्वीकृति नहीं हो जाती। एक रचना का रंगमंच की अपेक्षाओं से जुड़े रहना उसके साहित्यिक मूल्य का तिरस्कार नहीं है। लेकिन नाटक शब्द में ही अभिनय की बात अन्तर्हित है। नाटक में रंगमंच की पूर्ति की बात को अलग नहीं किया जा सकता।

जहाँ तक उसके लिखित रूप का सम्बन्ध है, नाटक एक साहित्यिक रचना है, लेकिन ऐसी साहित्यिक रचना जिसके आन्तरिक सूक्ष्म रूप को हम रंगमंच पर मूर्त रूप से देख सकते हैं। कविता अथवा उपन्यास को भी मूर्त रूप में ढाला जा सकता है, लेकिन यह उनकी अनिवार्य अपेक्षा नहीं है।

नाटक की यह अनिवार्य अपेक्षा है कि उसके आन्तरिक सूक्ष्म को मूर्त रूप दिया जा सके। अन्य साहित्य-विधाओं की अपेक्षा इसमें एक ओर अधिक पूर्णता भी है और यह अधिक गहरे रचना-अनुशासन की माँग करता है। अन्य कलाओं के अतिरिक्त अन्य साहित्य विधाओं को भी नाटक में समाहित किया जा सकता है। परोक्ष रूप से नाटक के अभिनय में सभी कलाओं का समावेश रहता है। नाटक को रंगमंच से अलग करके नहीं देखा जा सकता।

मेरी दृष्टि में नाटक की आत्मा उसमें सन्निहित द्वन्द्व है। नाटक में स्टेटमेंट का स्थान नहीं है। एक नाटकीय परिस्थिति में पहुँचकर कोई व्यक्ति जब अपने आपको उँड़ेलता है, वह स्टेटमेंट नहीं है। स्टेटमेंट तब होगा जब नाटककार किसी बात को, जो उसे आन्दोलित करती है, उसे वह स्थितियों के माध्यम से न कहकर किसी एक पात्र से प्रवचन के रूप में कहलवाता है। आज की परिस्थिति में व्यक्ति और परिवेश के बीच का द्वन्द्व, उसको हम आज के नाटक का मूल स्वर कह सकते हैं।

रंगमंच का जो उद्देश्य है, वह उद्देश्य नाटक का भी होना चाहिए। केवल व्यक्ति के स्तर पर एक विशेष तरह के मानसिक उपभोग का साधन नहीं है नाटक। वह सामूहिक स्तर पर उपभोग का माध्यम बनता है। यहाँ पर नाटककार के लिए यह एक चुनौती बन जाती है, कि वह जो रचना करता है वह विभिन्न वर्ग, विभिन्न रुचि के लोगों को एक साथ बाँध सके। एक विशेष स्तर का मनोरंजन उद्देश्य न होते हुए भी, दर्शक वर्ग के साथ सामूहिक रूप से एक सम्बन्ध स्थापित कर सकना, यह एक नाटक के लिए आवश्यक है। ऐसा वह भावना के स्तर पर भी कर सकता है, बौद्धिक स्तर पर भी कर सकता है और एक विशेष तरह के अमूर्त संयोजन से भी कर सकता है, जिसे भावना और बुद्धि से परे की चीज़ कह सकते हैं।

कोई भी उच्चकोटि की कलाकृति सचमुच उच्चकोटि की तभी होती है, जब वह कई स्तरों पर प्रभावित करने की क्षमता रखती है। जो रचना केवल तथाकथित बुद्धिजीवियों को प्रभावित करती है, उसमें उतनी ही कमी है, जितनी उसमें जो सस्ता मनोरंजन करती है।

जो रचना जीवन-सम्पर्क से उद्भूत होगी, वह सब वर्ग के लोगों को छू सकने की क्षमता रखती होगी। सिद्धान्त कुछ लोगों से परे हो सकता है, लेकिन कोई भी यदि रचना में जीवन का आभास पा लेगा तो रचना उसे,

कितने ही स्थूल रूप में क्या न हो, प्रभावित करेगी।

किसी भी विचार, किसी परिस्थिति, किसी चरित्र को लेकर नाटक की रचना हो सकती है, अगर उसमें आधारभूत द्वन्द्व हो। जिस आधारभूत द्वन्द्व को लेकर लिखा है, उससे आगे जाना समाज कल्याण है, नाटक नहीं।

खरिया का घेरा : दायरे से हटकर दायरा

चाक के दायरे में खड़ा एक बच्चा और उसे अपनी-अपनी ओर खींचने का प्रयत्न करती दो स्त्रियाँ—बहुत पुरानी कहानी है। कई और रूप भी हैं कहानी के। जैसे कि बच्चे को काटकर उसके दो टुकड़े कर दिए जाएँ। दोनों में एक स्त्री हार जाती है। वह यह बरदाश्त नहीं कर सकती कि बच्चे का नाजुक शरीर उस खींचतान में ऐंठा और झिंझोड़ा जाए। दो बार मौका दिए जाने पर भी वह उसे अपनी तरफ नहीं खींच पाती। लेकिन यह हार ही उसकी जीत है। क्योंकि इससे साबित हो जाता है कि बच्चे की माँ चाहे वह न हो, पर उसे पालने की हकदार वही है।

ब्रेख्त का नाटक 'काकेशियन चाक सर्कल' इसी आख्यायिका के बिन्दु पर आकर समाप्त हो जाता है। तब यह प्रश्न मन में उठता है कि क्या यह इतनी लम्बी यात्रा इस आख्यायिका को रूपायित करने के लिए ही थी ?

परन्तु नाटक की प्रस्तावना और उपसंहार इससे अलग एक संकेत देते हैं। उस संकेत के अनुसार यह आख्यायिका केवल एक प्रतीक है। नाटक का उद्‌देश्य इसी प्रतीक के माध्यम से कुछ और ही बात कहना है। यह बात उस समय-सन्दर्भ से जुड़ी है जिसमें इस नाटक की रचना हुई है। अर्थात् युद्धोत्तरकालीन जर्मनी में नए सिरे से भूमि के बँटवारे और उसकी वैज्ञानिक देख-रेख के प्रश्न से। इसके अतिरिक्त उन सब परिस्थितियों में जिनमें से वह समाज हाल ही में गुजरा था और तब भी गुजर रहा था। इसका अर्थ यह है कि नाटककार की परिकल्पना में उसकी इस रचना का मूल धरातल से बिलकुल हटकर था जिस पर कि इसकी घटनाओं और चरित्रों की सृष्टि की गई थी। घटनाएँ और चरित्र, सभी का अर्थ प्रतीक रूप में ही था और नाटक का पूरा संयोजन एक विशेष प्रभाव के सम्प्रेषण का साधन।

ब्रेख्त एक समाजचेता कलाकार थे—उनके प्रयोगों की सैद्धान्तिक पृष्ठभूमि

रचना के इस पक्ष को विशेष रूप से रेखांकित करती है। परन्तु ऐसे किसी भी प्रयोग में दो तरह के खतरे हमेशा रहते हैं—एक, उसके उपदेशात्मक हो जाने का और दूसरा, वस्तु के साथ अर्थ के समन्वित न हो पाने का। इस नाटक को पढ़ते हुए भी यह प्रश्न मन में था और देखते हुए भी—कि क्या ब्रेख़्त इसमें अपने को इन दोनों खतरों से बचा पाए हैं ?

यूँ इस अर्थ से हटकर भी नाटक की मूल यात्रा अपने में काफ़ी अर्थवान है। समाज के वर्गों को नाटककार ने लिया है। उनका बाह्य और आन्तरिक यथार्थ स्थूल और सूक्ष्म दोनों रूपों में—बौद्धिकता तथा सम्वेदनात्मकता इन दोनों स्तरों पर—नाटककार की निजी प्रभावोत्पादक शैली इसमें अभिव्यक्त है। नेशनल स्कूल ऑफ ड्रामा की ओर से कार्ल वेबर के निर्देशन में प्रस्तुत इसका रूप काफ़ी हद तक हमें उस अनुभव के नजदीक ले जाता है जो इस महाकाव्यात्मक नाट्य-रचना में अन्तर्निहित है। कार्ल वेबर की पूरी परिकल्पना की एक सीमा ही शायद इस अभिनय की एक बड़ी विशेषता भी थी—कि उन्होंने अपने प्रस्तुतीकरण को अधिक से अधिक उस स्वरूप के निकट रखना चाहा था जो कि नाटककार द्वारा अपने जीवन-काल में किए गए प्रस्तुतीकरण का था। इसका कारण निर्देशक द्वारा नाटककार की निजी परिकल्पना को एक रूढ़ि के रूप में स्वीकार करना उतना नहीं था। जितना यहाँ के दर्शक को नाटककार के अपने प्रयोगशील मानस की सही-सही झलक दे सकना—और इस दृष्टि से यह प्रयोग केवल अभिनय से आगे भी एक उद्देश्य लिए था। कार्ल वेबर की मंच-सज्जा, चरित्रण, रीति-विधान तथा उपकरणों का प्रयोग, ये सब उस उद्देश्य की पूर्ति में सहायक थे। कई-एक स्थानीय कठिनाइयों के बावजूद, जिनमें भाषा की कठिनाई सबसे बड़ी थी, उनकी इस उद्देश्य में सफलता की सचमुच प्रशंसा की जानी चाहिए।

परन्तु भाषा की कठिनाई बहुत बड़ी थी। यह कठिनाई उनके भाषा से परिचित न होने के कारण ही नहीं थी, अनुवाद की अपनी सीमाओं के कारण भी थी। अनुवाद की भाषा का पूरा ढाँचा काफ़ी अनिश्चित-सा था। लगता था कि अनुवादिका को मूल के साथ अपनी एकात्मता स्थापित करने के लिए पर्याप्त समय नहीं मिल पाया। शायद यह निर्णय भी वे नहीं कर पाईं कि इस तरह के नाटक के लिए गद्य की सही लय क्या होनी चाहिए। शब्दों और वाक्य-खंडों के चुनाव में जो झोल-झटके थे, उनसे थोड़ा और प्रयत्न करने

से बचा जा सकता था। एक अनिश्चित नाट्य-परम्परा न होने के कारण यूँ भी नाटक की भाषा एक बहुत बड़ी चुनौती है हमारे लिए—जब किसी दूसरी नाट्य-परम्परा की रचना को अपनी भाषा का कलेवर देने का प्रश्न हो, तब तो यह चुनौती और भी बढ़ जाती है। नाटक के गेय अंशों में भाषा की यह अनिश्चितता और भी खटकती थी। यह निर्णय कर सकना कठिन था कि पूरी संगीत-रचना कहाँ तक भाषा की सीमाओं से निर्धारित है। जहाँ वनराज भाटिया का संगीत नाटक की मनःस्थितियों के अनुसार अपने में एक प्रवाह ले आने के लिए संघर्ष करता प्रतीत होता था, वहाँ शब्दों के स्तर पर कोई चीज़ निरन्तर उस प्रवाह को तोड़ती महसूस होती थी। वनराज भाटिया की धुनें कहाँ तक ब्रेख्त-संगीत के नजदीक पड़ती थीं, यह प्रश्न अधिक प्रासंगिक नहीं है क्योंकि कार्ल वेबर के उद्देश्य से स्वतन्त्र वे अधिक रूढ़ि-मुक्त हो सकते थे। ब्रेख्त स्वयं अपनी रूढ़ियों को तोड़ने में विश्वास रखते थे—परन्तु रूढ़ि को तोड़ना कला की एक माँग भी हो सकती है और उस माँग को पूरा न कर सकने की विवशता भी। यहाँ विवशता, मेरे विचार में, संगीतकार की उतनी नहीं, जितनी उसे दिए गए शब्दों की थी।

फिर भी पूरा प्रभाव एक नए नाट्य-अनुभव में से गुजरने का था जो कि अपने जातीय सन्दर्भ में सर्वथा अपरिचित न होते हुए एक ताजगी का स्पर्श देनेवाला था। साथ मन में कई-कई प्रश्नों का जन्म देनेवाला कि हम लोग जो प्रायः दर्शक-वर्ग के रंगमंच से कट होने की शिकायत करते रहते हैं, क्या सचमुच अपने 'दर्शक वर्ग की दृष्टि से', उसकी सीमाओं और अपेक्षाओं को सामने रखते हुए, उसके जातीय संस्कारों की पहचान-परख के साथ, उसे 'उसी का' रंगमंच दे सकने के लिए भी कुछ प्रयत्न कर रहे हैं ? क्या हमारी रंगमंच की खोज से मीनारों में दिए जानेवाले भाषणों से हटकर और कुछ अनुकरणात्मक उपलब्धियों की दावेदारी से परे अपने सम-सामयिक परिवेश और उसकी सम्भावनाओं से जुड़ पा रही हैं ? और क्या हमारी दृष्टि उत्तरोत्तर संश्लिष्ट होकर सामने आती रंगमंचीय रूढ़ियों के बीच से ही नए रंगमंच को पा सकने की नहीं है ? उन सब रूढ़ियों को तोड़कर, अर्थात् आज तक के अपने-आप से बाहर आकर, नए सिरे से रंगमंच के विषय में सोच सकना—एक ऐसी शुरुआत के लिए इस तरह का रंग-प्रयोग हमें अवश्य उकसा सकता है, बशर्ते कि इस बात को ध्यान में रखकर चला जाए कि वह शुरुआत इसके भी अस्वीकार के साथ ही सम्भव हो सकती है।

परिशिष्ट : 2-'क'

THE NEHRU FELLOWSHIP PROJECT
THE DRAMATIC WORD

I. ANATOMY OF THE DRAMATIC WORD

The reasons leading to the investigation. Has the spoken word lost its validity to convey contemporary meaning in theatre ? The phenomena that led to the negation of the spoken word.

The relationship of life and language. Various characteristics of the work spoken word. Is the dramatic word a discovery of a creation ?

Individual's personality in the usage of words. What does a playwright lend to words that is not there in words themselves ?

What is more important in a word: its sound or meaning ? And what is meaning ? The word as an individual unit as well as a member of the 'society of words'. The 'total meaning+ in a work of art.

The relationship of sound and silence. Orchestration of words in a piece of dramatic writing.

The relationship of sound and image. Are all images invocations of sound ? Abstractions through images as contrasted to abstractions through words. Tributary word and the tributary image.

The simple word and the loaded word. A study of natural and contrived effects.

The producer and the spoken word. The question of interpretation. The valid interpretations and the imposed ones.

The actor and the spoken word. How a stage presence changes the meaning. Can there be a neutral approach to the spoken word ?

II. THE DRAMATIC WORD IN THEATRE

Can there be a universal theatre language entirely based on dance, music and mime ?

Can colour, design, movement and composition take over in a major way from the spoken word; of even dispense with it entirely ? Can 'happening' be a substitute ?

So-called prose theatre with its intellectual content. Where does the faliling lie ?

The Indian scene. The classical Indian tradition, the folk tradition and the contemporary Indian plays. The emerging Indian theatre. Is it unduly 'wordy' ?

The emerging Indian cinema. Shall we be heading towards silent cinema once again ? The culture of words for cinematic purposes.

III. CONTEMPORARY USAGE

Discovering a language of the present-day mood. Associations of words in a society speaking a mixed language. Fragmented words in a fragmented society.

The language of 'being'. The absurdities of reality. The meaningful meaningless words.

The aspect of creative distortions of words and meanings.

Individual experiments. What some of the playwrights and producers have to say on the subject. Special inteviews on the subject with some of the distinguished people in theatre in Europe and America.

* * *

MOHAN RAKESH

R-802 New Rajendra Nagar
New Delhi-60
29 January1972

Dr. Karan Singh,
Secretary, Jawaharlal Nehru Memorial Fund, Teenmurti House, New Delhi-11

Dear Dr. Karan Singh,

I had sent you my first report from Geneva in which I had written about my visits to theatre centres in Moscow, Vienna, Prague and Munich. From then onwards, till my return to New Delhi on November 11, the other centres I visited were those at Paris, London, West Berlin, East Berlin, Copenhagen, Stockholm and Helsinki. At all these places I saw a lot of productions on the conventional as well as the experimental stage. I also met a number of playwrights, directors and critics. There were quite exciting discussions with some of them. It was very interesting to find that the problem that has prompted me to undertake the present project is also intriguing the minds of many others in Europe today. The conventional theatre having reached almost a dead-end inspite of its technical magic, some real hopeful signs can be observed in the rebellious youth theatre which is trying hard to seek new ways of interpreting the mood of the time and striking a different equation with the audiences. The emphasis there, however, remains on free expression which more and more denies dependencc on the playwright. Though this has led to many bold experiments and brought in a lot of fresh air, there still seems to be something badly missing and most of the experimentalists themselves are quite aware of it. In their effort to compensate for what is missing, they go in for greater indulgence in permissive sex which by itself may be leading to another dead-end. In my discussions and radio interviews in some of the above countries, I tried to pinpoint the malody as a failure of the playwright and not as exhausting of the medium of words as such. Detailing some of my points I was invariably asked and myself felt the need to clarify them further by putting forth some experimental scripts. These could lead to elaborate the points of study and practically check on their feasibility.

Ever since my return from abroad, I have been busy arranging and editing my journals of the trip which I propose to publish with your permission, and with due acknowledgement to this Fellowship, as a preliminary to the final work which would involve further trips to the States and some of the South-East Asian countries and visits to many theatre centres in India and may take a little longer than the seventeen months now left at my disposal. As the purpose is to make both a creative as well as a theoretical contribution to the contemporary theatre, I would like to give all the time that needs to be given to this complex project. After editing the journals in hand, I shall get busy with some experimental work before arriving at my preliminary formulations to be checked on later. As you will be busy with the elections now, I shall ask for an appointment in March so as to explain the whole thing in greater detail as well as to know your reactions.

With kind regards,

Yours sincerely,
Mohan Rakesh

* * *

17 April 1972

Here is my report for the quarter January-March, 1972.

Having arranged and classified the notes of my trip to Europe, I spent part of my time in the months of January and February in rewriting them for their publication in a book to be called 'Autumn Theatre' *(Patjhar ka Rangmanch).* This work is still in progress and may be completed by the end of June, 1972.

I, however, mainly concentrated during this quarter on doing some experimental work so as to illustrate some of the points I propose to make in my study. One of these scripts, designed to explore how far sound and words can be isolated from the images in theatre, was tried out at a Workshop organised at Simla by Max Mueller Bhavan in which one West German and three Indian directors prepared their models on that basis. The names of these directors are: Wolfram Mehring (of West Germany, now running his theatre in Paris), Ajitesh Bannerji (of Calcutta), Satya Dev Dubey (of Bombay: this year's winner of the Sangeet Natak Akademi Award) and Rajinder Nath (of New Delhi). These models when presented at the Gaiety Theatre, Simla, proved quite effective with the audience that was specially invited to attend. But the best part of the experiment was the series of discussions that took place amongst two dozen theatre people from all parts of the country taking part in the above Worksop. These discussions helped me to clarify certain issues for myself. It is quite heartening for me to note that at least another half a dozen directors are keen to prepare their versions of the above script. A detailed report on the Workshop alongwith the interviews of the directors who presented their models at Simla may soon appear in the theatre magazine ENACT. This is the beginning of a dialogue on the independent role of words in theatre. This may help me during the current quarter to arrive at certain formulations, both conceptual and thematic, that may lead to the exploration of further possibilities in arriving at more contemporary theatrical abstractions.

I would however like to appraise you personally of my work in greater detail for which I shall soon ask for an appointment.

* * *

Report for the quarter ending June, 1972.

For two out of the three months of April, May and June, I stayed at Mussoorie where I used most of my time in consolidating the available data for arriving at the main division of chapters for my book. It was for this reason that the work on the diary of my trip to Europe could not be completed during this period. There was also a lot of reading of contemporary plays and the critical studies based on them to be done which was partly taken up during these months. I had brought a lot of contemporary playscripts with me from Europe, particulary from Czechoslovakia and the Scandinavian countries, that are not yet available in print. I intend using some of this material in my study. I have, however, yet to check up on some of the contemporary trends in American theatre for which I shall have to plan a trip to that country. But as the whole thing has to be balanced with the work in hand, I have not yet made up my mind about the time when I should go there. In any case, it may not be possible for the next six months as I would first like to dwell on some of the important chapters now, and also to complete the diary and write out a couple of illustrative scripts. In all probability I shall make this trip now towards the fag-end of my Fellowship period, i.e. from April 1973 onwards, and try to finish my final writing soon afterwards.

* * *

19 October, 1972

Here is my report for the quarter ending September, 1972.

I have completed writing the diary of my trip to Europe in connection with my project, a few portions of which have already been published in various magazines. After the experimental script that was tried out at the Simla Workshop, I have also done another such script to illustrate my views on the subject. But primarily I have been working during this period on the details of the various chapters in my book, a summary outlines of which I had given to you personally. As I explained during my meeting with Miss Padmaja Naidu and yourself, a lot of preparatory work by way of lecture notes etc. has to be done prior to my visit to the States in the coming summer when I hope to talk to some of the people in theatre there on the unexplored possibilities of 'word theatre'. As I intend including in my book the fresh material that I may gather during the above trip, I shall do the final writing work only on my return from there. This means that my work will continue even after the expiry of the Fellowship Period. I hope to have the book ready within six to eight months after my return.

I am thankful to you for the interest you have shown in my work. Among other things, this project has helped me a great deal in understanding my own process of writing as well as involving a guideline for my work, It has opened up immense possibilities of fresh experimentation before me. Let us see how far I can exploit them in my creative work.

NOTES

Is it possible to achieve the same universality (in the sense of comprehensibility beyond the language barrier in theatre an is attained in painting and to a certain extent in music and dance ?

If so, does it not lead to the natural conclusion that the spoken word, due to its limited territorial connotations, is a definite handicap in the realization of such universality ?

If not, then does it not imply that the logic of theatre lies in its being a personalized art intended primarily for territorial consumption

? If we pursue the former logic, what can be there in wordless theatre, with its total realisation through a series of visuals, that is not possible to achieve through other mechanized media ?

Is not the constancy based on words as contrasted to the constancy based on visuals the only fundamental difference between theatre and other mechanized dramatic media ?

Can theatre ever achieve the visual fragmentation, so essential to a visual constancy, as is possible say in cinema ?

Is not the over-mechanization of theatre with an overemphasis on its visual aspect a direct result of the challenge posed by other mechanized media and an effort to compete with them on their own terms of reference ?

If the fundamental distinction of theatre lies in its being 'live', then does it not follow that for its true realisation theatre has primarily to depend on the actor as a living human being having a direct communication with the audience ? And is speech not a very vital part of such communication ?

In this sense, does theatre not compare with another aspect of painting: that each performance, like each individual canvas, is a complete and distinct entity which never can be the *same* in any reproduction ? Is it not the reason that no dramatic work, based on words, can ever be really translated ? Is the present day revolt of the actor as a living human being against all sorts of impositions that tend to render his art almost mechanical ?

Does the main failing of prose not lie in its inability to meet the demand of such freedom ?

From all this, are we not led to the conclusion that to arrive at *true* theatre we have to shed off all competitive demands and go by its own logic of being an art form of human abstractions ?

The word and the actor being two main parties to this realization, is it not the main problem of the playwright today to achieve in his writing a synthesis of his own freedom with the freedom of the actor ?

Again, is it not the main function of the producer today to have such synthesis realized ?

Will it not lead to greater simplicity in theatre with minimum dependence on gadgets and other allied paraphernalia ?

Will achieving such a synthesis be a question of individual genius or can there be any common criteria for it ?

How and how far will the character of dramatic writing change with this and how far will our approach to the Drammatic Word be affected by it ?

THE DRAMATIC WORD : Chapter outline

Chapter I : Crisis in Theatre

My personal dilemma as a writer of words for theatre. The point of disturbance from which my writing ensues. How far is this disturbance related to the forces around me ? My relationship with my time and society. The invisible audience in my mind. Do I write just for an 'intellectual' coterie ? If not, then how to discover the point of reference which is common to my mind and most of the minds around me ?

My medium is words. I have to explore this very medium further to arrive at that point of reference.

It necessitates a look at the contemporary theatre scene around me. The shift of emphasis during the last decade. How far is present-day urban theatre rooted in our society ? How far can one dismiss the allegation that it is unduly influenced by trends and developments in western theatre ? How far are we treading a similar ground ?

How far can our traditional and folk theatre be a point of reference for us ? Is it really the main problem of our contemporary urban theatre that it lacks roots in our rich tradition of the past ? How far can we discover a modern relevance in traditional and folk forms ? Can a given form be grafted on any content at any time ? A few recent experiments in this direction. The area of my distrurbance that cannot be covered by any given form looking for relevance in our immediate context. Awareness of a barrier between the spectator and the stage.

This barrier is language; i.e. language as it is employed in theatre today. This primarily is the language of literature, a medium that for centuries has nurtured drama as one of its genres. It is a language that speaks too much for itself, has its own reference and tends to subjugate everything else. For much too long theatre has been a subsidiary to literature in this respect. With the growth of mechanized media of dramatic expression, it slowly started dying in that role. What it needs, therefore, is a new type of emergence; emergence with a language that is entirely its own.

In order to establish a real rapport with the contemporary mind, one has to look for that language. The real crisis in theatre is the crisis brought about by the lack of such a language. And it is as true of the West as of our country.

CHAPTER II : Going Off and Off

The Western search for a new theatre language. The psychology of revolt and revolt against revolt.

The dead-end reached by the established theatre. A few hours at Helsinki's City Theatre with its director Timo Tiusanen. The multimillion giant of a theatre hall. A huge complex of electronic devices. All the magic that theatre can offer at its commercial best. The world of operas and extravaganzas. Mr. Tiusanen's pride : Chamber Theatres. Modernity of architecture against the modernity of dramatic concepts.

The rebellious youth theatre of the Scandinavian countries. The theatre of direct political ends. Its rejection of the so-called 'big' theatre. Its resentment of central European theatre thriving on a few star names. Emphasis on 'message' in theatre. The ridicule of the readymade play. A play must grow in the process of being rehearsed.'

The rebellious youth theatre of Paris and London. An evening with young Parisian director Guillaud. A long talk with Roger Croucher of Theatre Upstairs in London. Their production of *A.C./D.C.* Two hours at a performance by Pip Simmons. A demonstration lecture by Ed Burman of Inter-Action Group. With my old hostess at Forum Theatre, West Berlin.

The rejection of the conventional script leading to overemployment of music, dance and all sorts of hysterics. The revolt in terms of nudity and sexual indulgence on stage. Influence of American 'experimentalism' all over Europe.

The world of masks, costumes and stylization. An evening with German director Wolfram Mehring.

An all-pervasive restlessness and desire to find a new theatre language. Those who look towards India to find certain new styles. What Grotowski, Van Itallie, Arden and Schechner have been looking for in India. But is a patch-work of certain conventions picked up from here and there really the answer ?

The off-Broadway, off-off-Broadway and off-off-off-Broadway theatre. The psychedelic era in theatre. A muddle of styles that has not produced a single significant play. Could one thus proclaim the death of the 'playwright' in theatre ? Or is it just the rejection of the way he has been employing his language so far ?

The vitality of theatre is accepted much more today than ever. And a positive, though erratic, search is on for a language which would be exclusively theatre's own. One has to go into certain fundamentals to sort out the matter.

CHAPTER III : The Audience and Its Involvement

Theatre as a live experience. The question of a direct rapport between the actor and the audience. The gimmicks of audience participation. The audience in walled theatre against the audience in theatre without walls. The aspects of silent and vocal participation.

The multi-sensory responses realized as an experience. The qualitative and quantitative difference between various responses. The variations in visual and auditory responses of any given audience at one time. The limitations of optical contact in theatre.

Acoustic constancy as the basis of total perception in theatre. The difference in perception through live contact and otherwise. The visual constancy in cinema against the acoustic constancy in theatre. My experience of two of my plays made into films. A film based on the play *Ashadh Ka Ek Din* and another based on a short story *Us Ki Roti* made by the same director. Why do we want our theatre non-cinematic and our cinema non-theatrical ? What is really theatrical about theatre if not its different constancy ?

A certain derailment in our thinking about theatre due to the emergence of mechanized media. The idea of comparative and competitive growth leading to confusion of values. The East-West Theatre Seminar in Delhi with its emphasis on so-called 'Total Theatre'. The fallacies of the arguments forwarded. What we really need is to evolve a concept of 'pure' theatre and not a theatre of 'mixed means'.

The question regarding the role of words in theatre in the minds of some of the major playwrights. Beckett's journey from *Wating for Godot* to a shriek in *Oh, Calcutta !*. The progressively shrinking effectiveness of his theatre.

Peter Handke+s wordless play all over Europe. The dramatic journey of two characters. One dominant and the other dominated, through nine episodes. A basically cinematic theme rendered into theatre. A discussion about the work of Beckett and Handke with West German critic Mr. Luft.

Words an an instrument of attack on the minds of the audience in theatre. Watching a much more neutral state than listening. Necessity of words for any direct audience involvement.

CHAPTER IV : Creating Words for Today

The role of words as means of everyday communication. Words and the mass. Vulgarization of words through their false employment.

The creative use of words in different literary genres. Highly personalized use of words in modern poetry. The objective language of modern fiction. What happens when such personalized or objective languge is employed in drama. A comment on the plays of Eliot and Sartre.

Is the dramatic language, intended as it is for direct communication with a given audience, somewhere a replica of everyday speech ? The relationship of dramatic language with the language of the human mind. Its illusory role in being seemingly close to everyday speech. It is highly creative in building up such an illusion. The creative ordinariness of the dramatic word delving deep into the recesses of the human mind.

The forces of the creating a certain mental rhythm in each era. It is in discovering this rhythm and generating it through his words that a playwright can be truly creative.

A discussion with Russian playwright Arbuzov about the role of words in theatre. Is the writing of the contemporary playwright in tune with the rhythm of life around him ? The situation in which a playwright feels complacent and satisfied.

Trying to copy the authentic rhythms of the past. The drama of Chekhovian rhythm written today is no better exercise than composing poetry in classical metres.

The Absurdist experiment at capturing the new rhythm. Why its posibilities got exhausted so soon.

Post-Absurdist drama and its efforts at capturing the electrodynamics of the human mind. Its partial success at capturing the contemporary mental rhythm through light and sound without being able to carry it to the words.

The limping text in some of the off-beat plays.

CHAPTER V : The Language of Being

The process of a language constantly dying and being reborn. The 'group life' of words and how they keep reorganizing themselves.

Associations that account for a particular type of expression. The book associations and the living associations.

Compulsions that create disorder in a language. The puritan's lament of his language being 'corrupted'.

New words and expressions with the force of history behind them. The still-born words and phrases without any such backing.

The increasing ordinariness of new dramatic language. Seeking roots in the vitals of human existence. Where a shriek has more meaning than an intellectual discourse.

Looking for simplest of words to connote the division and complexity of today's mind. The need to articulate the predicament without intellectualizing it.

Discovering the language of being and finding a dramatic arrangement for it. Can the image of a fragmented society be cast through a 'whole' language ? Fragmenting language for dramatic puposes. The discussion about fragmentation with the lady interviewer on Paris Radio, Can such fragmentation be creatively achieved ?

Fragmentation and Absurdism. Not seeking to discover just another dimension of Absurdism. How the idea of fragmentation is linked with the reality around. The absurdities that are inherent in reality itself. The 'seed plays' of real life.

The coherence of incoherence and meaningfulness of meaningless words. A discussion on the point with Swedish critic Mr. Hoogland. The flicker light image against the flicker light arrangement of words.

CHAPTER VI : Of Sound and Silence

The role of sound in theatre. An essential acoustic constancy of just a 'background' effect. The relationship of sound and image. The secondary role of sound as an instrument for highlighting the image. Also an instrument for highlighting the spoken word.

The idea of achieving a total acoustic constancy of words and sounds. Looking at strings of words as a series of sounds by themelves.

The resistance met by the idea. How can words be accepted just as sounds when they have their definite meanings ?

Going back to the origin of words. How certain sound symbols acquired their associational meanings. The process of the growth of human speech. Its basic comparability with bird and animal languages. Wherin lies the real meaning; in the words themselves individually, or in their creative unity involved in a certain rhythm ? The importance of rhythm in dramatic speech.

Words as acoustic symbols capable of awakenning certain forces and releasing certain energies. Only they are capable of touching certain definite areas of perception which make them different from music. Though a lot of poetry also touches the realm of the indefinite. The mystic possibilities of words used as sounds.

The importance of the discovery of correct rhythm of words in drama. How a play can be entirely misinterpreted by not getting at its inherent rhythm. The role of the actor and the director in this matter. The possibilities of creating variations on the original rhythm. A few examples of highly creative use of such variations. Also an opposite example.

The argument of silence. The intense dramatic moments when silence is far more eloquent and effective than words.

The dramatic silence is not a neutral or a negative state. It is not the same as stillness on stage before the play opens; nor is it the absence of sound as in an empty hall. The dramatic silence is a time duration that carries the charge of the words spoken before and the anticipation of the words to be spoken afterwards. It is a cord between the two poles of words. And it has to be timed according to its charge. Also the aspect of its being frequently acoustically covered by background music.

CHPTER VII : Words ad Infinitum

Words as a source of invoking infinite images. The visual image and the mental image. Limited range of the visual image in theatre.

The orthodox role of words in theatre as dialogues. Use of dialogues by some of the great playwrights for creating poetic images.

The role of the 'unseen' in theatre. How music and other sounds coming from the 'unseen' can create mystifying images. The relationship of the seen with the unseen. How any reference to pure sound medium is irrelevant in this context.

The sense of space created by the seen which could be infinitely enlarged by creative use of the unseen. Ionesco's *Rhinoceros* as an example of enlarging space through such a use.

The contemporary experiments with theatre space. The inadequacies of all such experiments due to the limitaions of the human optical apparatus. The ultimate goal is enlarging the mental space and not the physical space.

Carrying words to the unseen and releasing them from their exclusive role as dialogues. The infinite possibilities of abstraction and fragmentation through such a use.

The importance of direction and situation of sound. Attacking the audience mind from any and every direction. The importance of live sound in this respect against the use of electronic magic. The example of electronic opera in Paris.

Words as a part of this muli-directional use of sound. The play may bid farwell to literature in the conventional sense and belong exclusively to theatre.

Theatre Workshop at Simla. How the set modes of thinking worked to the detriment of the project. The audience response to the four versions prepared by four different directors.

The need of such workshop facilities for carrying the experiment further.

CHAPTER VIII : The Journey Through Minds

The playwright, the director, the actor and the audience. How far does the audience receive what the playwright had intended to write ?

The difference with other art forms. The firsthand communication as contrasted to the second-and the third-hand communication. The personality of the director as an interpreter of words. The personality of the actor as an articulator of words. The personality of the audience as the listeners of words.

The place and role of the playwright in theatre. Should he assume the responsibility of interpretation himself ? The playwright as director and as an actor. The disadvantages that best the advantages in such situation.

The life of words independent of the playwright. The force that may multiply itself by being filtered through different minds. The creative possibilites that can be realized only by an objective 'outside' mind. The valid interpretations that could be poles apart from the playwright's own. The aspects of a playwright's direct association with a production. Are a play and its production two entirely different creative experiences ? The right that a director enjoys with words. The physical and geographical limitation of a playwright's association. What happens beyond the playwright's own time ? The aspect of misuse of directorial rights. Inerpreting words cannot mean altering words. The areas of a director's creative liberty.

Whose words does an actor speak ? The playwright's, the director's or his own ? The rigidities imposed on the actor and the consequent rebellion in theatre. Can the words be charged with sufficient energy so as to liberate the actor ? There can never be true audience participation without the actors themeslves being participants. The actor as a character and as a mind that assimilates and then pushes out the words.

The release of words as an energy that charges the audience mind. The words as retained by the audience. The collective response versus the individual response.

How and when the words fail to make an impact on the audience. The playwright, director and actor in relation to their time and society.

CHAPTER IX : Theatre of the Minimum

The present-day concept of the minimum in theatre. Its implications in the Indian context. The handicaps of the 'theatre of poverty'.

Reducing theatre to the actor and the audience. The aspect of its adaptability to any space or surroundings. The role of words in bringing about this situation.

Theatre in the absence of technical aids. The theatre as a part of mass culture. The aspect of its capacity to take roots anywhere.

Causalness and intimacy in word theatre.

Dance, music and mime in relation to words. The vital role that mime can play in word theatre.

Induction of folk element in contemporary theatre. It in not the conventions of folk theatre, but its spirit that has to be imbibed. The role of words in folk theatre and its contemporary connotations. The cafe theatre of Paris with its folk spirit.

Reducing the gulf between the urban and folk theatre in India. Elements of theatre that are peculiarly Indian. Approach to words in our traditional theatre and its relevance for today.

The revolting minds in Indian theatre today.The all-round rejection that has yet to be harnessed towards personal experiments.

Need to initiate more and more experiments in words theatre.

Thoughts on the theatre of the minimum for the next decade.

CHAPTER X : An Art-Form of Human Abstractions

Theatre as community expression. The need to go back to the point of its origin.

'Universal' against 'territorial' in theatre. The present-day 'worldwide theatre' and the commercial pulls and pushes behind it.

Being universal through being limited. The misleading attitude of the builders of the 'theatre empire of America and Central Europe.

Theatre as an experience of an evening against an enjoyment of evening after evening.

Human abstractions at the level of experience. The role of image, sound and word in creating such abstractions. The unlimited range of abstractions through words.

Meanings that are beyond meanings. 'A true theatre performance can never be repeated.'

The charge on words. Where and how the words do fail.

Experimenting with words for creating community theatre in India. The individual playwright and his contribution in the matter. What can he lend to words that words have lacked before ?

परिशिष्ट : 2-'ख'

रचनाओं के मूल-स्रोत और प्रकाशन-काल

● पट-उन्नायक : 'सत्य और कल्पना' की 'भूमिका' से : 1941

● रंग-दृष्टि : 'आषाढ़ का एक दिन' की भूमिका : 1958

● नाट्यानुवाद : राकेश द्वारा अनूदित 'शाकुन्तल' की भूमिका : 1965

● एकांकी : राकेश द्वारा सम्पादित एकांकी संकलन 'पाँच पर्दे' की भूमिका

● नाटककार के रूप में आस-पास देखते हुए (लुकिंग अराउंड एज प्लेराइट) : संगीत नाटक : अक्टूबर, 1966

● बिना दीवारों का रंगमंच (थिएटर विदआउट वाल्स) : संगीत नाटक : अक्टूबर-दिसम्बर, 1967

● वह कुछ और (बीस वर्षों के विस्तार में एक नाटक की रचना-प्रक्रिया) : धर्मयुग : 28 अप्रैल, 1968

● मैं और मेरा रंग-परिदृश्य ('एक महत्त्वपूर्ण भेंट' : कार्लो कपोला से) : 30 जुलाई, 1968

● दायरे से हटकर दायरा : ब्रेख्त के नाटक 'कॉकेशियन चॉक सर्किल' की समीक्षा : नटरंग-8, अक्टूबर-दिसम्बर, 1968

● रंगकर्म में शब्दों की बदलती भूमिका (मोहन महर्षि से बातचीत) : संगीत नाटक : अक्टूबर-दिसम्बर, 1971

● रंगमंच और शब्द (आर्बुज़ोफ़ से संवाद) : नटरंग-18, जनवरी-मार्च, 1972

● शब्द और ध्वनि : नटरंग-21 अक्टूबर-दिसम्बर, 1972

● एक नाटक का जन्म (पैर तले की ज़मीन) : नटरंग-21, अक्टूबर-दिसम्बर, 1972

- नाटक न लिखने के बारे में... : हिन्दुस्तान टाइम्स : 4 नवम्बर, 1972
- नाटक, रंगमंच और साहित्य (निर्मला हेमन्त से साक्षात्कार) :
  'आधुनिक हिन्दी नाट्यकारों के नाट्य-सिद्धान्त' : 1973
- छतरियाँ (पार्श्व नाटक) : अंडे के छिलके अन्य एकांकी तथा बीज-नाटक : 1973
- अनुसन्धान-कार्य की रूपरेखा : द ड्रैमेटिक वर्ड : इनैक्ट-73-74, जनवरी-फरवरी, 1973
- रेडियो नाटक : साहित्यिक और सांस्कृतिक दृष्टि
  (पूर्वलिखित रचनाओं का संकलन), 1975
- हिन्दी रंगमंच : साहित्यिक और सांस्कृतिक दृष्टि (वही), 1975

●●●